Gerlinde Breithaupt

Wir teilen den Himmel

NEUFELD VERLAG

Gerlinde Breithaupt

Wir teilen den Himmel

Gewagter Sprung von West nach Ost –
Liebe in Zeiten des Kalten Krieges

NEUFELD VERLAG

2. Auflage 2024

Die Deutsche Bibliothek verzeichnet diese Publikation in der Deutschen Nationalbibliografie; detaillierte bibliografische Daten sind im Internet über www.d-nb.de abrufbar

Umschlaggestaltung: spoon design, Olaf Johannson
Umschlagabbildung: Mykola Mazuryk; INTREEGUE Photography/ Shutterstock.com
Abbildungen innen: Privatarchiv Familie Breithaupt
Satz: Neufeld Verlag
Herstellung: CPI – Clausen & Bosse, Leck

ISBN 978-3-86256-189-6, Bestell-Nummer 590 189

neufeld-verlag.de

Bleiben Sie auf dem Laufenden:
YouTube | Instagram | Facebook | *neufeldverlag*
newsletter.neufeld-verlag.de | neufeld-verlag.de/**blog**

Die Geschichte einer nicht erwünschten Liebe,
die dennoch siegte –
denn sie nährte sich an einer größeren Kraft

Erinnerungen an die Jahre 1977 bis 1990

Für meine neugierigen Enkel
Samuel, Elija, Judith und Luna,
die alles wissen wollen

Inhalt

Vorwort von Gesa Schubert

Gerlinde Breithaupt und ich, wir kennen uns aus unserer Studienzeit in den 1970er-Jahren in Heidelberg und Göttingen. Wir genossen unsere Freiheit im Studium und beim Ausprobieren neuer Lebensformen. Als Christinnen und Christen suchten wir abseits der uns verstaubt erschienenen Kirche nach Wegen, um unseren Glauben, inspiriert von Jesus Christus und dem einfachen Leben der Urgemeinde, auszudrücken.

Alles musste neu gedacht werden. Alles schien möglich. In dieser vor Aufbruchsstimmung flirrenden Luft waren wir bereit, uns mit Haut und Haar für unsere Ideale einzusetzen.

Dass also jemand ernst machte und eine Entscheidung traf, die es erforderte, lieb gewordene Gewohnheiten, Umgebungen, Familie und Freundschaften hinter sich zu lassen, darauf waren wir gefasst. Aber dass Gerlinde ausgerechnet die DDR wählte, ein Land, das seine Grenzen brutal sichern musste, ein Land, aus dem Menschen unter Lebensgefahr flohen, ein Land, aus dem Kritikerinnen und Kritiker ausgebürgert oder im Gefängnis drangsaliert wurden, das ging weit über mein Vorstellungsvermögen hinaus.

Als Lesende werden wir Zeugen dieser Entscheidung, die im Hin und Her von Verzweiflung und Hoffnung, zwischen unbeschwerter Verliebtheit und reflektierter Auseinandersetzung, im Pendeln zwischen Ost- und Westdeutschland getroffen wurde.

Vielleicht brauchte es für diesen Weg eine ganz eigene Einstellung zum Leben, eine, die der Diktatur einfach frech entgegenwirft: „Wir teilen den Himmel“!

So überschreibt Gerlinde ihren Rückblick und spielt damit auf Christa Wolfs *Der geteilte Himmel* (1963) an. In deren Erzählung steht die Metapher vom geteilten Himmel dafür, dass eine Liebesbeziehung an unterschiedlichen Lebensentwürfen zerbricht: Rita bleibt im Osten, Manfred geht in den Westen. Dagegen setzt Gerlinde ihr Bild vom „Teilen des Himmels“. Lachend meinte sie an ihrem 70. Geburtstag: „Für Joachim und mich ist die Mauer schon gefallen, als ich 1981 in die DDR kam!“

Wir erfahren in diesem Buch von ihrem gemeinsamen Leben unter den Bedingungen des real existierenden Sozialismus. Seine Kontrollmechanismen waren in den Konfrontationen mit den Organen der Staatssicherheit bedrückend präsent. Der Angst und Verunsicherung, die sie auslösten, stellten sich Gerlinde und Joachim mit ihrem Glauben entgegen.

Ihr tiefes, im „Himmel“ verankertes Vertrauen schimmert in Krisen und in Momenten der Ausweglosigkeit hindurch, zum Beispiel, wenn die zunächst unüberwindlich erscheinenden Schwierigkeiten im Vorfeld der Übersiedlung durchgestanden werden. Dieses Vertrauen zeigt sich aber auch als eine Kraft, die mit großem Vergnügen staatliche Regelungen umgeht, wie etwa beim gelingenden Bücher- und Zeitschriftenschmuggel.

Ein „Teilen des Himmels“ ereignete sich im Beruf und im Alltag, in der Familie, im offenen Pfarrhaus, in Gesprächen mit Freunden und Freundinnen, am Küchentisch oder bei einem Spaziergang durch Dittichenrode, diesem kleinen Dorf mit etwa 130 Einwohnern im südlichen Harzvorland, wo Gerlinde und Joachim damals lebten. Indem Gerlinde vom alltäglichen Leben mit den Menschen dort erzählt, werden sie für uns sichtbar.

In ihrem Pfarrhaus wurde über Fluchtpläne gesprochen, es wurden Freunde verabschiedet, deren Ausreiseanträge in den Westen bewilligt wurden. Freizeiten mit Jugendlichen aus den umliegenden Gemeinden wurden zusammen mit Jugendlichen aus dem Westen durchgeführt: Schlafsack, Isomatte … Improvisation war angesagt.

Alles wurde neu gedacht und gelebt …

Gesa Schubert

Es gibt nur einen Himmel

der himmel ist einer
nicht entzweibar
wir können ihn teilen
doch nie aufteilen
den himmel

1961

gefängnismauern
zerteilen die erde
trennen die menschen
doch niemals erreichen
den himmel

stacheldraht, minen
zerreißen das land
zerreißen den menschen
doch niemals zerreißen
den himmel

bellende hunde
erschnüffeln die spuren
jagen den menschen
doch niemals zerbeißen
den himmel

gespaltene zunge
zerrissenes denken
verderben den menschen
doch niemals zerspalten
den himmel

verraten, verkauft
was kostet der mensch
devisen sind alles
es gibt ihn umsonst
den himmel

1981

liebende menschen
finden einander
überspringen mauern
und machen ihn eins
den himmel

der geschenkte himmel
berührt die erde
die seele das herz
empfangen wir ihn
den himmel

der eine himmel
wir teilen den himmel
der himmel ist unser
wir geben ihn weiter
den himmel

Einleitung

Im Sommer 1981 bin ich als Bundesbürgerin in die DDR übergesiedelt, um meinen Freund Joachim, einen DDR-Bürger, zu heiraten und hier zu leben. Damit begann die wohl aufregendste Zeit meines Lebens. Das heißt, nein, aufregend war schon der Beginn unserer Liebe und die spannende, auch quälende Frage: „Will ich das, kann ich das, in einer Diktatur leben mit all den Freiheitseinschränkungen, die das mit sich bringt?"

Lange habe ich um die Entscheidung gerungen. Ich wollte sicher sein, dass Gott es ist, der mich in dieses Land ruft. Und mein Herz sagte eines Tages: „Ja, ich will." Die folgenden neun Jahre verbrachte ich mit meinem Mann in einem ganz kleinen Dorf, weit entfernt vom politischen Berlin. Der in meinen Augen große Schritt mündete im ganz normalen Kleinklein des DDR-Alltags, der mich als ehemalige Bundesbürgerin allerdings ziemlich herausforderte. Davon erzähle ich in diesem Buch.

Als ich dann im Herbst 1992, drei Jahre nach der friedlichen Revolution, mit klopfendem Herzen unsere Stasi-Akte las, die unter dem Decknamen „Bund" geführt worden war, stellte ich überrascht fest: Diese vielen über uns gesammelten Berichte werfen noch einmal ein anderes Licht auf unser Leben. Sie tragen dazu bei, zu verstehen, was diese neun Jahre DDR für mich waren. Sie bilden den Hintergrund, vor dem wir unseren Alltag gelebt haben. Sie geben mir eine Ahnung, eine Vorstellung davon, wie von staatlichen Stellen aus über uns gedacht, beraten, auf uns reagiert wurde, wenn wir uns nicht normgerecht verhielten.

Schon allein meine Entscheidung, in die DDR überzusiedeln, um einen DDR-Bürger zu heiraten, lag außerhalb jeglicher Norm. Unser Verhalten sprengte das eingefahrene Denken, das enge und verlogene Denkraster der Staatssicherheit und sorgte von Anfang an immer wieder für Aufregungen und Irritationen.

Leider sind viele Schriftstücke der Akte für immer „verloren gegangen". Vieles hätte ich gerne genauer gewusst, vor allem alles, was mit meiner Übersiedlung zu tun hat. So konnte ich zu diesem Abschnitt oft nur Mutmaßungen anstellen. Manche Menschen, die ich heute gerne zu damals befragt hätte, sind im Laufe der Jahre verstorben.

Diese Stasi-Dokumente, die ich besitze, zusammen mit meinen noch immer sehr lebendigen Erinnerungen, haben mich dazu gereizt, dieses Buch zu schreiben.

Doch wie bringe ich beides zusammen, habe ich mich gefragt: mein Erzählen aus damaliger Sicht und das, was ich später nachträglich über uns aus der Feder der Staatssicherheit lesen konnte?

Ich habe mich entschieden, zwei sehr verschiedene Teile ineinander zu verweben: einen autobiografischen und einen fiktiven Teil.

In den frei erfundenen Passagen (*in anderer Schrift*) stelle ich mir vor, wie es in Bezug auf uns bei der Staatssicherheit zugegangen sein könnte. Dabei habe ich mich eng an die Aktenstücke aus den Stasi-Unterlagen gehalten. Die Namen habe ich geändert, auch wenn ich mich an manche Genossen und Spitzel noch namentlich erinnere. Die Beschreibung ihrer Charaktere habe ich mir ausgedacht, um lebendig erzählen zu können. Sie sollen nicht an die wirklichen Personen erinnern.

Wer Lust hat, die entsprechenden Zeilen aus der Stasi-Akte im Originalton zu lesen, dem empfehle ich, die Stellen jeweils im Anhang aufzuschlagen. Sie geben oft genug Anlass zum Schmunzeln und sogar zum Lachen, weil vieles so albern und banal ist. Dabei ist mir bewusst, dass für andere ihre Stasi-Akte überhaupt nicht zum Lachen war, sondern für Entsetzen sorgte.

Man erfährt durch den Anhang außerdem viel Informatives über die DDR, was besonders den jungen Menschen heute nicht mehr so geläufig ist.

Ich habe versucht, meine Erinnerungen möglichst chronologisch aufzuschreiben Es gibt jedoch konkrete Ereignisse im Zusammenprallen mit der Staatssicherheit oder auch die frühen Hoffnungszeichen in der Vor-Wendezeit, die jeweils ein eigenes Kapitel verdienen.

Noch ein Wort zur Sprache: Ich verzichte auf jegliche gendergerechte Formulierungen. Ich schreibe in der Weise, wie wir in den 80er-Jahren gesprochen haben. Anders wäre es für mich nicht authentisch.

Die Rechtschreibung in den Zitaten aus meiner Stasi-Akte sowie in anderen Dokumenten habe ich nicht angepasst, sondern im Original belassen.

Unsere gemeinsame Vorgeschichte

Unsere Liebesgeschichte hat ihre gemeinsamen Wurzeln in den ersten Jahrzehnten des 20. Jahrhunderts. Unsere Vorfahren gehörten zum Bildungsbürgertum von Erfurt. Die Erziehung war militärisch streng, der Rohrstock oder die Reitpeitsche waren nicht nur in der Schule, sondern auch zu Hause das übliche Erziehungsmittel. In dieser gehobenen Schicht „verkehrte man gesellschaftlich miteinander", so hieß das damals, und bedeutete: Man lud sich gegenseitig ein und traf sich auf Festen. Auch schickte man seine Söhne für die bestmögliche Bildung aufs humanistische Erfurter Ratsgymnasium, die Töchter auf die Städtische Höhere Mädchenschule, die Königin-Luise-Schule, in der sie auch Latein lernen durften. Man ging am Sonntagvormittag in die Kirche und am Nachmittag im Luisenpark spazieren. Man sprach nicht den Thüringer Dialekt, denn Erfurt war ja schließlich preußisch. Man lernte sich auf Offiziersbällen kennen, verliebte und verlobte sich. Man flaggte schwarz-weiß-rot, auch nach dem großen Krieg. Man wählte „Deutschnational" und lobte Bismarcks Sozialpolitik. Man war konservativ eingestellt und neuen Entwicklungen gegenüber eher skeptisch. Der Verlust des Kaiserreiches war ein großer Schmerz und der Versailler Vertrag eine Demütigung des deutschen Volkes, die nicht hingenommen werden durfte. So sagte ein Lehrer am Erfurter Gymnasium 1931 zu seinen Unterprimanern den schrecklichen und später wahr gewordenen Satz: „Dieser Vertrag schreit nach einem neuen Krieg. Und Sie, meine Herren, werden diesen Krieg führen." Nur wenige der Schüler dieser Klasse sind lebend aus diesem Krieg zurückgekehrt. Einer von ihnen war mein Vater.

In diesem bürgerlichen und geistigen Milieu wuchsen mein Schwiegervater, Wolfgang Breithaupt, und mein Vater, Otto Schnübbe, auf. Ihre Eltern waren miteinander gut bekannt:

Unsere beiden Väter, Otto und Wolfgang, waren nicht nur humanistisch gebildet, sie konnten beide auch herrlich erzählen. Sie zitierten nicht nur die „Ilias" auf Griechisch, sie erzählten ihren Kindern, also uns, auch Geschichten vom Erfurter Gymnasium, die den Charme der „Feuerzangenbowle" mit Heinz Rühmann besaßen. Sie beschrieben die Charaktere ihrer Lehrer und ahmten sie dabei mit großem schauspielerischen Talent nach, sodass wir uns köstlich amüsierten. Die Züchtigungen an unseren Vätern, als sie junge Knaben waren, amüsierten uns allerdings nicht.

Es waren dieselben Geschichten bei den Schnübbes in Hildesheim und bei den Breithaupts in Erfurt, gleichzeitig, ohne dass wir Kinder voneinander wussten.

Nach dem Abitur studierte Vater Breithaupt in Greifswald Theologie, liebte besonders die hebräische Sprache und beherrschte sie spielend. Als der verheerende Zweite Weltkrieg dann schließlich, wie prophezeit, ausbrach, wurde er wegen eines schweren Hüftleidens vom Kriegsdienst befreit. Von seiner Batterie kehrte niemand lebend aus Jugoslawien zurück. Er entwickelte sich in dieser Zeit – entgegen seiner Prägung – zu einem überzeugten Pazifisten.

Ein Jahr nach Kriegsende heiratete er Ingeborg Röll, die als Studentin gegen Ende des Krieges als alleinige Lehrerin in der Achtklassenschule in Rohrborn bei Sömmerda unterrichtete. Gemeinsam hatten Wolfgang, Pfarrer in Sömmerda, und Ingeborg vier Kinder. Im Februar 1953 wurde als dritter Sohn mein Mann Joachim Justus geboren.

Im Pfarrgarten in Sömmerda, 1960.
Von links: Hans-Otto, Wolfgang, Joachim Justus, Inge.

Mein Vater Otto brach auf Drängen seines Vaters sein Lehramts-Studium in Königsberg ab und trat die Offizierslaufbahn an. Im Dezember 1949 kam er aus sowjetischer Kriegsgefangenschaft zurück – doch nicht nach Erfurt. Mit den „roten Kommissaren“, wie er immer sagte, wollte er nichts mehr zu tun haben. Die schwere Zeit der Gefangenschaft, die viele seiner Kameraden nicht überlebten, brachte ihn zu der Überzeugung, Theologie zu studieren, um Pastor zu werden. Er heiratete ein knappes Jahr nach seiner Heimkehr aus Sibirien meine Mutter, die Pharmaziestudentin Magdalene Konerding, und bekam mit ihr drei Kinder. Ich wurde im Juli 1953 als Mittlere geboren.

Uta und Gerlinde (rechts) in Hannover, 1955.

Unsere beiden Väter Otto und Wolfgang haben sich auch nach der Teilung Deutschlands nicht aus den Augen verloren. Diese Beziehung der Schnübbes im Westen zu den Breithaupts im Osten blieb bestehen, bis sich die Geschichte der beiden Familien von Neuem eng miteinander verband…

Aus dieser neuen Verbindung entstand dieses Buch: Wir, Joachim und Gerlinde, und alle, die es genauso fühlen und leben wollen, wir teilen den einen Himmel über Ost und West, und seien die Unterschiede auch noch so groß, die Umstände auch noch so vertrackt. Denn: Es gibt nur einen Himmel.

I. Der Himmel über uns

Euphorie

Strahlend hell empfängt er mich, umfängt mich mit seinem Blau: Der Himmel über uns. Die beklemmende Grenzüberquerung liegt wieder einmal hinter mir. In der orangefarbenen Ente meiner Freundin Christa mit Göttinger Kennzeichen erreiche ich in den frühen Morgenstunden Nordhausen. Dort treffe ich meinen Liebsten, Joachim Justus, den jungen Vikar in Salza. Endlich wieder einander in den Armen liegen…

Gemeinsam setzen wir die Fahrt über die holprige Fernverkehrsstraße F 80 Richtung Osten fort. Hier irgendwo werden wir einmal leben und arbeiten, aber wo genau?

Großflächige Felder fliegen rechts und links an uns vorbei. Später im Jahr werden hier Rüben gehackt, von Reihen fleißiger gebückt gehender Frauen, mit Kopftüchern zum Schutz gegen Sonne und Wind. Aber jetzt verzaubern weiß blühende Kirschbäume die Landschaft. Die Maisonne erwärmt mir das Herz für diese Schönheit der Natur. Nicht umsonst nennt man diese Ebene zwischen Kyffhäuser und Harz die Goldene Aue. Kirchtürme ragen rechts und links von der Straße sichtbar auf. Welcher mag einmal „unser" sein? Wohin sendet die Kirche uns? Wir passieren die kleinen Dörfer. Schlichte Häuser mit rissigen grauen Fassaden. Menschen sind am Werkeln in Schuppen und Hof. In mir jubelt es. Bald werde ich hier sein und bleiben. Bald nie mehr getrennt. So gewiss bin ich mir, obwohl die nächsten Schritte so ungewiss sind. Wie wird sie möglich, die Übersiedlung in die DDR?

Wir erreichen die Kreisstadt Sangerhausen, umkreisen die Ringstraße dreimal vergeblich, bis wir dann doch noch das eine Schlupfloch in die Innenstadt finden. Sankt Jacobi, wir platzen mitten in den Sonntagsgottesdienst hinein. Vertraute liturgische Klänge mildern das Fremde, geben mir ein Gefühl von Heimat. „Das kennst du. Hier kannst du sein", flüstert es in mir. Wir durchqueren dann das hügelige Harzvorland, die gemeinsame Zeit vergeht wie im Flug.

Pünktlich kurz vor Mitternacht erreiche ich wieder die Grenze. Heraus aus dem Dunkel unbeleuchteter Straßen – nun in grellweißes Licht getaucht. Ich bin die einzige Autofahrerin hier. Bleierne Müdigkeit überfällt mich nach diesem langen, schönen Tag – jetzt nur noch nach Hause und ins Bett. Da übersehe ich schon die erste rote Ampel, fahre drüber. Eine graue Gestalt taucht auf, nicht ein Fünkchen Humor in der Uniform, winkt STOPP. Zurück vor die rote Ampel, bitteschön. Diese schaltet nun auf Grün. Ich fahre wieder vor, amüsiert und genervt über soviel deutsch-deutsche Korrektheit und Machtgetue. Dann das Übliche, Passkontrolle, Zoll … Das große metallschwere Tor zur Freiheit öffnet sich, ich fahre hindurch, übersehe schon wieder etwas, diesmal diese bahnweisenden rot-weiß-gestreiften Plastikhütchen, wie man sie von Baustellen kennt. Sie purzeln, kegeln, und im Rückspiegel seh' ich die wild gestikulierenden Arme der Grenzer … „Jetzt könnt ihr mich mal …; hier ist eure Macht zu Ende, ich bin durch", denke ich nur noch und fahre in die Nacht.

Misstrauen bei der Staatssicherheit

„Wer ist diese BRD-Bürgerin Schnübbe? Immer wieder reist sie von Göttingen nach Nordhausen-Salza, um einen gewissen Joachim Breithaupt zu besuchen.“ In der Stasi-Zentrale der Stadt Nordhausen kommt eine gewisse Nervosität auf. Major Kellemann drückt an diesem Vormittag seine achte Zigarette im Aschenbecher aus, während er sich über verschiedene Dokumente beugt. Darunter befinden sich sämtliche seit September 1979 verfassten Protokolle vom Grenzübergang Duderstadt-Worbis über diese BRD-Bürgerin: Die Schnübbe sei sehr wortkarg, mache aber kein Hehl daraus, welches das Ziel ihrer wiederholten Besuche sei. Sie und der Breithaupt seien beide Theologen und stünden in regem Austausch miteinander – so viel war bei den sich wiederholenden Befragungen an der Grenze herauszuhören. Wenn es nur diese Protokolle wären, gäbe es keinen Grund zur Beunruhigung.

„Aber das ist nicht alles! Schauen Sie mal hier, Genosse Schnack. Diese Mitteilung bekam ich kürzlich von Erfurt übersandt. Sie stammt allerdings schon vom 17.7.79. Jetzt haben wir Juni 1980. Es muss sich da um einen abgefangenen Brief mit schlecht leserlichem Absender gehandelt haben:

> *„Empf.: Breithaupt, Joachim, Erfurt*
> *Abs.: Schübke?, Gerlinde, Göttingen*
> *Liebesverhältnis.*
> *Abs. ist vermutl. kirchl. gebunden. Sie betrachtet die Liebe zum Empf. aus kirchl. Sicht.“*

Auch Oberleutnant Schnack wird hellhörig. Langsam steht er von seinem Platz auf und geht mit schlurfenden Schritten rüber zum Schreibtisch seines Vorgesetzten. Dabei wischt er sich die Schweißperlen von der Stirn. Sein Leibesumfang ist beträchtlich, schon die geringste Wärme bringt ihn ins Schwitzen. „Genosse Major, dem müssen wir auf jeden Fall nachgehen. Über den Breithaupt habe ich bereits Erkundigungen eingezogen. Sein erster Wohnsitz ist Erfurt. Sein Vater war dort Pfarrer an der Luthergemeinde. Der Breithaupt selbst hat zunächst in Halle und dann in Rostock Theologie studiert und ist jetzt Vikar beim Pfarrer von Salza. Er ist bisher nicht in auffälliger Weise in Erscheinung getreten. Seine Einstellung zum Sozialismus müsste allerdings erst noch herausgearbeitet werden." „Übernehmen Sie das, Genosse Schnack. Und vor allem versuchen Sie 'rauszukriegen, ob der Breithaupt die Absicht verfolgt, in die BRD zu der Schübke auszureisen." „Jawohl, Genosse Major."

Wie alles begann

Wir schreiben das Jahr 1977. Ich studiere in Heidelberg Theologie und lebe in einer WG mit vier weiteren Studentinnen. Wir teilen christliches Leben miteinander und haben dieselben Themen. Eine von ihnen ist Gudrun, die mit sieben Jahren, noch vor dem Mauerbau, mit ihrer Familie die DDR verlassen hat. Sie steht seitdem in regem Kontakt mit ihren Verwandten auf dem Lande in der Nähe von Berlin. Auch jetzt wieder plant sie einen Besuch dorthin. Da kommt mir spontan eine Idee:

„Du, ich fahre mit dir in die DDR. Da war ich noch nie. Ich schreibe den Breithaupts, das sind Bekannte meiner Eltern, vielleicht besorgen sie mir ein Visum. Wir kommen doch durch Erfurt, wenn du mit dem Auto Richtung Berlin fährst." Erfurt! – ein warmes Gefühl aus den Kindheitsschilderungen meines Vaters steigt in mir auf. Gustav-Adolf-Straße 9. Der Erker brach ab in der Bombennacht 1945. Aber das Haus steht noch.

Ich bekomme einen herzlichen Brief zurück, mit einem Foto der Familie Breithaupt.

Von links nach rechts: Wolfgang, Vater Wolfgang, Mutter Ingeborg, Hans-Otto mit Hanne, Inge mit Diethard. Vorn: Joachim Justus.

Die Neugier steigt. Doch meine Freundin Gudrun bekommt ihr Visum nicht rechtzeitig und so entscheide ich mich, von Heidelberg allein mit dem Zug zu fahren …

25. November 1977. Erfurt Hauptbahnhof. Ich schaue mich verwirrt um. Holt mich jemand ab? Ich taste mich durch die Menschenmenge vorwärts. Ein etwa zehn bis zwölfjähriger Junge schaut mich an: „Ich kann Ihren Koffer tragen." Ich lasse es geschehen, hab ja noch genug Tragetaschen mit Mitbringseln von meiner Mutter. Plötzlich ist er in dem Menschengewühl verschwunden, ich kriege einen Schreck, da taucht er wieder auf, selber erschrocken. Leider kapiere ich nicht, dass er auf ein Trinkgeld wartet. Erster Fettnapf in diesem fremden Land. Draußen frage ich mich durch, „welche Straßenbahn …?" Ich steige ein, tausche bei einem Passanten ein 2-DM-Stück gegen eine Fahrkarte ein – was soll ich sonst machen? –, steige um, komme in der Karl-Marx-Allee, im Pfarrhaus der Luthergemeinde direkt an der Kirche, richtig an. Joachim öffnet mir die Tür: „Ach, da bist du ja. Hatte versucht, dich am Bahnhof abzuholen. Wusste ja nicht, wie du aussiehst …" Er sieht den großen Beutel voller

Zitrusfrüchte. Während seine Mutter sich darüber freut, schaut er etwas verächtlich darauf, will sich nicht bedürftig fühlen. Kann ich verstehen und entschuldige mich auch gleich: „Meine Mutter wollte, dass ich …"

Drinnen wird gerade Geburtstag gefeiert, Familie, ein paar Freunde sind da. Ich werde ins Gespräch gezogen, man „erklärt" mir die DDR auf unterschiedlichste Weise. Ich komme mir vor wie eine Exotin, alles ist so fremd und trotzdem durch die Sprache so vertraut. Es verwirrt mich total. Was will man von mir? Mitleid und Bedauern? Oder Bewunderung für dieses tapfere Christsein? Zugeben, dass im Westen auch nicht alles rosig ist? Eine Mischung aus allem? Dass jeder in dieser Familie ein absolutes Unikat ist, begreife ich natürlich erst sehr viel später.

Am nächsten Tag: Anmeldung bei der Polizei, Stadtbesichtigung. Es kommt mir durch die früheren Erzählungen meines Vaters so vertraut vor, als mir Vater Breithaupt alles zeigt und dabei so wunderbar erzählt. Schöne alte Fassaden sehe ich, aber alles grau und bröckelig, und ein unvergesslicher Geruch aus Zweitakter-Abgasen und Braunkohlequalm aus den Schornsteinen liegt wie eine Dunstglocke über der Stadt.

Wir sind zurück in der Wohnung. Dieser interessante und aufmerksame junge Mann aus der Familie Breithaupt ist so alt wie ich und studiert Theologie wie ich. Später wird er mir verraten, dass ihm bei unserem allerersten Telefongespräch meine Stimme gefiel: „Ob die mal meine Frau wird?", schoss es ihm durch den Kopf. Welch absurder Gedanke.

Joachims Studienort ist die Hansestadt Rostock. „Wie ist das bei euch? Bei uns ist das so …" Ein spannender Austausch beginnt, denn irgendwie fühlen wir uns voneinander angezogen. Von der Fremdheit des anderen und des anderen Gesellschaftssystems einerseits, und von dem Verbindenden im christlichen Glauben und der gemeinsamen Erfurter Familiengeschichte andererseits. So gibt es auch viel zu lachen, als wir feststellen, wie sich die Erzählungen unserer Väter aus ihrer Jugend gleichen wie ein Ei dem anderen.

„Kannste mir ein paar Bücher besorgen? Ist schwierig in der DDR…" Ich nicke verstehend: „Na klar, mach ich." Einen Anlass braucht es ja, um sich wieder einmal zu sehen. Und ich verspüre durchaus die Lust, mal nach Rostock zu reisen… Wobei allerdings die Kontrollorgane an der Grenze Bücherschmuggel nicht witzig finden. Das zu erleben, steht mir in diesem Moment noch bevor: Wie das ist, wenn einem das Herz bis zum Halse klopft und der Mund ganz trocken wird, während man hofft, nicht erwischt zu werden.

Man muss wohl Lebenskünstler sein

Bei *ein paar* Büchern ist es dann auch nicht geblieben…

Besuch in Rostock im kalten Februar 1978. Bei Uschi und Harald, guten Freunden, die in einer 1-½-Raum-Wohnung mit zwei kleinen Kindern leben, kann ich unterkommen. Auf einem Sofa neben den Kinderbettchen ist mein Schlafplatz. Ich staune über die herzliche Gastfreundschaft auf engstem Raum, über die Unkompliziertheit des einfachen Lebens, wo menschliche Begegnungen kostbarer sind als alle Äußerlichkeiten.

Jedes Zimmer im Studentenwohnheim wird zu dritt bewohnt – wie kann man das nur aushalten, dabei leben und studieren? Aber die studentische Kultur schafft sich Schlupflöcher, autonome Ausweichmöglichkeiten – nicht nur im Geist, auch im ganz praktischen Leben: Ein Abbruchhaus wird illegal bewohnt; ich steige eine wackelige Holztreppe hinauf und bin baff über die gefährlich selbst verlegten elektrischen Drähte. Irre, dass so etwas hier möglich ist, offenbar unbemerkt (oder geduldet?) bleiben kann, in einem Staat, in dem an jeder Ecke ein Volkspolizist steht, sichtbar oder unsichtbar. Die Stimmung hier ist toll; nichts kann die gute Laune so schnell verderben. Das monatliche 190-Mark-Stipendium ist schon wieder fast alle, da gibt es nur noch Fettstullen und man leistet sich noch eine Flasche bulgarischen Rotwein dazu: 6 Mark, echt nicht billig.

Ist ja eigentlich nicht erlaubt, aber der Professor drückt ein Auge zu, als ich mit in die kleine Theologische Sektion der Universität gehe und eine Vorlesung mithöre.

Hinten: Uschi, Gerlinde, Harald. Vorn: Mirjam, Thekla (1978).

Am Sonntag gehen wir gemeinsam in den Gottesdienst der Südstadtgemeinde. Eine Kirche gibt es in diesem Neubaugebiet nicht. Sondern? Ich bin ganz gespannt. Joachim verrät mir noch nichts, wir laufen los: Vom Studentenwohnheim durch eine Schrebergartenanlage, an deren anderem Ende die Mensa liegt. Mitten in dieser Anlage gibt es eine Parzelle, die der Kirchengemeinde gehört. Und dort steht – ein Wohnwagen! Den hatte die Kirchengemeinde 1965 von einem Karussell-Besitzer erworben und dann zu einer Minikirche umgebaut. Ich bin echt angetan von so viel Einfallsreichtum. Dieser Gottesdienst – der Wohnwagen platzt aus allen Nähten bei so vielen Gemeindemitgliedern und Studenten – schafft Nähe durch den engen, sehr speziellen Raum und hat etwas Subversives und Trotziges gegenüber der anti-kirchlichen Ideologie des Staates. Man fühlt so eine Spur frühchristlicher Gottesdienste in den ersten Jahrhunderten, als sich die verfolgten Gemeinden zum Gebet und Gotteslob an ungewohnten Orten trafen.

Liebe(r) nicht!

In der Zwischenzeit entwickelt sich zwischen uns eine zarte Liebe, die wir uns noch nicht einmal selbst richtig eingestehen. Denn ist eine ernsthafte Beziehung nicht sinnlos? „Durch deine wunderschönen Briefe habe ich mich in dich verliebt", wird mir Joachim später einmal erzählen. Derer gehen jetzt viele hin und her. Manchmal werden sie von der Stasi gesammelt und durchgecheckt und dann kommt ein ganzer Schwung am selben Tag an. Immerhin, sie kommen an. Meine Mutter voll dunkler Vorahnungen macht sich große Sorgen.

Ab und zu klingelt morgens in meiner Heidelberger WG im Flur das Telefon. Dazu geht Joachim vor sechs Uhr ins Hauptpostamt und meldet ein Gespräch an. Langes Warten und dann kann es klappen oder auch nicht, dass er durchgestellt wird. Wenn's geklappt hat, sitze ich, um ohne unfreiwillige Mit-Hörerinnen telefonieren zu können, hinter der verschlossenen Badezimmertür auf dem Fußboden, denn weiter reicht die Schnur nicht. Es folgen aufgeregt intensive Gespräche, oft lang und entsprechend teuer (zahlen tut der Empfänger), bis wir irgendwann unterbrochen werden. Andere warten ja auch.

Im August 1978 heiraten Joachims Bruder Wolfgang und Elke, während ich in Hamburg sitze und in einem Crash-Kurs das klassische Graecum bestehen will. Sie wollen mich zur Hochzeit einladen, aber Joachim sagt, ohne mich gefragt zu haben, „nein". Später wird er mir erzählen, welche Gedanken ihn dabei bewegt haben: „Besser, wir sehen uns nicht mehr. Meinen Platz sehe ich als Pfarrer in der DDR. Ich will nicht in den Westen gehen, auch wenn das für mich im Rahmen der ‚Familienzusammenführung' per Antrag leicht umzusetzen wäre. Und Gerlinde kann ich es nicht zumuten, in der DDR zu leben."

So wird seine 94-jährige Tante Leni, die Schwester seines Großvaters Otto Breithaupt, seine Tischdame.

Tante Leni Breithaupt, Joachim Justus (1978).

Nun hält uns nichts mehr auf

Dann kommt es doch anders: Ahnungslos schreibe ich ihm einen Brief, in dem ich ihm erzähle, dass meine Freundin Margrit einen Hermannsburger Missionar heiratet: „Sie werden nach Ägypten ausgesandt. Ihre zwei kleinen Kinder brauchen Betreuung, damit beide Arabisch lernen und sich im Land in ihre Aufgaben einfinden können. Und stell dir vor, sie haben mich gefragt, ob ich nicht für ein Jahr mitkommen wolle." Aber als feministisch inspirierte junge Frau kann ich es mir nicht vorstellen, in einem muslimischen Land zu leben. Und so liest Joachim: „Ich würde in jedes Land der Welt gehen, aber nicht in ein arabisches."

Das Thema Weltmission beschäftigt mich nämlich sehr. Ich muss nicht in Deutschland bleiben, darüber denke ich zusammen mit Freundinnen schon lange nach – inspiriert von dem Gedanken, einmal etwas Außergewöhnliches zu tun. Meine Freundin Gudrun, mit der die erste DDR-Reise hätte stattfinden sollen, wird mit ihrem Mann nach Brasilien gehen, um dort in der lutherischen Kirche im verarmten Amazonasgebiet zu wirken. Und ich? Wohin wird es mich einmal treiben? Wo werde ich mal als Pastorin arbeiten?

Doch arglos erzählt, lässt dieser Satz Joachims Herz höher schlagen: „In jedes Land der Welt? Dann kann sie auch in der DDR leben."

Und so bringt der Briefträger das nächste Besuchsvisum ins Haus. Für mich und auf Wunsch auch für meine Schwester Uta. Es ist Ende November und bitterkalt. Wir fahren mit ihrem dunkelgrünen Käfer durch das Infrastruktur-vernachlässigte so genannte Zonenrandgebiet von Göttingen nach Erfurt in die Bonifatiusstraße, wo Breithaupts jetzt leben. Während unserer aufregenden Fahrt auf gefährlich spiegelglatten Straßen und des noch aufregenderen Grenzübertritts mit geschmuggelten Büchern und Zeitschriften im Gepäck läuft Joachim ebenfalls, wenn auch anders aufgeregt, durch die Räume der elterlichen Wohnung und schaut immer wieder auf die Uhr: „Jetzt müssten sie schon lange da sein. Wo bleiben sie? Sind sie etwa gar nicht losgefahren?"

Am späten Abend kommen wir endlich an. Erschöpft geht Uta schlafen. Joachim und ich reden noch lange, lange …

Am nächsten Tag das Übliche, anmelden bei der Polizei. Dann überlässt uns Uta ihr Auto und wir zwei fahren kreuz und quer durch die Stadt, reden um den heißen Brei herum, bis es zum ersten Kuss kommt.

Was für Joachim völlig klar zu sein scheint, ist für mich überhaupt nicht klar: In der DDR leben? Nein. Unmöglich. Niemals. „Ich verstehe, dass du nicht im Westen Pastor sein willst. Lass uns doch zusammen nach Afrika gehen. Ich habe schon immer für mich darüber nachgedacht."

Joachim und Gerlinde in Erfurt, November 1978.

Bald schon sehen wir uns wieder. Das Einreisevisum, das Uschi und Harald für mich immer beantragen, um unsere Liebesbeziehung zu verschleiern, ist rechtzeitig kurz vor Weihnachten eingetroffen. Die beiden wohnen mit ihren Töchtern inzwischen in Stralsund und haben ein Zimmer mehr.

Es ist der kalte schneereiche Winter 1978/79 in Deutschland. Im Westen herrscht schon Chaos ohne Ende, im Osten noch viel mehr. Hier versinkt ein großer Teil des Landes in Dunkelheit, Telefon- und Stromleitungen halten der Schneelast nicht mehr stand. In der DDR kommt sämtlicher Strom aus der Braunkohle. Doch bei minus 20 Grad passiert in den Braunkohletagebauen gar nichts mehr. Auf der Insel Rügen, die komplett von der Außenwelt abgeschnitten ist, erfrieren die Kühe in den Ställen. Auch Menschen sind in ihren Autos erfroren, werden wir später erfahren. Joachim, der sich in Rostock Justus nennen lässt, befindet sich noch in Erfurt bei seinen Eltern, ich bin bei meinen Eltern in Hannover. Beide wollen wir uns am 2. Januar aufmachen, uns in Rostock am Bahnhof treffen, um gemeinsam in den Zug nach Stralsund zu steigen.

„Lass es bleiben“, sagen meine Eltern. „Von Hamburg kommst du nicht weiter. Da fahren keine Züge mehr in die DDR.“ Lässt sich ein Verliebter oder eine Verliebte davon abhalten, es nicht trotzdem zu versuchen? Ich bin mir sicher: Ich komme an. Irgendwie und irgendwann.

Joachim macht sich in der Frühe auf zum Bahnhof in Erfurt. Vorsichtshalber mit Schlafsack und heißem Tee. Der normale Zugverkehr funktioniert nicht mehr. Es kann Stunden dauern. Er wartet in der „Mitropa“-Bahnhofsgaststätte. Wegen des Stromausfalls brennen auf den Tischen Kerzen als Lichtquelle. Das verbreitet eine abenteuerliche Atmosphäre. Schließlich kommt die nächste Lautsprecheransage: „In 20 Minuten fährt ein Zug Richtung Norden von Bahnsteig acht." Menschenmassen strömen zu besagtem Bahnsteig. Es geht Richtung Berlin. Es geht langsam …

Keiner hätte uns das geglaubt, aber um 14.20 Uhr komme ich in Rostock an und Joachim ist schon da. Wir steigen in einen Zug nach Stralsund. Normalerweise ist er eine Stunde unterwegs. Heute quält er sich sagenhafte drei Stunden durch den Schnee. Aber stört uns das? Egal wo, egal wie, Hauptsache, wir haben uns. Mit einer Flasche Rotwein Marke „Stierblut", bulgarischem Schafskäse und Fettbroten lassen wir es uns unendlich gut gehen. Um 17.30 Uhr treffen wir in Stralsund ein. Joachim notiert es in seinem Taschenkalender.

Nach unserer Ankunft gehen wir durch die Straßen von Stralsund. Ich kriege große Augen: Die Gehwege sind freigekehrt, der Schnee türmt sich in hohen Bergen auf den Straßen. Jetzt fährt niemand seinen Trabi oder Wartburg oder Saporoshez. Wo auch?[2]

Mit Freunden in Stralsund (hier Anne und Heinz-Dieter); in der Mitte Joachim und Gerlinde mit der kleinen Mirjam.

Mit großem, fast ungläubigem Hallo werden wir von unseren Freunden begrüßt. Die kleine vierjährige Mirjam, die schon bei meinem allerersten Besuch in Rostock auf dem Sofa wild hopste und dabei atemlos immer wieder sang: „Justus und Gerlinde, Justus und Gerlinde“, muss damals im März eine tiefe kindliche Vorahnung gehabt haben, die sich nun, nicht nur vor ihren Augen, bestätigt.

II. Der schwere Weg

Das Ringen beginnt

Joachim bleibt fest und ich bin ziemlich durcheinander. Die Entscheidung, die Verantwortung für unsere Beziehung, ob sie bleibt oder zu Ende gehen muss, liegt also bei mir. Ein schweres Gewicht auf meiner Seele. Freunde sind besorgt. Die Familie noch mehr: „Es gibt doch auch hier nette junge Männer." Als ob ich an so etwas denken könnte. Wenn unsere Beziehung keine Zukunft haben sollte, dann läge es an der Mauer – an dem Symbol dafür, dass Ideologie und Machtstreben über dem Menschen, über dem menschlichen Glück stehen.

Doch Joachim und ich können nicht mehr voneinander lassen. Im Jahr 1979 sehen wir uns 81 Tage. Wie das? Ein Visum gibt es maximal für 30 Tage im Jahr. Offensichtlich weiß der Bezirk Erfurt nichts vom Bezirk Rostock, wo unsere Freunde in Stralsund immer für das nächste Visum sorgen. Tagesausflüge in Ost-Berlin werden nicht gezählt. Tagesreisen im „kleinen Grenzverkehr",[3] für den man kein Visum braucht, auch nicht. Und schließlich Urlaub in Prag und Ungarn. Lebte von uns zum Beispiel der eine in Kiel und die andere in Heidelberg, würden wir uns wohl nicht öfter sehen.

Eine intensive Fernbeziehung zum Kennenlernen: Wie glaubt der andere, was ist ihm wichtig …? Auch so manche theologische Streitigkeiten aus unterschiedlichen geistlichen Prägungen haben wir versucht zu meistern. Und immer wieder die Frage: Kann ich, will ich in der DDR leben? Ist das mein Weg, ist das auch *meine* Berufung? Haben wir eine gemeinsame Berufung? Und wenn ich diesen Schritt gehe? Um Joachims willen? Das reicht nicht. Um des Glaubens willen? Warum dann so seltsam verschlungen mit der Liebe zu einem Menschen?

Viel besser, denke und sage ich immer wieder, wäre für uns, einen dritten Weg zu gehen: weg aus Deutschland, aus Europa. In eine lutherische Kirche zum Beispiel in Tansania oder Südafrika. Dann stünden wir beide am gleichen Start, gingen den gleichen Schritt ins gleiche Ungewisse. Da hätte keiner dem anderen etwas voraus. Wir wären gemeinsam Fremde, könnten gemeinsam den ersten Kulturschock überwinden und uns allmählich das Fremde erobern und lieb machen. Ich rede, ich argumentiere, ich ringe mit ihm und auch mit Gott. Nichts. Umsonst. Joachim bleibt stur.

Ich fürchte nicht ein Leben in der DDR. Doch es ist ein Land, ein Staat, in den man vielleicht hinein, aber mit Sicherheit nie wieder heraus kann. Und wenn wir einmal Kinder haben, werden sie uns eines Tages hart anfragen: „Warum habt ihr diesen Weg gewählt? Ihr habt für uns mitentschieden. Wir haben heute *keine* Wahl, so wie ihr sie damals hattet!“ Wenn ich diese Bedenken äußere, sagt Joachim bloß: „Für mich war immer selbstverständlich, dass meine Kinder mal in der DDR aufwachsen werden.“ Ich kontere: „Aber *meine* Kinder nicht. Wie zerrissen mögen sie einmal aufwachsen, mit welcher Identität …“

Die Trennung nach jedem Wiedersehen ist immer wieder schwer. Warum, warum diese verdammte Mauer? Berlin Friedrichstraße. Treffen am Fernsehturm mit einer Thermoskanne Tee und zwei Tassen im Beutel an kalten Tagen. Immer wieder am eigenen

Leibe erfahren, warum der Grenzübergang zu Recht „Tränenpalast“ genannt wird. Ich werde durchgeschleust, er bleibt zurück. Am nächsten Tag das Gleiche wieder. Immer wieder.

Es folgt eine Zeit heftiger Depressionen. Eine Zeit, in der ich kaum beten kann, allenfalls die Klagepsalmen, die meiner Seele ein wenig Halt geben. In mir ist es dumpf und leer. Selbst die Frage „Warum?“ wagt sich kaum hervor.

Die Entscheidung

Irgendwann, irgendwie, auf einmal weiß ich es, spüre es mit jeder Faser meines Herzens: „Ja, ich gehe in die DDR.“ Es ist wohl auch dieser Bibeltext, der mich überwältigt, der mir Gewissheit gibt und mich mit einer tiefen Freude erfüllt, ohne zu wissen, was er ganz konkret bedeutet. Denn sehe ich nicht eher, was ich alles opfern und verlieren werde? Und dass es eine Entscheidung für immer, ohne Rückkehr, ist?

Da fing Petrus an und sagte zu Jesus: „Siehe, wir haben alles verlassen und sind dir nachgefolgt.“ Jesus sprach: „Wahrlich, ich sage euch: Es ist niemand, der Haus oder Brüder oder Schwestern oder Mutter oder Vater oder Kinder oder Äcker verlässt um meinetwillen und um des Evangeliums willen, der nicht hundertfach empfange: jetzt und in dieser Zeit Häuser und Brüder und Schwestern und Mütter und Kinder und Äcker mitten unter Verfolgungen – und in der kommenden Welt das ewige Leben“ (Markus 10,28–30).

Dieser Text ist eine Zusage voller Hoffnung. Was wird mir wohl einmal an Wunderbarem geschehen, wenn ich mich für ein Leben in der DDR entscheide? Welche Menschen werden in mein Leben treten, welcher Reichtum an Beziehungen könnte mir geschenkt werden?

Doch noch stehen solche Erfahrungen aus. Noch muss ich mich fragen: Bin ich verrückt? Naiv? Bestimmt auch. Aber auch einfach voller Gottvertrauen.

Die Menschen, die mich lieben, sind besorgt, haben Angst um mich. Verständlich. Das Sich-erklären-Müssen ist nicht leicht. Vom Kopfschütteln und Unverständnis über Äußerungen von Ungläubigkeit und Skepsis bis zu großen Sorgen und Ängsten ernte ich alles, was man so ernten kann, wenn man etwas abartig „Verrücktes" tun will. Dafür habe ich Verständnis, aber es zieht mich auch oft runter. Doch es gibt auch Menschen, die mich auf diesem Weg begleiten, mir Mut machen, diese Berufung anzunehmen, und die meinem Glauben Flügel verleihen, Trost und Zuversicht geben.

Während der Semesterferien ab Mitte Februar 1979 absolviere ich ein Gemeindepraktikum in den USA. Fast täglich schreibe ich Luftpostbriefe, die allerdings nicht gleich bei Joachim ankommen – schade. Dann aber, viele Wochen später, treffen sie gebündelt alle an einem Tag bei ihm ein. Bei meinem ersten Besuch nach meiner USA-Reise sitze ich wieder im Zug nach Stralsund. Im Gepäck meinen ausführlichen Praktikumsbericht. „Für Joachim" steht darüber. Die Zöllnerin fragt interessiert und nicht unfreundlich, wer denn dieser Joachim sei. „Mein Freund", sage ich wahrheitsgemäß ganz stolz. Sie weiß offenbar nicht, dass dieser Joachim ein DDR-Bürger ist.

Erstaunlicherweise kommt immer wieder das benötigte Visum für mich, und keiner von der Grenzkontrolle stellt je „wissende" Fragen. Sie jedenfalls scheinen wohl lange ahnungslos zu sein, stellen meine vielen DDR-Reisen im Pass fest und sammeln mit Sicherheit deren Daten. Seltsam, dass sie nichts wissen. Oder doch? Jedenfalls fühlen wir uns von Gott geführt und beschützt.[4]

Nun steht uns erst einmal ein herrlicher Sommer bevor. Wir lassen alle Bedenken so vieler Menschen in West und Ost hinter uns und haben einfach uns. Wir sitzen im selben Zug aus der DDR nach Prag, doch noch in getrennten Abteilen. Unangenehme Fragen von Grenzern müssen ja nicht sein. Nach der Grenzkontrolle schleichen wir zueinander in ein gemeinsames Zugabteil und fahren vergnügt ans Reiseziel.

Dann haben wir spontan eine verrückte Idee: Wir heiraten einfach. Das ist ja möglich in Botschaften. Also gehen wir in die Botschaft der Bundesrepublik Deutschland in Prag. Kein Problem, ins Innere zu gelangen, trotz tschechischer Soldaten vor der Treppe zum Eingang. Im entsprechenden Zimmer tragen wir unseren Wunsch vor: „Wir wollen hier heiraten. Ist das möglich?" Die Dame antwortet freundlich: „Ja, das können Sie… wenn Sie die gleiche Staatsbürgerschaft haben." Naja, wir wussten im Grunde ja, dass es ein Spaß ist und niemals möglich.

Wir genießen die wunderschöne Stadt Prag. Ein paar Tage später fahren wir weiter, in Bratislava über die Grenze nach Ungarn. Esztergom… Visegrád… Schlagen am Donauufer unser kleines Zelt auf und wandern entlang des malerischen Donauknies in einer zauberhaften Landschaft. Der Himmel über uns schenkt uns für den ganzen Urlaub seine strahlende Sonne.

Joachim ist inzwischen Vikar in der Gemeinde in Nordhausen-Salza. Nahe genug, um ihn von Göttingen aus, wo ich jetzt mein Studium zum Ende bringe, zu besuchen. Dann fahre ich mit einem geborgten Auto über den Grenzübergang Duderstadt-Worbis. Wenn die Sehnsucht mich überfällt und telefonieren nicht funktioniert hat, tauche ich auch mal ganz spontan bei ihm auf. Um die ohne Visum erlaubten 24 Stunden ganz auszukosten, fahre ich gegen 23 Uhr los und stehe dann nachts um eins unter seinem Fenster im Dachgeschoss. Ich werfe so lange kleine Steinchen gegen die Scheiben, bis er überrascht wach wird und mir die Tür öffnet … Dann erleben wir einen vollen wunderbaren Tag zusammen. Wenn wir noch einen Tag dranhängen wollen, geht das so: Vor Mitternacht nehme ich ihn im Auto mit bis Teistungen, das letzte Dorf kurz vor der Fünf-Kilometer-Sperrzone.[5] Dort kriegt er tatsächlich noch einen Kaffee in der Kneipe, wartet auf mich … Ich passiere die Grenze und werde dort schon gefragt: „Wollen Sie umdrehen?" Ja, ich will. Ich muss nur wenden und die Kontrolle geht recht schnell, ich fahre nach Teistungen und zusammen geht's zurück nach Salza für nochmals 24 Stunden …

In der Silvesternacht 1979/80 machen wir unsere Entscheidung fest: Im Zusammensein mit meiner Schwester Uta und ihrem Mann Fritz sowie ein paar Freunden aus Ost und West stecken wir uns gegenseitig die rotgoldenen Ringe an die Finger, die wir gemeinsam aus einem Katalog ausgesucht haben.[6] Dann lassen wir die Feuerzangenbowle zischen.

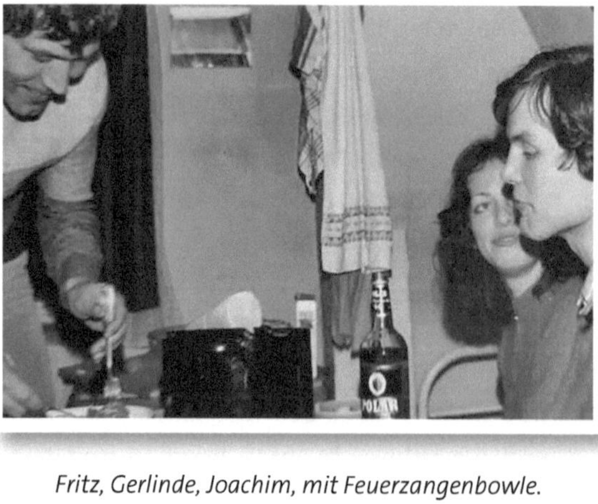

Fritz, Gerlinde, Joachim, mit Feuerzangenbowle.

Zerreißprobe

Das Jahr 1980 ist geprägt von Höhen und Tiefen, von Wechselbädern der Gefühle. Wir erkunden immer mal wieder die Gegend, in der wir einmal zusammen leben und wirken könnten. Sie soll auf jeden Fall noch im kleinen Grenzverkehr liegen, um Tagesgäste aus dem Westen haben zu können.[7] Und wir sind damit beschäftigt, einen Weg zu finden, wie es denn gelingen könnte, dass wir gemeinsam in der DDR leben. Angepeilt haben wir den Sommer 1981.

Unser Vertrauen in Gott ist groß. Wir werden einen Weg finden. Aber wie kann ich einreisen und DDR-Bürgerin werden? Wir erfahren die Antwort: Man kann als Bundesbürgerin regulär in die DDR übersiedeln und einen Antrag auf die Staatsbürgerschaft der DDR stellen. Aber, und das ist das große unüberwindliche Aber: Ich muss zuvor sechs bis neun Monate in einem Lager verbringen. Zur Überprüfung meiner Gesinnung. Ich bin mir ganz sicher, dass ich das nicht kann und will: Stasi-mäßige Befragungen über Monate? Versuchtes „brain washing“? Verharren im Ungewissen? Ich weiß, ich würde nicht lügen. Die würden mich niemals nehmen. Weil ich die Wahrheit sagen würde. Denn niemals will ich erpressbar werden. Sie sollen wissen, woran sie bei mir sind.[8]

Hätte ich einen anderen westeuropäischen Pass, könnte ich damit in der DDR verheiratet leben und könnte aus- und wieder einreisen. Und unsere Kinder könnten mit ihrer Volljährigkeit über ihre eigene Staatsbürgerschaft entscheiden. Dafür kennen wir Beispiele. Da aber „zwischen den beiden Deutschen Staaten die Staatsbürgerschaftsfrage nicht geklärt ist“, wie das in der DDR ausgedrückt wird,[9] darf ich als Bundesdeutsche nicht in der DDR leben.

Ich wende mich an die österreichische Botschaft mit der Frage, wie man denn zu einem österreichischen Pass kommen kann. Antwort: erst mal fünf bis zehn Jahre im Land leben und arbeiten. Dann darf man einen Antrag stellen. In anderen westeuropäischen Ländern ist es ähnlich. Hätte ich jetzt Humor, würde ich sagen: In der DDR geht das aber sehr viel schneller. Aber jetzt bin ich nur traurig. Denn man macht für meine Situation auch keine Ausnahme. Das also ist kein gangbarer Weg. Zehn Jahre wollen wir nicht warten. Ein kleiner leiser Hoffnungsschimmer geht vorüber.

Wieder einmal bin ich verzweifelt. Also doch unsere Beziehung beenden? Haben wir nicht fest geglaubt? Haben wir uns so getäuscht? Die Nerven liegen wieder blank. Wir müssen weitersuchen, alles probieren.

Der Kirchenjurist Manfred Stolpe, der unter anderem mit den staatlichen Stellen die Verhandlungen bezüglich der geheimen Häftlingsfreikäufe in die Bundesrepublik[10] führt und sich für Christen einsetzt, die unter Repressalien leiden, vermittelt uns einen Termin bei dem bekannten Rechtsanwalt Wolfgang Vogel[11] in Berlin. „Er hat doch Einfluss auf den Staat", denken wir. „Bestimmt hat er eine Idee, einen Weg." Auch den verrücktesten, unwahrscheinlichsten Gedanken müssen wir nachgehen.

Bei meinem nächsten Ostberlin-Besuch gehen Joachim und ich zu ihm. In einem edlen Villenviertel finden wir das Haus: *Rechtsanwalt Vogel* steht auf dem Schild. Wir klingeln, warten. Die Tür wird uns geöffnet und wir staunen nicht schlecht: Schon der Flur ist mit echten dicken Perserteppichen ausgelegt. Wir dürfen sein Arbeitszimmer betreten, das mit kostbaren gedrechselten Möbeln ausgestattet ist. „O là là", denke ich. „Das ist überzeugender Sozialismus!" Wolfgang Vogel setzt sich hinter seinen großen Schreibtisch, wir hocken als Bittsteller davor und erzählen unsere Geschichte. Er berichtet uns, dass seine Frau aus

Essen zu ihm übergesiedelt sei. Sie verbrachte einen Tag(!) im Lager, wo lediglich alle Formalitäten erledigt worden waren. „So will ich es ja auch! Deshalb sind wir doch hier!“, schreit es in mir. Doch dann kommt der Dämpfer; helfen könne er uns nicht. Enttäuscht ziehen wir wieder ab. Er will uns nicht helfen. Was hätte der wahrscheinlich gut bezahlte[12] Mann auch davon?

Ich habe große Hochachtung vor meinem Vater. Es zerreißt ihm und meiner Mutter das Herz, das weiß ich. Dennoch bemüht er sich um Wege und Möglichkeiten, uns zu helfen. Er sagt zu mir: „Deine Entscheidung ist mutig und deshalb richtig.“ Er nimmt Kontakt zu hochrangigen Kirchenleuten auf, vor allem zu dem ehemaligen Militärbischof Hermann Kunst in Bonn. Dieser war bis 1977 „Bevollmächtigter des Rates der Evangelischen Kirche in Deutschland (EKD) bei der Bundesregierung“. Zu seiner Beauftragung gehörte es auch, vom Westen her mit dem Politbüro der DDR die Verhandlungen über die Freikäufe von politischen Häftlingen zu führen. Sicherlich hatte er es dabei auch mit Rechtsanwalt Vogel und mit Manfred Stolpe zu tun gehabt. Vielleicht kann er in unserer Sache vermitteln.

Und wir setzen nun unsere ganze Hoffnung auf die Kirche in West und Ost. Sie *muss* es für mich möglich machen, ohne Aufnahmelager in die DDR überzusiedeln.

Das scheint dann bald auch tatsächlich zu geschehen. Gespräche zwischen Staat und Kirche in der DDR werden vermutlich nun auch über unser kleines deutsch-deutsches Schicksal geführt … Wie, davon haben wir leider keine Ahnung.

Und mittendrin: ein kleines Wunder

„Ach könnte ich doch einmal sehen, wie du lebst, dein Umfeld, deine Freunde kennenlernen." Dieser Wunsch von Joachim ist auch eine Sehnsucht von mir. Nun gibt es ja diese berühmten „Dienstreisen" von Kirchenleuten aus der DDR zu konkreten kirchlichen Veranstaltungen im Westen. Diese werden natürlich von der Kirchenleitung gut ausgesucht. Älter müssen sie sein, Familie haben, vertrauenswürdig. Eine solche Reise auszunutzen, um „drüben" zu bleiben – das dürfte natürlich nie geschehen. Das wär's dann gewesen mit dieser kirchlichen Reisefreiheit.

Wir beide bleiben ja die unverbesserlich Hoffnungsvollen, in jeder Hinsicht. Also besucht Joachim den Propst seiner Heimatstadt Erfurt, den er kennt. „Herr Propst, ich habe eine Verlobte im Westen. Ich würde sie so gern mal besuchen, um ihr Umfeld kennen zu lernen. Können Sie mir nicht eine Dienstreise ermöglichen?" „Nein", ist seine klare Antwort. Joachim lässt sich nicht entmutigen, er geht zu seinem Propst in Nordhausen, wo er Vikar ist, mit demselben Anliegen. Diesmal fällt die Antwort anders aus: „Bruder Breithaupt", strahlt er, „da müssen wir was machen." Propst Stubbe will sich in der Kirchenleitung für ihn einsetzen. Inzwischen wird auch bei mir zu Hause etwas eingefädelt: Es ergeht eine offizielle Einladung an die Kirchenleitung in Magdeburg, zum diesjährigen Hermannsburger Missionsfest doch einen Theologen zu entsenden. Inoffiziell *mündlich* verbunden mit der Bitte, den Vikar Breithaupt auszusuchen. Und so wird tatsächlich Joachim bald darauf zu einem Interview nach Magdeburg eingeladen. Oberkonsistorialrat Berger führt das Gespräch mit ihm, prüft ihn auf Herz und Nieren. Dann fällt die – sehr knappe – Entscheidung in einer Sitzung der Kirchenleitung zu seinen Gunsten. Dieser müssen dann allerdings noch die staatlichen Stellen zustimmen – oder auch nicht.

„Das ist ja mal ganz was Neues." Major Steinbrecher in der Berliner Stasi-Zentrale staunt nicht schlecht über das Ansinnen der Magdeburger Kirchenleitung, einen jungen unverheirateten Theologen zu einer kirchlichen Veranstaltung in der BRD zu delegieren. „Das werden wir natürlich nicht genehmigen. Der kommt doch nicht wieder. Wer ist das denn, dieser Vikar Breithaupt, und warum will die Kirche den schicken?" Genossin Unfrei, die die Vorbereitungen zu solchen Entscheidungen trifft, lacht laut auf: „Stellen Sie sich vor, Genosse Major, der Breithaupt hat eine Verlobte im Westen. Das haben meine Recherchen ergeben. Da begeht die Kirche eine große Dummheit. Ob die in Magdeburg darüber überhaupt informiert sind? Ich kann mir das nicht vorstellen." „Also nicht genehmigen, Genossin, teilen Sie das unverzüglich der Kirchenleitung mit." „Moment, Genosse Major, mir geht da so ein Gedanke durch den Kopf. Diese kirchlichen Privilegien, die da mal ausgehandelt wurden, gehen doch uns allen gegen den Strich. Bisher sind alle zu uns zurückgekommen, die delegiert worden sind. Wir hätten ein Pfand in der Hand gegen diese ‚Dienstreisen', wenn da mal einer nicht *zurückkäme. Man könnte diese Privilegien ein für allemal streichen." Steinbrecher wiegt den Kopf hin und her, überlegt: „Kein schlechter Gedanke, Genossin Unfrei, ich werde Ihre Überlegung in meine Entscheidung mit einbeziehen …"*

An einem Freitag erfährt Joachim schriftlich, dass er seinen Reisepass mit Visum beim Bund der Evangelischen Kirchen in der DDR in der Auguststraße in Berlin abholen kann. Der Reisetermin war für den darauf folgenden Montag beantragt. Er jubelt. Kann es kaum fassen. Setzt sich in den nächsten Zug, in der Hoffnung, rechtzeitig da zu sein, bevor die Geschäftsstelle schließt. Bei Jüterbog bleibt der Zug eineinhalb Stunden auf der Strecke stehen. O nein. Zu spät. Eineinhalb Stunden nach Feierabend würde er dort eintreffen, wo der Pass auf ihn wartet.

Angekommen in Berlin, hetzt er in die Auguststraße. Rein ins Gebäude, klopft an der entsprechenden Tür – nichts. Die Tür ist verschlossen. Schade. Jetzt wird er das ganze Wochenende in Berlin verbringen müssen. Doch eine Tür weiter rührt sich noch etwas. Er klopft: „Herein." Die Dame hat doch tatsächlich den Pass. Aus lauter Angst, dieser junge Mann könne sie gleich umarmen, weicht sie einen Schritt zurück. Dann muss noch ein Formular ausgefüllt werden, und im Besitz dieses kostbaren Dokumentes verlässt er das Gebäude, blättert darin und stellt überrascht fest, dass das Visum gar nicht nach vorn begrenzt ist, sondern nur nach hinten. Das heißt … sofort … Schwindelig vor Aufregung fährt er zum Bahnhof Friedrichstraße. Passkontrolle am Diplomatenausgang vom „Tränenpalast". Diesmal ist es der Grenzpolizist, der ungläubig den viel zu jungen Mann anschaut und erst einmal in einem Raum verschwindet und wahrscheinlich telefoniert, um die Echtheit zu prüfen, was ziemlich lange dauert.

Und dann: Westberlin! Eine wahnsinnige Stadt, aber auch voller Widersprüche. Im Tiergarten sitzen Grüppchen junger Leute, machen Musik. Eine junge Familie packt ihren Picknickkorb aus, das Baby wird gestillt. Andere brutzeln Würstchen auf einem Grill. Alles ist fröhlich, locker – im Osten undenkbar, städtische Rasenflächen auf diese Weise in Besitz zu nehmen. Danach Berliner Kudamm: bunt, grell, Prostitution, Bettler – ja, das ist er auch, der Westen. Und er sieht Pflastermaler. Er kennt dieses Wort von einem Lied von Reinhard Mey, dessen Lieder er gern hört. Bisher wusste er nicht, was das ist, ein Pflastermaler.

In dieser Weise wird Joachim mir nach seiner Ankunft in Göttingen die Stadt schildern, und wie er diese Widersprüche fühlt: hoch begeistert und gleichzeitig tief erschrocken.

Dann hält er es nicht mehr aus, sucht ein Telefon, ruft mich an: „Ich steige in den Interzonenzug. Hol mich ab." Ich bin überwältigt von Glück. Nach Mitternacht wird der Zug in Hannover eintreffen. Nein, Joachim soll dort nicht bis zu den frühen Morgenstunden warten müssen, um den Zug nach Göttingen zu nehmen. Ich setze mich in die orangefarbene Ente meiner Freundin und Mitbewohnerin, brause nach Hannover, und dann … „Ich habe es gehofft, dass du da bist!" Zusammen fahren wir durch die Nacht, über die fast leere Autobahn, Joachim aufgeregt am Steuer, denn natürlich ist er noch nie Ente gefahren.

Göttingen, Humboldtallee 24. Hier wohnen wir zu dritt in einer Studentinnen-WG. Joachim und ich schweben wie auf Wolken. Ich zeige ihm die Stadt. Hier geh' ich zum Bäcker. Dort in den Hörsaal. Manchmal zum „Griechen". Ins Kino. Zum Studentenkreis, wo spannend debattiert wird. Heute mal wieder gemeinsames Frühstück mit Kommilitonen … Alles und alle lernt er kennen. So wollten wir es. „Immer bin ich in deiner Welt, und nun bist du endlich einmal in meiner Welt."

Als er eines Morgens Brötchen holt, kommt er stolz zusätzlich mit einer Schachtel Erdbeeren zurück. Ich denke: „O je, die sind doch jetzt noch viel zu teuer" – für ein schmales Studentenbudget. Egal – für uns ist jetzt Erdbeerzeit! Bei einem Spaziergang durch die Schillerwiesen, den großen Göttinger Park, haben bärtige Studenten einen Stand aufgebaut: „STOPPT AKW". Joachim begegnet allem Neuen mit aufgeschlossener Neugierde, also auch hier: „AKW, was ist denn das?" Der Student fühlt sich veralbert und wird wütend: „Wenn dir mal so ein Ding um die Ohren fliegt, dann weißt du, was ein AKW ist." Ich ziehe ihn schnell weg von hier, bevor die Situation noch ungemütlicher wird.

Später werde ich dafür DDR-Kürzel lernen müssen: SED, LPG, PGH, BHG, POS, EOS, DSF, FDJ, GST, NVA, VP, MfS, ML, ABV[13] und viele mehr …

Einige Tage später geht es nach Hannover in mein Elternhaus. Meine Eltern machen gerade Urlaub auf Helgoland. Mein Bruder nimmt uns im Auto mit auf diese kleine Felseninsel, wir treffen dort auch meine Schwester mit ihrem Mann.

Auf Geheiß meines Vaters lässt Joachim sich von ihm neu „einkleiden". Ein bisschen peinlich ist ihm das schon, weil die Verkäufer dabei erfahren, dass er „aus dem Osten" ist.

Mutter Leni, Vater Otto, Joachim und Gerlinde sowie Fritz und Uta auf Helgoland (im Juni 1980).

Am Samstag nach Hermannsburg; ein Grußwort ist zu sprechen auf dem diesjährigen Missionsfest. Die unterschiedlichsten Gemeindegruppen treffen sich hier. Gäste von Partnerkirchen aus verschiedenen afrikanischen Ländern sind dabei.

Eine Gruppe älterer Damen können wir nicht verstehen. Aus welchem Land sind die denn? Wir fragen einfach. Die Frauen fangen an zu lachen: „Wir kommen von dort, wo die Witze herkommen." Wir verstehen immer noch nicht. „Na, wir sind doch die Ossis".[14]

Der letzte Tag ist gekommen. Ich begleite Joachim zum Göttinger Bahnhof. Abschied. Meine Tränen kullern, ich kann nichts dagegen machen. Aller Kummer fließt aus mir heraus. Wie verrückt ist das eigentlich, dass er nicht einfach bleiben kann? Wie absurd das Ganze. Ich weiß ja, so ist es richtig. Gegenüber der Kirche, die uns vertraut. Gegenüber unserer getroffenen Entscheidung.

Und trotzdem …

Während der Zug sich in Bewegung setzt, schaut mich ein älterer Herr auf dem Bahnsteig an und berlinert halb mitleidig, halb amüsiert, zu mir: „Wat weenste denn, Kleene? Er kommt doch wieder." „Wenn du wüsstest", denke ich nur und gehe nach Hause.

In Erfurt angekommen, öffnet sein ältester Bruder ihm die Haustür. Er wollte Joachim am Bahnhof abholen und hatte ihn verfehlt. Jetzt guckt er ihn entgeistert an: „Und ich dachte, du hättest's begriffen." – Ein paar Jahre später wird er einen Ausreiseantrag stellen und mit seiner Familie nach Hessen auswandern. Jeder, wie er will. Das ist Freiheit.

Im Jahr 1980 haben wir uns insgesamt 48 Tage gesehen. Joachim hat diese Tage auf einem großen Jahreskalender aus Vlies rot markiert.

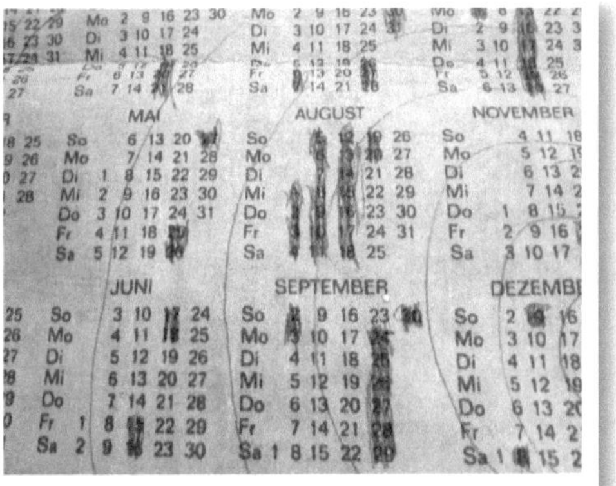

III. Ein Abschied für immer

Nun wird es ernst

Wir starten ins Jahr 1981. Joachim ist im Predigerseminar in Gnadau bei Magdeburg. Ende Juni wird er sein zweites Theologisches Examen im Magdeburger Konsistorium ablegen. Im Februar bestehe ich mein erstes kirchliches Examen. Es kommt mir so vor, als sei mein Universitätsabschluss ein Klacks gegenüber der viel größeren Herausforderung, die auf mich wartet – so sehen das übrigens auch meine Prüfer, die wissen, was ich vorhabe.

Meine Examenspredigt bekommt eine schlechte Bewertung, die ich so auch erwartet habe; man spürt ja, ob einem etwas gelungen ist oder nicht. Ich glaube, ich weiß auch warum: Ich bin zu sehr betroffen von dieser biblischen Geschichte. Der Text erzählt von Petrus' gewagtem Schritt aus dem Boot, auf dem Wasser hin zu Jesus, der ihn nicht untergehen lässt (Matthäus 14,22–32). Ich selber wage einen solchen Schritt: den Schritt aus dem sicheren Boot der Bundesrepublik Deutschland in ein Land, das keinen sicheren Grund bietet. Ein Land, in dem man auch „untergehen" kann. Aber es ist für mich ein Schritt hin zu einem noch größeren Vertrauen in Gott. Er lässt mich nicht fallen, ich weiß das.

Mit diesem sehr persönlichen Erleben dieses Textes im Hinterkopf, im eigenen Herzen – wie kann ich diese metaphorische

Erzählung „hineinübersetzen“ in den Lebensalltag der Menschen hier in einem normalen Sonntagsgottesdienst? So, dass diese Menschen gestärkt und ermutigt wieder nach Hause gehen? Daran bin ich gescheitert.

Am 1. September möchte ich mein Vikariat in Roßla beginnen. Mit dem Superintendenten Leipold von Roßla, der mein Mentor sein wird, ist bald alles besprochen. Mitte August möchte ich für immer einreisen. Ob das so hinkommen wird mit unserem Zeitplan? Ich will darauf vertrauen.

Und wie fülle ich diese Monate bis zum Sommer?

Meine Freundin Gudrun aus der Heidelberger WG-Zeit ist inzwischen mit ihrem Mann und ihrem kleinen Sohn nach Brasilien ausgereist. Wie wunderbar wäre es doch, sie dort noch einmal zu besuchen, bevor der Eiserne Vorhang hinter mir fällt!

Zusammen mit meiner Freundin Christa, deren Ente ich immer ausleihen durfte für meine Fahrten in die DDR, fliege ich hin. Wir besuchen die beiden an ihrer Sprachschule in Curitiba, Südbrasilien, wo sie gerade Portugiesisch lernen. Dann fahren wir mit verschiedenen Buslinien an ihren zukünftigen Wirkungsort. Er befindet sich mitten im Urwald in der erst zehn Jahre alten Stadt Ariquemes: Eine kleine kirchliche Sozialstation gibt es hier, geleitet von der kompetenten und tatkräftigen Schwester Gerda, die uns sehr imponiert. Hier, in der „Escola da Vida“, dürfen junge Mädchen aus entlegenen Gebieten leben und werden ganz praktisch in „Lebenskunde“-Fächern wie Hauswirtschaft, Hygiene, Gesundheit, Familienplanung… unterrichtet und bekommen auch Religionsunterricht. Und es wird viel gesungen und gespielt. Gleichzeitig wird es ihnen ermöglicht, in der Stadt die öffentliche Schule zu besuchen – ein Weg aus der Armut.

Hier für zwei Wochen mitleben zu dürfen, ist spannend, berührend. Es ist so schwül, dass die Kleidung auf der Haut klebt. Roter Staub legt sich überall drauf, es ist gerade Trockenzeit.

Lange Ärmel sind nötig, um sich einigermaßen vor den Moskitoschwärmen zu schützen. Ich bewundere meine Freunde: Hier zu leben und zu arbeiten – das stelle ich mir sehr hart vor. Ganzjährig tropische Hitze, Malaria, vor der man sich kaum schützen kann. Während der Regenzeit soll hier alles so matschig sein, dass immer wieder die Autoräder durchdrehen und der Jeep steckenbleibt auf den langen Fahrten zu den Menschen in den abgelegenen Gebieten.

Gudrun mit Marcus, Friedel, Gerlinde, auf einem Ausflug während der Brasilienreise (Mai 1981).

Die ungeheure Armut der Menschen mitzuerleben, ihren Kampf ums Überleben als Bauernfamilien mit wenig Land, das ohne Maschinen in körperlicher Knochenarbeit bewirtschaftet wird und nur wenig einbringt, weil der „fair trade" hier nicht greift… und dann zu schauen, was man selber tun kann – das ist nochmal eine ganz andere Herausforderung.

Und doch geht mir unweigerlich durch den Kopf: Meine Freunde werden immer zurückkehren können, ich nicht. Eingesperrt für immer hinter Mauern und Stacheldraht. Aber ich habe mich dafür entschieden!

Was hilft mir, stark zu sein in dieser Entscheidung, gewiss zu bleiben, nicht zu zweifeln oder irgendwann einmal zu resignieren oder gar diesen Schritt zu bereuen und zurück zu wollen?

Die evangelische Communität in Hermannsburg bietet mir an, für zwei Monate dort zu leben, geistiges und geistliches Leben zu teilen, Stille Tage mit Meditation zu haben, stärkende Gespräche …

Gleichzeitig setze ich mich auseinander mit dem Land, in dem ich leben werde. Ich lese DDR-Schriftstellerinnen, Christa Wolf, Maxie Wander, Monika Maron … Wie lebt und denkt und fühlt man in einem äußerlich unfreien Land, in dem nichts unzensiert durchgeht? Wie steht es dabei um die innere Freiheit? Wo passe ich mich an und wo nicht? Wann ist es meine ethische Verantwortung, einzuschreiten, anzuecken, und wann ist es vergeudete Kraft, weil es nicht wirklich um 'was geht – außer vielleicht um meine verletzte Eitelkeit? Darüber nachzudenken und mit Freunden in Ost und West, nicht zuletzt mit meinem zukünftigen Mann, ins Gespräch zu kommen, ist unendlich spannend.

Eines Tages bekomme ich endlich die ersehnte, befreiende Nachricht: Die Zusage durch meine zukünftige Kirche, dass mir eine längere Zeit im Aufnahmeheim erspart wird. Was genau sich da im Hintergrund abgespielt hat, wer an welchen Fäden mit Geschick gezogen hat, werden wir nie erfahren.[15] Ich weiß nur eins: Ich bin so dankbar dafür.

Und so stelle ich Ende März meinen offiziellen Antrag an die Ständige Vertretung der DDR in der Bundesrepublik, in die DDR überzusiedeln und die Staatsbürgerschaft der DDR zu erlangen.[16]

Am 23. Juni erhält Joachim ein offizielles Antwortschreiben, in dem der Absender nichts zu wissen scheint von der „Abmachung", nicht in dieses Aufnahmelager zu müssen.[17] Ich bin irritiert. Was heißt denn das jetzt? Aber was bleibt mir weiter übrig, als Ruhe zu bewahren und zielstrebig weiterzumachen …

Mittlerweile bin ich nämlich bei meinen Eltern, die inzwischen in Brelingen wohnen, um alle praktischen Dinge vorzubereiten und den Umzug zu organisieren. Alles(!), jedes Gäbelchen, jedes Handtuch … muss ich in eine Liste eintragen und noch *vor* meiner Einreise zur Überprüfung beim Binnenzollamt der DDR einreichen. Bei Ankunft der eingeführten Gegenstände in der DDR sollen sie dann mit der Liste verglichen werden können. Ich darf alles mitnehmen, was meine Eltern entbehren können. Studenten sind ja wie herumziehende Vagabunden. Mit wenig im Gepäck, außer Büchern. Und wer weiß, was ich in der DDR für unseren gemeinsamen Hausstand zusammenkriege und was nicht; viel Geld werden wir ja nicht haben. Tagelang sitze ich an den Listen. Am schlimmsten sind die Bücherlisten. Neben dem Titel müssen Verfasser, Ort und Erscheinungsjahr aufgeführt werden, so als schriebe ich eine Seminararbeit an der Uni. Sämtliche Kinderbücher von früher nehme ich mit. Meine Kinder sollen auch mal Pippi Langstrumpf lesen können. Und mit den Nesthäkchen-Büchern meiner Mutter aus den 30er-Jahren die Sütterlinschrift lesen lernen wie ich als Kind auch. Dazu Bücher aus meiner Jugend- und Studentenzeit, Schul-Literatur, Romane, Sachbücher, Lexika, theologische Werke … füllen immer mehr Bücherkisten.

Im August ist der Umzug fertig vorbereitet. Nach meiner endgültigen Einreise in die DDR würde ein Umzugswagen aus der DDR zu meinen Eltern fahren, alles aufladen und die Türen verplomben – um sie dann in unserem gemeinsamen Wohnort, Dittichenrode, unter Aufsicht des Zolls zu öffnen.

Der Ökumenische Rat der Kirchen (ÖKR) trifft sich in diesem Sommer 1981 nicht irgendwo in der Welt, sondern in Dresden! Das ist etwas Besonderes. Die DDR-Führung genehmigt es. Hier entsteht internationale Öffentlichkeit, die in- und ausländische Presse ist zugelassen und wird in aller Welt berichten, natürlich auch in der Bundesrepublik.[18]

Später wird uns erzählt, dass Gespräche am Rande dieser Konferenz dazu beigetragen haben, die Zusage seitens des DDR-Staates, dass ich ohne Lager in die DDR übersiedeln darf, offiziell bestätigt worden ist. Warum hier?

Bekannt ist, dass die DDR großen Wert darauf legt, im westlichen Ausland einen vorbildlichen Eindruck zu machen. Der Staat will sich hier in Dresden den Anschein geben, mit der Kirche in der DDR in einer guten Beziehung zu leben. Die ganze Welt soll wissen, dass Christen in der DDR geschützt ihren Glauben leben dürfen, dass „Kirche im Sozialismus" etwas Großartiges ist.[19] Und die Kirchenvertreter „spielen mit", denn das bedeutet große Vorteile, wenn man dem Staat Freiheiten und Genehmigungen abringen will, zum Beispiel für den Bau von Kirchgebäuden in den ausufernd großen Neubaugebieten, für Baumaterialien aus den staatlich festgelegten Kontingenten, die aufgrund der Mangelwirtschaft begrenzt sind, oder auch einfach, um einzelne Christen etwas mehr schützen zu können, wenn sie in politische Bedrängnis geraten.

Wie auch immer es letztlich geschah, wir haben bekommen, was wir uns sehnlich wünschten.

Es wird uns mitgeteilt, dass es sich nur um drei Tage im Lager handeln würde – oder gar nicht. Letztlich läuft es dann auf „gar nicht" hinaus. Da bin ich doch besser weggekommen als die Ehefrau des einflussreichen und privilegierten Rechtsanwalts Wolfgang Vogel.

Heiraten geht nicht immer so, wie wir wollen …

… Das haben wir ja schon einmal in Prag erfahren, auch wenn das ein kleiner Spaß gewesen ist, in unserem Sommerurlaub vor zwei Jahren. Und diesmal?

Wir sind fest entschlossen, am 6. September zu heiraten, in dem Glauben, wenn ich erst einmal da sei, gehe alles sehr schnell. Ich will natürlich am liebsten sofort bei Joachim in Dittichenrode, wo er am 1. Juli seinen Pfarrdienst begonnen hat, einziehen. Aber ohne „Trauschein" in einem Pfarrhaus zusammen zu wohnen, wäre von den Kirchengemeinden für Pfarrersleute zu der Zeit als unschicklich angesehen worden.

Wir haben alles geplant. Vor meiner Ankunft im August stellt Joachim bei der Polizei für 40 Verwandte und Freunde im Westen Visaanträge. Daraufhin wird er ins Volkspolizeikreisamt „zu einer Aussprache geladen". Der Leiter des Pass- und Meldewesens, Hauptmann Lauschke, klärt ihn auf: 40 Gäste aus dem kapitalistischen Ausland? Das geht aber nun mal gar nicht. Höchstens zwölf![20] Das macht mich natürlich wütend: „Was fällt denen ein? Ich will ein großes Fest feiern. Alle meine Freunde sollen auch kommen können."

Außerdem erfährt Joachim, dass wir erst heiraten können, wenn ich DDR-Staatsbürgerin geworden bin. „Blöd", denke ich, „das war's dann wohl mit dem 6. September. Alle haben schon eine Einladung gekriegt, nun müssen wir alles wieder zurückdrehen."

Wir haben unseren Landesbischof Krusche gebeten, uns kirchlich zu trauen. Das würde dann auch den staatlichen Stellen Respekt einflößen und wird so gewissermaßen auch ein Schutz für unsere riesengroße Ost-West-Feier sein – an der halten wir nach wie vor fest, trotz dieser Lauschke-Auskunft.

Der Bischof ist bereit, uns sogar noch vor dem Standesamt kirchlich zu trauen, das finde ich klasse von ihm. Allerdings weist ihn seine Rechtsabteilung sogleich darauf hin, dass das gesetzlich nicht erlaubt ist. Schade. Na, vielleicht auch ganz gut. Denn bei allem Ärger über die Zerschlagung unserer Pläne stellen wir verschmitzt fest: Die Auskunft über die Visa kann uns dann nur zum Vorteil sein: Wir sind nun vorgewarnt. Um viele Gäste aus dem Westen bei unserem großen Fest dabeihaben zu können, werden wir es beim nächsten Mal schlauer anstellen.

Abschiedsschmerz und das Glück, anzukommen

„*Wer den Pflug in die Hand nimmt und schaut zurück, der ist nicht geschickt für das Reich Gottes*" – dieses ernste Wort Jesu (Lukas 9,62) an die, die mit ihm mitgehen wollen, aber wissen sollen, was das bedeutet, *bevor* sie sich entscheiden, geht mir durch den Kopf. Einmal entschieden zu haben, bedeutet, nach vorn zu schauen. Wenn der Bauer beim Pflügen nach hinten schaut, werden die Furchen schief.

Meinen Hauptwohnsitz habe ich polizeilich abgemeldet. Ein komisches Gefühl, dass hier niemand von der Behörde nach meiner neuen Adresse fragt. Enttäuschung schleicht sich in meiner Seele ein, das interessiert hier wohl keinen? Dann rufe ich mich innerlich zur Ordnung ob dieser unsinnigen und albernen inneren Regung. Dennoch bleibt es ein fades Gefühl: Ich verschwinde einfach so aus der Bundesrepublik, aus sämtlichen Meldekarteien meiner bisherigen Heimat.

Am 23. August kommt mein Bruder mit seinem Auto aus Hannover, um mich mit ein paar Koffern „rüber" zu bringen. Ich sehe, wie schwer meinen Eltern dieser Augenblick fällt. Betroffen stehen sie vor ihrer Haustür, während ich ins Auto steige. „Sie hat sich nicht einmal mehr umgedreht", wird meine Mutter später meiner Schwester traurig erzählen. Ich selber denke in dem Moment, es fällt ihnen bestimmt leichter, wenn ich genau das nicht tue: fröhlich zurückwinken. Und wie schwer wäre es außerdem gewesen, in ihre traurigen Augen zu schauen, während ich selber mich unendlich freue, dass es endlich soweit ist: nie mehr getrennt, für immer zusammen mit meinem Liebsten. Eine Familie gründen. Meinen erwählten Beruf ausüben. Nach vorn schauen, sich allen Herausforderungen mutig stellen.

Worte, die ich nicht ausgesprochen habe, gehen mir jetzt durch den Kopf: „Wolltest du nicht immer starke und mutige Kinder haben, Papa? Ich weiß, dass du meinen Mut bewunderst. Auch wenn du gemeinsam mit Mama einfach Angst um mich hast. So ist das mit den verschiedenen Seelen in einer Brust. Wie auch bei mir: Ich fühle mit euch, glaubt mir das. Eure Sorgen und euer Abschiedsschmerz gehen mir nahe. Ich danke euch, dass ihr es mir nie schwer gemacht habt. Nur finde ich jetzt keine Worte dafür." Ja, und gleichzeitig spüre ich in mir eine unbändige Vorfreude.

Mit dem Ford meines Bruders geht es schnell voran, was sich in Grenznähe ändert. Aber das kenne ich ja schon: Hier nämlich, im „Zonenrandgebiet", wie es immer noch im Westen genannt wird, sind die Straßen kurvig, holperig und in schlechtem Zustand. Lohnt sich ja auch nicht, hier zu investieren, am Rande der Welt, hinter der nichts mehr kommt. Vom Straßenbild also ist es hier so wie in meiner zukünftigen Heimat. Die durchqueren wir jetzt auf der Fernverkehrsstraße 80, vorbei an Nordhausen-Salza, wo ich Joachim so oft besucht habe. An den Straßenrändern nicht etwa Reklame wie bei uns, sondern große Schilder mit Sprüchen wie: „Wer auf der Seite der Sowjetunion steht, steht auf der Seite der Sieger der Geschichte" oder: „Der Marxismus ist allmächtig, weil er wahr ist". Naja.

Einen Kilometer hinter Roßla fahren wir runter von der F 80 und biegen in eine Seitenstraße ein, fahren den kurzen steilen Berg hoch nach Dittichenrode. Passieren den Buswendeplatz vor dem Ortseingangsschild. Dahinter gibt es keine mit Schlaglöchern versehene geteerte Straße mehr, auch keine Pflasterstraße. Die Dorfstraße ist ab jetzt einfach ein breiter Weg ohne Gehsteige, bei Trockenheit hart, holperig und staubig, bei Regen aufgewühlt matschig.

Es gibt, abgesehen von einem ganz kurzen Kopfsteinpflasterweg, der linker Hand hoch zum Friedhof führt, nur diese eine Dorfstraße, die im Nachbardorf Wickerode endet. Ein davon abzweigender sogenannter LPG-Weg geht am Ende des Dorfes links weg auf die Landstraße, die, von Roßla kommend, hoch in den Harz hineinführt.

Von dort oben hat man einen wunderbaren Blick auf die Dörfer entlang der „Goldenen Aue“, das von Obstbäumen gesäumte Tal zwischen Harz und dem Kyffhäuser. Man schaut auf den Baggersee zwischen Roßla und Bennungen hinunter und sieht weiter westlich den Stausee bei Kelbra. Die Landschaft, die uns umgibt, ist einfach bezaubernd schön.

Im unserem Dorf etwas abseits dieser einzigen Straße steht unser kleines Kirchlein. Halb verfallen, ist es nicht mehr nutzbar. Das mit Betonziegeln gedeckte Dach vom Kirchenschiff ist an vielen Stellen offen, es regnet durch. Wieder aufbauen? Für 70 Kirchenmitglieder, von denen nur etwa sechs bis zehn Menschen in den Gottesdienst kommen? Unbezahlbar, und Baumaterialien sind rar.[21] Der gedrungene, mit Schiefer aus dem Thüringer Wald gedeckte Fachwerkturm, in dem noch die Glocken läuten, ist halbwegs gut in Schuss. In unmittelbarer Nähe befindet sich der Dorfkonsum mit „Waren für den täglichen Bedarf“, dahinter der Feuerlöschteich. Hier werde ich also leben, einkaufen, spazieren gehen.

Aber jetzt erst mal biegen wir, noch vor dem Kirchlein, links in das große geöffnete Hoftor ein. Dittichenrode Nummer 10!

Hier, in diesem Pfarrhaus, an diesem Ort, werden wir wohnen und arbeiten. 50 Häuser, 130 Einwohner. Es ist das kleinste von all den Dörfern, die in Joachims Pfarrbereich liegen. Aber es hat das am besten erhaltene Pfarrhaus! Ein hohes geräumiges Haus aus Stein, Holz und Lehm aus dem 19. Jahrhundert, im Sommer kühl, im Winter hält es die Heizwärme. Ein Haus mit abblätterndem Putz an der rissigen Außenfassade, aber – ganz neu, ganz modern – doppelt verglasten Holzfenstern.

Die Dittichenroder Dorfstraße; das Pfarrhaus von hinten.

Mein Bruder und ich gehen die Stufen zur Haustür hoch. Innen läuft uns Joachim die Treppe hinunter entgegen.

Im Parterre befindet sich der große Gemeindesaal mit einem Kachelofen, Pfarrbüro, Abstellkammern mit einer extra Toilette, in der ersten Etage unsere Vier-Raum-Wohnung mit Küche und Bad. Es gibt auch einen feuchten Gewölbekeller, dort werden die Winteräpfel und die Kartoffeln gelagert.

Die Braunkohlebriketts für die Heizperiode sind in dem kleinen Keller vom Schuppen im Hof gegenüber vom Wohnhaus untergebracht. Wenn die vorbestellte Menge im Herbst von einem offenen Lastwagen davor ausgekippt wird, muss der große Haufen eigenhändig durch das Kellerfenster mit einer Art Mistgabel nach unten geschaufelt werden. Das ist mühsam und zeitaufwändig. Joachim nennt das *elementar*(!). Ich stelle mir dabei vor, zurückgeworfen zu sein in die 50er-Jahre, und empfinde es als Herausforderung.

Jubelnde Umarmung, endlich hier! Die Tapete im Hausflur ist alt, geplant sind neue elektrische Leitungen, dann kommt sie sowieso runter. Also hat Joachim sie fröhlich bemalt, mit großen Buchstaben: „Herzlich willkommen", „Ex oriente LUX" – aus dem Osten kommt das Licht! Langstielige gelbe Blumen von den Stauden neben dem Hoftor zieren die Wände außerdem. Das war für ihn eine Tag- und Nachtaktion, um mich zu überraschen. Ausdruck seiner großen Freude, bald dieses Haus gemeinsam zu bewohnen.

Dass die Dorfbewohner die Bemalungen für keine gute Idee halten, kriegen wir später mit. Wir sind halt dem studentischen Milieu noch nicht wirklich entwachsen und machen uns den krassen Gegensatz nicht klar, auf den wir hier stoßen.

Möbel gibt es in unserer Wohnung noch nicht, meine kommen ja erst noch, mal sehen, wann. Oben in der Wohnung in einem Zimmer eine Matratze. In dem anderen Zimmer vorübergehend ein Tisch aus dem Gemeindesaal mit ein paar Stühlen. In der Küche ein Campingtischchen und ein Campingkocher, geliehen fürs erste vom Superintendenten. Geht alles, wenn man verliebt ist.

Am nächsten Tag, der Diensttrabi war noch nicht geliefert,[22] fahren wir mit der Schwalbe, einem Moped Marke DDR, zum Volkspolizeikreisamt, um dort vorstellig zu werden. Im Vorfeld wurde mir mitgeteilt, ich bräuchte mich bloß dort zu melden und zu sagen, dass ich für immer hier bleibe. Die Polizei wisse dann schon Bescheid.

Doch so ist es keineswegs. Ich muss mich anmelden wie ein Besucher und den üblichen Tageszwangsumtausch von 25 DM in 25 Mark der DDR bezahlen. Das kann ich mir nur noch für ein paar Tage leisten. Ich bitte darum, sich über meinen speziellen Fall so schnell wie möglich Erkundigungen einzuholen. Eine Woche lang wird meine Geduld strapaziert, bis ich meinen – eigentlich nicht gewollten, aber was soll ich machen – Antrag auf Einbürgerung in die DDR stellen kann.[23] Man kann mir nicht sagen, wie lange es dauern wird, bis er geprüft ist und ich die Staatsbürgerschaft der DDR bekomme. Vielleicht drei Monate. „Was, so lange?"

Meinen bundesdeutschen Reisepass muss ich jetzt hergeben. Der Pass wird nicht durchlocht, also nicht ungültig gemacht vor meinen Augen. Das könnte mich jetzt wütend machen: Was für eine Frechheit, der gehört ihnen nicht! Wofür werden die den jetzt benutzen?

Und dann überkommt mich ein ganz seltsames Gefühl, als hätte ich es bisher nicht wirklich begriffen: Das ist es jetzt gewesen – für immer! Es widerstreitet in mir: Aber ich habe es doch so gewollt!

Für die Übergangszeit bin ich jetzt im Besitz einer sogenannten PM 12. Dabei handelt es sich um ein Ersatzpapier, das normalerweise solche Personen bekommen, denen aus welchen Gründen auch immer der DDR-Ausweis vorübergehend oder für länger entzogen wird. Na toll! Ich bin doch keine Kriminelle. Ich bin auch nicht im Widerstand zum DDR-Staat aktiv geworden. Wer eine solche PM 12 hat, darf seinen zuständigen Kreis nicht verlassen, was aber wenigstens nicht für mich gilt.

Als Nächstes erscheint ein Genosse bei uns mit einer alten Schreibmaschine, stellt sie auf unseren einzigen Tisch im zukünftigen Wohnzimmer. Der umgangene Aufenthalt im Aufnahmelager erstreckt sich also lediglich auf einen halben Vormittag: Ich werde intensiv befragt, muss die Daten rausrücken über die Menschen, die mich am meisten besuchen werden, also Eltern, Geschwister. Wer außerdem noch kommt, geht die da in Sangerhausen gar nichts an, finde ich. Merken sie noch früh genug.

Aber nur drei Stunden „Lager“, und das auch noch bei mir zu Hause – da kann ich mich wirklich nicht beklagen. Ich finde es eher lustig, die Umständlichkeit zu beobachten, mit der dieser Herr seine Pflicht tut, als er meine Angaben mit zwei Fingern in die Tasten hämmert.

Es ist der 1. September, ich beginne mein Gemeindevikariat im zwei Kilometer entfernten Roßla mit etwa 2000 Einwohnern. Ich bin inzwischen in ein möbliertes Zimmer im Haus des Superintendenten eingezogen, lebe quasi mit in der Familie. Ich finde es sehr aufregend, endlich meinen Wunschberuf in dieser ganz anderen, für mich noch alltagsfremden Welt beginnen zu können. Es wird eine spannende Zeit, in der ich viel und ganz praktisch über das Christsein in der DDR lerne.

IV. Ein süßsaures Lächeln und die feierliche Revanche

Der Zoll ist überfordert

Eines Tages ist es dann so weit: Der lang erwartete Umzugswagen hält draußen auf der Straße vor dem Tor, zu groß, um in den Hof einbiegen zu können. Das Auto mit dem Genossen vom Zoll ist bereits eingetroffen. Die Verplombungen werden gelöst. Alles läuft ordnungsgemäß ab. Einige Dorfbewohner, die uns beim Tragen helfen wollen, schauen neugierig in den Möbelwagen: Heraus transportiert werden die schon etwas ramponierten Küchenmöbel aus meiner letzten WG, die damals niemand mehr haben wollte. Kleiderschrank und Schreibpult aus meinem früheren „Mädchenzimmer". Ein von Freunden meiner Eltern geschenkter edler Bücherschrank mit verglasten Türen. Eine alte von meinen Eltern neu bezogene Couchgarnitur mit Tischchen. Eine Stehlampe und einen großen Esstisch mit Stühlen haben sie neu dazu gekauft, auch einen wunderschönen braunen Teppichboden für das Wohnzimmer. Eine 1,60 Meter breite mit braunem Cordstoff bezogene Schlafcouch aus meiner Studentenzeit. Ein altes wuchtiges Biedermeier-Schlafzimmer, das bei meinen Eltern schon immer auf dem Dachboden stand – nicht unser Stil, es soll im Gästezimmer aufgestellt werden.

Juhu, endlich Möbel. Die Möbelpacker müssen etwas verdattert geguckt haben; aus dem Westen haben sie anscheinend Besseres erwartet. Alles wird nach oben getragen, die Bücherkisten stehen in unserem zwei Meter breiten und neun Meter langen Flur neben- und übereinander. Der Zöllner sieht die Listen. Ihn interessieren nur die Bücherlisten. Oh, und was habe ich mir für Arbeit umsonst gemacht. Er ist mit den Kisten und Listen vollkommen überfordert. Er fleht uns fast an, die Bücherkisten nicht anzurühren, bis er wiederkommt. Es sind viele Hunderte von Büchern. Na, denke ich, die vom Zollamt sind aber schlecht vorbereitet. Haben sie nicht genug Zeit gehabt, die Listen zu überprüfen? Mir soll es recht sein.

Das Schmunzeln hat noch kein Ende, es kommt noch besser: Ein oder zwei Tage später ist er wieder da. Er zeigt uns die Liste von 33 unerwünschten Büchern. Wir schauen sie uns an und müssen uns zusammenreißen, um nicht laut loszulachen. Wirklich harmlose Bücher, dazu theologische Literatur, die auch in der DDR verlegt wird, und ein paar mehr sind da aufgeführt. Darunter ist zum Beispiel ein Aufklärungsbuch für Kinder. Ich bin amüsiert: fällt wohl unter die verbotene „Schmutz- und Schundliteratur“ der DDR?

Die Bücher auf dem Zettel des Zöllners sind wahllos zusammengestellt, wirklich ohne Sinn und Verstand. Irgendwas muss man offensichtlich ja verbieten. Egal was. Alle fremdsprachigen Bücher dürfe ich behalten, erklärt er mir noch, die verstehe hier sowieso keiner. (Bücher in russischer Sprache sind wohl ausgenommen, aber die besitze ich ja auch nicht.) Wir protestieren, erklären ihm die Unsinnigkeit der Auswahl. Daraufhin zieht er grinsend(!) – ich bin verblüfft – ein Blatt Papier hervor: „Sie können diesen Beschwerdebogen ausfüllen.“ Das machen wir doch, auf der Stelle![24]

„Was liegt denn hier auf meinem Schreibtisch?" Ungehalten schaut sich Major Hackfleisch, Chef der Staatssicherheit im Kreis Sangerhausen, das ausgefüllte Beschwerdeformular an. Frau Wernher, Beauftragte für Kirchenfragen[25] des „Rat des Kreises Sangerhausen", steht daneben und wirkt nervös. Sie mag eigentlich keine Probleme. Die Kontakte mit den kirchlichen Mitarbeitern in ihrem Zuständigkeitsbereich sollen möglichst geräuschlos laufen. Immer freundlich, gesprächsbereit sein, beschwichtigend auftreten, als wollten wir nur das Beste für die Kirche – das ist die Taktik, die sie sich im Laufe der Jahre angeeignet hat. Auf diese Weise kann sie der Staatssicherheit noch besser wertvolle Informationen liefern.

„Kaum angekommen, macht sie Schwierigkeiten, diese Frau aus der BRD. Ich war von Anfang an skeptisch, dass sie ohne Aufnahmeheim direkt hierher übersiedeln konnte. Wir kennen diese Person doch gar nicht. Und wer hat ihr überhaupt ein solches Formular gegeben?" Hackfleisch wird immer aufgebrachter: „Genosse Bäuer, kriegen Sie das raus." Oberleutnant Bäuer, der gerade erst den Raum betreten hat, nickt.

Der Major beugt sich wieder über die Liste der eingezogenen Bücher und schüttelt nur den Kopf: Unsaubere Arbeit, lächerlich haben wir uns gemacht. „Und wo sind die Listen all der anderen Bücher, die die BRD-Bürgerin mitgebracht hat?" „Vermutlich noch beim Zoll?" Der Oberleutnant weiß es auch nicht. Auch darum soll er sich umgehend kümmern.

Major Hackfleisch wird bleich im Gesicht, als er ein paar Tage später die angeforderten Listen vor sich liegen hat und ihm immer klarer wird, was alles an unerlaubter Literatur „durchgegangen ist". Da ist nichts mehr rückgängig zu machen. Denn die Ansage von „weiter oben" lautet, Fräulein Schnübbe mit Vorsicht zu behandeln. „Die im Westen" kriegen schließlich alles mit. Also keinen Ärger machen. Solch eine Order behagt Hackfleisch gar nicht, ihm, der immer klar und direkt den Feind ins Visier nimmt und eben NICHTS durchgehen lässt.

Einige Tage später werden wir beim Rat des Kreises Sangerhausen vorgeladen. Die uns gegenüber sitzende Genossin gibt uns 24 von den 33 beschlagnahmten Büchern zurück. Offenbar hat sich jetzt erst ein verständiger Mensch mit den Bücherlisten auseinandergesetzt. „Komisch", sage ich laut, ohne mir meine heimliche Freude dabei anmerken zu lassen, „und das Buch *Flugasche* von Monika Maron[26] kann ich behalten." Dabei beobachte ich mein Gegenüber genau. Ich bemerke ein leicht säuerliches Lächeln. Tja, denke ich bei mir, zu spät halt!

Bei einem der verbotenen Bücher fragen wir genauer nach: „Dies ist ein Psychologiebuch. Warum ist das verboten?" Daraufhin schlägt die Dame vom Rat des Kreises die Seite Zweihundertsoundso auf. Da geht es um das Phänomen „Psychopathie" und ein Schwarz-weiß-Foto bildet dazu Fidel Castro ab. An seinem Beispiel wird das Krankheitsbild kurz erläutert. „Alle Bücher, die antisowjetische Sätze enthalten, sind verboten", erklärt uns die Genossin. Aha, diese absichtslose psychologische Darstellung also ist ein antisowjetischer Satz! Hier geht es offenbar nicht um den Gesamtcharakter und die inhaltlichen Absichten eines Buches.

Die neun verbotenen Bücher, so wird uns versichert, werden an meine Eltern auf dem Postweg zurückgeschickt.

Eingebürgert und verehelicht

Doch die Retourkutsche der Genossen und Genossinnen nach unserem kleinen Triumph folgt etwa zwei Monate später …

„Genosse Major, der Antrag von Fräulein Schnübbe auf die Staatsbürgerschaft der Deutschen Demokratischen Republik wurde geprüft und es ist ihm stattgegeben worden." Oberleutnant Bäuer, ein Mensch, den nichts so schnell aus der Ruhe bringen kann, legt ihm das Schreiben auf den großen Schreibtisch neben den Stapel akkurat übereinander geschichteter Akten, auf dem selbst die Stifte exakt parallel zur Tischkante liegen. Hackfleisch hat gerade den Kopf voll mit anderen Dingen und sagt etwas unwirsch: „Dann sorgt dafür, dass sie ihren DDR-Ausweis kriegt."

Genossin Wernher, die wegen einer anderen Unterredung mit Hackfleisch gerade mit im Raum sitzt, will die Sache geschmeidig angehen und schlägt vor: „Wir werden die beiden einladen und die ganze Sache feiern. Das mag ihnen nicht schmecken – das heißt", sie zögert einen Moment, „das weiß ich gar nicht, ob das so ist. Ich brauche noch Zeit, um einschätzen zu können, wie sie zu unserem sozialistischen Staat stehen. Erst einmal sollen sie einen guten Eindruck von uns kriegen. Das erleichtert alle weiteren Gespräche mit ihnen. Ich werde wie besprochen berichten."

„Macht das, wie ihr wollt", lautet die knappe Antwort.

Wir finden eine Einladung vom Rat des Kreises in unserem Briefkasten. Wir können meinen DDR-Ausweis abholen. Mensch, klasse! Dann machen wir auch gleich mal einen Termin beim Standesamt in Roßla, um dort die Eheschließung zu vollziehen.

Wir fahren nach Sangerhausen, inzwischen in unserem beigefarbenen nagelneuen Trabant. Wir staunen nicht schlecht, als wir den nett hergerichteten Raum beim Rat des Kreises betreten: Ein niedriger Tisch, eine Flasche Weißwein mit vier Gläsern, einladend bequeme Sessel. „Fehlt nur noch eine Kerze auf dem Tisch", geht es mir finster durch den Kopf. Mit einem strahlenden Lächeln werden wir empfangen. „Herzlichen Glückwunsch, Fräulein Schnübbe, Sie sind nun Staatsbürgerin in unserer sozialistischen Republik!“ Und wenn ich mal Probleme habe, wird mir weiter gesagt, könne ich mich immer vertrauensvoll an sie wenden.

Was bleibt uns anderes übrig: Wir machen gute Miene zum bösen Spiel. „Wirklich ein sehr böses Spiel“, denke ich, „die wissen doch ganz genau, dass ich keine andere Wahl habe, wenn ich in diesem Staat mit Joachim leben will.“ Ich fühle mich verhöhnt. Diesmal ist es ihr Sieg. Joachim wirft sogleich ein: „Wir sind mit dem Auto hier. Es gilt 0,00 Promille.“ Aber das hilft nicht. „Och, ein paar Schluck können Sie doch ruhig trinken“, sagt Genossin Wernher zu ihm; naja, also dann: Wir stoßen freundlich miteinander an, ich bekomme neben dem kleinen blauen Ausweis feierlich die Verfassung der DDR, in Rot mit Goldrand, überreicht. Da könne ich auch gerne mal reinschauen.

Wir begeben uns ziemlich bedröppelt wieder auf den Heimweg, nachdem die ganze Zeremonie überstanden ist.

Am 23. November 1981 fahren wir nach Roßla zum Standesamt. Es ist kalt, aber der Himmel über uns ist blau, kaum ein Wölkchen zu sehen. Die Sonne lächelt uns freundlich zu. Wir haben den Superintendenten und seine Frau gebeten, bei der Eheschließung dabei zu sein. Feiern wollen wir diesen Tag nicht groß, außer zu zweit abends irgendwo essen gehen. Wir betreten einen hübschen kleinen Saal, denken, das geht hier jetzt ganz schnell, wir wollen doch bloß eine Urkunde unterschreiben. Aber nichts da. Wir müssen eine lange, monotone „Predigt“ der Genossin vom Standesamt über uns ergehen lassen, unter anderem mit der Aufforderung, unsere zukünftigen Kinder im Sinne unserer Deutschen Demokratischen Republik sozialistisch zu erziehen usw. Eine Rede, die wahrscheinlich bei allen Brautpaaren dieselbe ist. Feierliche Musik drum herum vom Kassettenrekorder gibt es auch. Wir unterschreiben. Trauzeugen braucht es hier offenbar nicht, obwohl wir die dabei gehabt hätten. Der Staat ist anscheinend sich selbst Zeuge genug.

Dann wird es aber überraschenderweise noch richtig schön. Der Superintendent bittet uns im Anschluss an die ungeliebte Zeremonie in sein Haus hinein. Im Hausflur die ganze Treppe hoch steht der Kirchenchor von Roßla und singt uns einige schöne Choräle. Wir sind überwältigt. Gerührt kommen mir die Tränen. Nun bekommt der Tag doch noch etwas Feierliches, Festliches. Anschließend gibt es einen leckeren Imbiss in der großen Wohnstube.

Am Abend fahren wir von einer Gaststätte zur nächsten. Alle sind geschlossen. Wir durchqueren die Harzdörfer. Nichts. Irgendwann fällt uns ein: Ach, heute ist ja Montag. Montags ist Ruhetag – leider ausnahmslos. Gegen 21 Uhr sind wir hungrig wieder zu Hause und schauen im Kühlschrank nach, was es da noch so gibt …

V. Anfänge

Alles ist neu

Als ich mich in der Bundesrepublik auf mein zukünftiges Leben in der DDR vorbereitet hatte, habe ich mich ausschließlich mit dem mir fremden Gesellschaftssystem auseinandergesetzt. Was ich nicht bedacht hatte: es ist ja wirklich *alles* neu. Vom Studentenleben in den Beruf, vom unabhängigen Single-Dasein in die Ehe, von der Stadt aufs Land, und zwar in ein Dorf, wie es überschaubarer kaum sein kann.

Dieses Neue teilen wir beide nun miteinander.

Das winzige Dorf stellt sich dabei als die allergrößte Herausforderung heraus. Wir kennen die Gepflogenheiten und selbstverständlichen Regeln eines Dorfes nicht und tapsen von einem Fettnapf in den nächsten. So haben wir nicht von Anfang an Gardinen an den Fenstern. Wir besitzen einfach noch keine. Eine Freundin in Kelbra hat uns dann welche genäht. Unverzeihlich ist auch: Unser Schlafzimmer ist nicht in dem Raum, wo unsere Vorgänger immer ihre Schlafzimmer hatten. Ist das wichtig? Abends haben wir, als wir noch ahnungslos waren, das große Hoftor nicht immer zugemacht. Überall sind die Tore tagsüber zu und abends auch noch abgeschlossen, es gibt auch keine Klingeln. Und sollte man mal als unangemeldeter Besucher ein unabgeschlossenes Tor vorsichtig öffnen, springt einem oft ein wütend kläffender Wachhund entgegen – vor dem auch schon ein angebrachtes Schild: „Hier wache ich“ warnt, sodass man das Tor ganz schnell wieder zumacht und geht. Besonders nach Feierabend noch Besuche in der Gemeinde zu machen, ist völlig zwecklos, man steht vor verschlossener Tür. Man ist nicht mehr willkommen, so fühle ich es, mag es auch nicht so gemeint sein.

Um auch Joachims Gemeinden ein wenig kennenzulernen, mache ich einmal einen Geburtstagsbesuch bei einer älteren Witwe in einem kleinen Nachbardorf. Ich durchquere den Hof (ohne Hund), biege um eine Ecke und stolpere fast über einen Holztrog, groß wie eine Badewanne, voll von schwarzem Blut, in dem irgendwas drin rumschwimmt. Ich ekle mich und atme nur noch durch den Mund, gehe schnell weiter ins Haus hinein. Also, hier wird gerade geschlachtet und dabei Blutwurst hergestellt, erfahre ich dann bei einer Tasse Kaffee und einem Stück selbstgebackenem Kuchen von der alten Dame.

Beim privaten Schlachten hilft auf den Dörfern einer dem anderen. Die meisten Dorfbewohner arbeiten in der Maschinenfabrik in Sangerhausen, im Kupferschacht oder in der LPG.[13] Sie füttern nebenbei mindestens ein bis zwei Schweine auf ihrem eigenen Hof. Trotz LPG können viele ein kleines Stück Land bewirtschaften.

Schnell kriegen wir mit, dass man in einem Dorf unter Beobachtung steht: Wann geht bei den Breithaupts morgens das Licht an und abends wieder aus? Wann fahren sie weg und sind wieder da? Wie sauber ist das nagelneue Auto? Welche Besucher sind jetzt schon wieder da, überhaupt, so viel Besuch …

Apropos Licht: Kinder haben Angst im Dunkeln, bei unseren werden wir später deshalb die Kinderzimmertür einen Spalt breit offen lassen und das Licht im Flur die Nacht über brennen lassen. Bei kindlichen Albträumen können sie dann nachts leicht rüber in unser Ehebett huschen. Dieses nächtliche Licht wird uns noch große Bewunderung einbringen: „Die Breithaupts stehen aber früh auf. Bei denen brennt immer schon morgens um fünf das Licht." Das lassen wir uns doch unwidersprochen gerne gefallen, wirkt es doch dem Vorurteil, dass „Pfarrers" morgens nicht aus dem Bett finden, entgegen. In Wahrheit wecken uns die Kinder erst morgens um sieben.

Und dann der viel zu große Garten … Was der für Arbeit macht, wenn er ordentlich aussehen soll – das haben wir uns als Stadtmenschen überhaupt nicht klargemacht.

In einem Dorf in der Bundesrepublik wäre das alles sicher nicht viel anders, nur: Für uns ist das eben völlig neu.

Es gibt zum Glück auch viele Menschen in den Dörfern, die uns sehr zugetan sind und hilfsbereit. Ganzjährig verwöhnen sie uns mit leckerem Kuchen von Geburtstagsbesuchen in der Gemeinde, und im Winter, wenn geschlachtet wir, fällt nicht nur die Wurstsuppe (die Brühe, in der die Würste gekocht werden) an uns ab; wir bekommen auch immer wieder so viele und ganz verschiedene geräucherte Würste und Wurst in Gläsern sowie Gehacktes geschenkt, dass wir nur selten zum Fleischer gehen müssen.

Beim Fleischer bekommt man allerdings nicht alles. Das kriege ich nach meiner allerersten Beerdigung mit, die ich in Roßla gehalten habe, die des Fleischermeisters. Seine Frau ist so dankbar für meine begleitenden Besuche bei ihr und für die gestaltete Trauerfeier, dass sie mir, als ich bald darauf einmal im Fleischerladen einkaufe, etwas Gutes tun will: Sie schiebt mir so unauffällig wie möglich ein Paket mit geräuchertem Schinken zu, von „unterm Ladentisch", wie man hier so schön sagt. Ich bin etwas verdattert. Schinken ist wohl eine Rarität, entsprechend teuer natürlich, und so bezahle ich ihn dankbar, obwohl ich ihn nicht gewollt habe.

Ich tue mich lange schwer, den hiesigen Dialekt zu verstehen, besonders, wenn er von den Männern des Dorfes in den – nicht vorhandenen – Bart gebrummelt wird. Nachdem ich zweimal umsonst nachgefragt habe, tue ich beim dritten Mal so, als hätte ich verstanden, und nicke. Die Frauen geben sich mir gegenüber mehr Mühe, verstanden zu werden, und die Gespräche sind herzlich.

Alles also ist neu. Und dennoch fühle ich mich:

Vertraut in der Fremde

In meinem Vikariat in Roßla werde ich herzlich aufgenommen. Die Menschen in der Gemeinde freuen sich, dass ich da bin, und finden es sehr besonders, eine Vikarin „aus dem Westen" zu haben, die so mutig ist, hierherzukommen. Die Arbeit in der Gemeinde macht mir große Freude, Besuche machen, Gesprächskreise halten, Gottesdienste ... Nur die diesjährigen Konfirmanden machen mir große Mühe, sie gehen über Tische und Bänke. Am liebsten möchte ich sie nicht konfirmieren, aber wenn der Großvater eines der Jungen im Gemeindekirchenrat sitzt ... Da lerne ich meine erste unangenehme Lektion als Vikarin: Traditionen sind unantastbar, „das war schon immer so", auch hier im Osten.

Kirche also ist mir sehr vertraut, mit allen schönen und schwierigen Facetten. Im Westen wäre meine Arbeit ähnlich. Was nur ganz anders ist, ist die kleine überschaubare Zahl der Christen. Dadurch ist eine Gemeinde viel persönlicher, es herrscht eine größere Nähe unter den Mitgliedern. Manchen von denen, die sich sehr einbringen, ist bewusst: Ohne mein Engagement in der Kirche könnte ich es in diesem Staat leichter haben.

Ich bin beeindruckt. Was ich dazu lerne: Der „passive" Anteil der Christen in den ländlichen Gebieten ist zahlenmäßig relativ hoch. Das hat aber nicht viel zu sagen. Es gibt ja keine Kirchensteuern, die vom Staat eingezogen werden. Wer will, zahlt freiwillig einen niedrigen Betrag. Es wird einmal im Jahr von Ehrenamtlichen eingesammelt, die in den Dörfern von Haustür zu Haustür gehen. Sie wissen, wo sie was kriegen und wo nicht. Vielen Menschen ist ihre Kirchenmitgliedschaft egal: Wer sich nicht groß in der Gemeinde engagiert und beruflich keine Karriereabsichten hat, wird vom Staat in Ruhe gelassen. Manche haben sogar einfach vergessen, dass sie noch in der Kirche sind.[27]

Es gibt auch immer mal wieder für mich sehr Verblüffendes: Da kniet doch unser Herr Superintendent höchst persönlich ein paar Stunden vor einer Veranstaltung im Gemeindesaal vor dem großen Ofen, um diesen anzuheizen. „Hat er denn nichts anderes zu tun?", geht es mir durch den Kopf. Er tut dies mit einer großen Selbstverständlichkeit, als sei es das Normalste von der Welt. Ich muss an meinen Vater denken, der in meinen Kindertagen Superintendent in Hildesheim war und dessen Hände nie ein Werkzeug angefasst haben, geschweige denn ein Stück Kohle. Allein bei der Vorstellung, dass er, der „zwei linke Hände" hat, dies getan haben könnte, muss ich lachen. Selbst wenn es damals noch Ofenheizungen gegeben hätte, hätte solche Aufgaben der Küster übernommen. Hier auf den Dörfern einen fest angestellten Küster zu haben, wäre unbezahlbar.

Ich lache zwar, aber ich spüre auch, wie bodenständig eben das Gemeindeleben hier ist, wie nahbar die „Amtsperson".

In der Nähe von Magdeburg gibt es das „Schniewind-Haus". Das ist eine evangelische Schwesternschaft, von der eine Reihe von Schwestern auch hier in Roßla lebt. Sie sind anerkannt und beliebt im Ort, haben einen lebendigen und fröhlichen Einfluss auch auf die Kirchengemeinde. Roßla hat, was in der DDR gelegentlich vorkommt, ein kleines evangelisches Krankenhaus, bestehend aus einer Augenklinik und HNO-Klinik. Die Schniewind-Schwestern sorgen für eine angenehme Atmosphäre, in der sich jeder Patient wohlfühlt. Das spricht sich sogar bei den Genossen herum, die sich bevorzugt hier operieren lassen.

Die überregionalen Gebetstreffen mit den Schwestern im Gemeindesaal in Roßla tun auch mir einfach gut.

Bald haben wir gute Freunde in der näheren Umgebung: Da ist zum Beispiel die Kindergartenleiterin vom christlichen Kindergarten in Kelbra – ja, das gibt es tatsächlich auch – mit ihrem Mann, bei deren drittem Kind ich Patin werden darf. Da ist die Familie Ritter aus dem Nachbarort mit ihren fünf Kindern. Von diesen Pfarrerskindern lerne ich, dass man auch eine DDR-Schulzeit ganz gut überstehen kann, weil die Prägung des Elternhauses letztlich die entscheidende ist, gegen die die Schule wenig Macht hat. Das mitzuerleben, erleichtert mich sehr. Später, als ich selber Kinder habe, wird Elisabeth mit ihren drei jüngeren Kindern oft zu uns nach Dittichenrode hochgelaufen kommen, oder wir sind bei ihnen unten in Bennungen. Mit Ritters entsteht eine ganz besondere Freundschaft. Auch durch sie lerne ich viel darüber, wie man als Christ in einem sozialistischen Staat trotz so mancher Entbehrungen, Einschränkungen und Bedrängnisse glücklich leben kann.

Besonders im ersten Jahr bekommen wir sehr viel Besuch aus dem Westen. Wir sind also keineswegs einsam in unserem kleinen Dorf, können uns über einen Mangel an gutem Austausch nicht beklagen. Manchmal wird es uns eher zu viel.

Meine Eltern kommen uns regelmäßig besuchen, das ist schön. Viele meiner ehemaligen Kommilitonen, die mit mir gebangt hatten, sind neugierig, wie es mir jetzt geht und wie ich hier nun so lebe. Manche wollen mit uns über die sozialistische

„Theologie der Befreiung" diskutieren. Andere helfen mir im Garten mit, sind ganz verzückt über das pflanzen- und insektenfreudige „Biotop", wie eine Besucherin es ausdrückt, wobei ich mir im Stillen denke: „Ja, so kann man das auch nennen, hier im Dorf nennen sie es liederlich." Und fast alle Besucher fragen uns vorher am Telefon, was sie uns denn mitbringen können, was wiederum bei manchen in unserer näheren Umgebung Neid erzeugt, weil sie einfach damit rechnen, dass es uns doch irre gut gehen muss mit dem, was uns beiden oft eher unangenehm ist.

Nach etwa einem Jahr lässt der Besucherstrom nach, und es bleiben neben meiner Familie wenige gute Freundinnen und Freunde, die regelmäßig wiederkommen. Zu den besten Freundinnen gehört Christa, mit der ich meine letzte Studienzeit in Göttingen verbracht habe. Nun fährt sie mit ihrer orangefarbenen Ente zu uns, die sie mir damals immer für meine Besuche bei Joachim zur Verfügung gestellt hatte.

Mit Christa im Pfarrgarten

Auch etliche Freunde von Joachim, vor allem aus seiner Studienzeit, tragen dazu bei, dass ich mich in diesem Land einfach wohlfühle. Sie bereichern unseren Lebensalltag mit guten vertrauensvollen Gesprächen, die nie oberflächlich sind. Es sind Menschen, die sehr unter ihrem Leben in der DDR leiden und damit ringen, sie zu verlassen. Wir tauschen uns mit ihnen über viele Fragen aus, zum Beispiel darüber, was ein sinnerfülltes Leben ist, was die Träume sind, die jeder verwirklichen will, was Freiheit ist und wie sie jeder leben will.

Das ist hier eine ganz andere Welt als die, die ich von früher kenne – aber eine neue, bereichernd schöne Welt für mich.

Unser erstes Weihnachten …

… ist etwas traurig. Joachim reist durch die Dörfer seiner Gemeinde und hält eine Christvesper nach der anderen. Nach meiner eigenen Christvesper in Roßla holt er mich am Abend ab. Wir sind müde und erschöpft. In letzter Minute haben wir am Tag davor noch einen kleinen Weihnachtsbaum für uns ergattert, eine etwas schiefe Krücke, die wohl niemand sonst haben wollte. Wir haben nicht geahnt, wie früh man sich darum kümmern muss. Im nächsten Jahr werden wir schlauer sein.

Die Weihnachtsbäume für die Dorfkirchen dürfen aus dem kircheneigenen Forst des Kirchenkreises geschlagen werden, wenn es nicht anders gelingt, große Bäume zu kaufen. Der Kirchenförster Pflaumbaum, ein etwas grantiger Mann, liebt und hütet seine Bäume wie seinen Augapfel. Nur knurrend gibt er etwas her.

Am Heiligen Abend gegen 20 Uhr finden wir endlich die Zeit, den kleinen, etwas dürren Baum aufzustellen und ein wenig zu schmücken. Aufs Kerzenanzünden verzichten wir, wir fallen nur noch ins Bett.

Am nächsten Morgen kommt meine Mutter mit einem Telefongespräch zu uns durch. Da kann ich sie nicht mehr halten, die Tränen, sie kullern und kullern, während ich versuche, es sie nicht merken zu lassen. Das erste Weihnachten nicht mehr zu Hause. So sentimental bin ich also doch. Dabei werden die Eltern doch übermorgen hierher kommen! Aber es ist nicht dasselbe.

Liebe und/oder Sendung?

Warum bin ich hierhergekommen? Joachim zuliebe? Die meisten Menschen hier sehen das jedenfalls so. Wie groß muss doch diese Liebe sein! Romantik pur! Die Hochzeit des Jahres, nein, gemeint ist nicht die von Prinzessin Diana und Prinz Charles. Hier haben sie mit uns auch bald eine „Hochzeit des Jahres", so werden sie sie nennen, wenn sie dann stattfindet. Ich wehre mich immer innerlich gegen diese Romantik. Manchmal bin ich richtig sauer. Ich versuche immer zu erklären, wenn es einfach nur(!) die große Liebe wäre, hätten wir sie leichter im Westen leben können. Joachim *musste* nicht hier bleiben, versteht ihr nicht? Ein Pfarrer weniger, das konnte doch der DDR nur recht sein. Einige von Joachims ehemaligen Kommilitoninnen *sind* zu ihren Verlobten in den Westen ausgereist. Wir haben uns halt anders entschieden. Das war eine Glaubensentscheidung, die wir nicht so hätten treffen *müssen*. Ein Weg in der Nachfolge Christi, wie wir ihn gemeinsam gehen wollen. Und dieser Weg ist auch meine *eigene* Entscheidung geworden, nicht nur Joachims. Nur wenigen kann ich es so erklären, dass sie es verstehen. Die Mehrheit der Menschen hält an der Romantik-Variante fest. Vielleicht sollte ich etwas milder sein. Muss ich denn unbedingt von allen verstanden werden? Kann ich diesen Stolz nicht einfach lassen?

Denn wenn ich ehrlich bin, wird mir klar, dass ich diese Mischung aus Liebe und Sendung selbst nicht so richtig auseinander kriege. Natürlich wäre ich nie freiwillig in die DDR gegangen, um hier als Pastorin zu arbeiten, auch wenn ich es einfach so, ohne Eheschließung mit einem DDR Bürger, hätte tun können. Natürlich war es aus Liebe. Das eine ist nicht ohne das andere. Und das andere nicht ohne das eine. Trotzdem bevorzuge ich den Sendungsgedanken, verstehe es, wer will. Ich verstehe es ja selbst nicht wirklich.

VI. Hochzeit unter Aufsicht und die Schwarzwälder Kirschtorte

Visa-Beschaffung mit Hindernissen

Für die kirchliche Trauung haben wir uns nun den 20. März 1982 ausgesucht, einen Tag vor dem mitten in der Passionszeit liegenden Sonntag Lätare = Freuet euch! Zeitlich ist der Tag günstig zwischen meinem Gemeindevikariat und dem dreimonatigen katechetischen Praktikum eingereiht, was uns eine Woche Hochzeitsurlaub ermöglicht. Besser kann es nicht sein. Vielleicht zeigt sich an dem Tag sogar schon ein wenig von der wärmenden Frühlingssonne. Wir überlegen, wie wir unseren vielen Gästen aus dem Westen das Feiern mit uns ermöglichen können…

Für alle Verwandten und einige wenige Freunde würden wir beide die offiziell genehmigte Zahl der Visa-Anträge stellen. Wer in der Nähe wohnt, könnte im kleinen Grenzverkehr ohne Visum einreisen. Freunde von hier würden Freunde von uns drüben offiziell einladen, indem sie ein Visum für sie beantragen. Das ist überhaupt nicht selbstverständlich, denn das könnte ihnen auch viel Ärger einbringen.[28] Wir sind ihnen unendlich dankbar dafür.

Joachim reicht nun alle Einreiseanträge für unsere Hochzeit ein. Wir haben ein gutes Gefühl dabei.

„Das bleibt aber doch unter uns“

„‚Aber was ich Sie eigentlich fragen wollte –… das bleibt aber doch unter uns?“

So arbeitet die Stasi normalerweise – erst ein Vertrauensverhältnis herstellen, indem über Nettigkeiten geplaudert wird, dann das Verhältnis zum Sozialismus feststellen, und irgendwann möglicherweise unter Druck setzen, weil man schon zu weit mitgegangen ist. Isolierung, Verharmlosungen, Versprechen und Lockungen oder auch Drohungen und Erpressung sind die Machtmittel. So kennen wir das aus Erzählungen von Betroffenen, die sich herumsprechen.

Gut, wenn man dann sagt: „Ich kann einfach nichts für mich behalten, ich bin halt so ein geschwätziger Typ“ oder: „Ich erzähle das meiner Pfarrerin“ oder, wenn man selber Pfarrer ist, seinem Vorgesetzten, dem Superintendenten, oder wem auch immer. Das ist ein großer Schutz, denn das kann die Stasi, die im Geheimen arbeiten will, überhaupt nicht leiden. Dies werden wir später auch gerade den Jugendlichen unserer Gemeinden einschärfen.

Es entspricht auch der Anordnung der Kirche: Gespräche mit der Stasi werden nur zu zweit geführt, niemals soll man ihr allein gegenübersitzen!

Oberleutnant Bäuer nimmt auf einem Stuhl vor dem großen aufgeräumten Schreibtisch von Major Hackfleisch Platz. „Genosse Oberleutnant, Sie übernehmen das Gespräch mit dem Breithaupt. Was die Visa-Anträge für seine Hochzeit betrifft, teilen Sie ihm mit, dass wir diese wohlwollend genehmigen. Verwickeln Sie ihn dann in ein vertrauensvolles Gespräch. Arbeiten Sie dabei geschickt heraus, wie seine Einstellung zum Sozialismus ist. Stellt sich ein positives Verhältnis zu unserem Staat heraus, versuchen Sie, herauszufinden, ob er zu einer möglichen engeren Zusammenarbeit bereit ist. Bieten könnten wir ihm und seiner Frau genug.

Ach ja, und sollte er seine Frau zu dem Gespräch mitbringen – sie darf auf keinen Fall dabei sein. Ich will sie völlig raushalten. Sorgen Sie dafür, dass sie ahnungslos bleibt. Ich zähle auf Sie, Genosse Bäuer."

Es ist der 12. Februar 1982, als Joachim eine schriftliche Vorladung vom Volkspolizeikreisamt Sangerhausen „zwecks Klärung eines Sachverhaltes" bekommt. Wir glauben, es gehe nochmal um unsere vielen Visaanträge für unsere kirchliche Trauung, und so fahren wir gemeinsam hin. Wir werden von Hauptmann Lauschke, dem Chef des Pass- und Meldewesens, empfangen. Er ist ein sehr freundlicher Mann, führt Joachim in einen Gesprächsraum in der ersten Etage. Ich soll derweil unten warten, ich brauche bei dem Gespräch nicht dabei zu sein, erklärt mir der Hauptmann. Was, wieso das denn nicht? Was geht hier vor? Ich bin auch ein bisschen beleidigt. Es geht doch um unser Hochzeitsfest. Oder?

Ich warte eine gefühlte Unendlichkeit. Was dauert denn da so lange? Endlich kommt Joachim und wir machen uns auf den Heimweg. Noch im Auto frage ich ihn und er erzählt von dem langen Gespräch:

„Nachdem mich Lauschke in den Raum gebracht hatte, verabschiedete er sich und es kam ein Mann herein, Mitte 50 etwa, mit so einem ‚freundlichen Onkelgesicht', untersetzt, Schlips, grauer Anzug. Er bat mich, Platz zu nehmen." „Wer war das denn?" „Er hat sich mir zunächst nicht vorgestellt. Er fing an, von der Genehmigung unserer Anträge zu reden, daraufhin sagte ich ihm, dass wir die bereits zugeschickt bekommen hätten.[29] Dann kamen die üblichen Phrasen, dass man doch an einem guten Verhältnis zwischen Staat und Kirche interessiert sei, und dass es dazu notwendig sei, dass sich die kirchlichen Amtsträger – so bezeichnen die uns – an die sozialistischen Gesetze halten müssen und so weiter. Ja, und dass es natürlich auch vorkomme, dass staatliche Stellen Fehler machen, aber dann könne man sich ja vertrauensvoll an sie wenden. Als er das sagte, schwante mir, dass dieser Mann von der Stasi sein könnte.“

„Was, wirklich?“ Jetzt kriege ich einen großen Schreck, und Joachim fährt fort: „Ich habe dann überlegt, was er bloß von mir will. Will der mich jetzt tatsächlich als Spitzel anwerben? Dann würde ich ihm auf jeden Fall sagen, dass ich über niemanden irgendeine Auskunft geben würde, seien es Kollegen, Gemeindemitglieder oder auch die Ortsbürgermeister meiner Gemeinden.“

Allein schon bei dieser Vorstellung wird mir ganz schummerig zumute. „War er denn nun von der Stasi?“ „Genau das wollte ich dann von ihm wissen: ‚Sie sind doch bestimmt nicht von der Volkspolizei‘, sagte ich. Daraufhin hat er sich vorgestellt: ‚Bäuer ist mein Name, ich bin hier im Kreis zuständig für Ordnung und Sicherheit.‘ In dem Moment habe ich gespürt, dass meine Knie anfingen zu zittern, ich war froh, dass ein Tisch zwischen uns war, da konnte er das nicht sehen.“

Ich zittere innerlich mit: „Und was wollte er dann von dir?“ „Zunächst fing er an, mich auszufragen, warum ich, im Sozialismus aufgewachsen, denn Pfarrer geworden sei. Ich erzählte ihm, dass ich Menschen, die das wollen, darin stärken möchte, die tiefe Freiheit, die Gott schenkt und die viel größer ist als zum Beispiel die Reisefreiheit, anzunehmen und zu entwickeln. Ich nannte ihm als Beispiel die Zeugenaussage eines Gefängniswärters über Dietrich Bonhoeffer, der aussagte: ‚Zum Morgenappell trat Herr Bonhoeffer vor seine Zellentür wie ein Gutsherr vor sein Schloss.‘ Damit wollte der Gefängniswärter die innere Souveränität Bonhoeffers angesichts seiner Gefangenschaft beschreiben, erklärte ich ihm. Und ich sagte weiter, dass eine solche Freiheit Gott auch uns schenken will und dass ich das weitergeben möchte. Aber der Herr Bäuer schmunzelte nur darüber und kommentierte es nicht weiter.“ Joachim macht eine Pause und ich dränge ihn ungeduldig, weiterzuerzählen.

„Ja, und irgendwann hat er mich gefragt, wie ich über den Staat denke, und das kann er ruhig wissen. Ich habe ihm gesagt, dass ich mich dafür entschieden habe, in der DDR zu leben, dass ich aber vieles nicht akzeptieren kann, zum Beispiel den Militarismus, angefangen mit dem Wehrkunde-Unterricht in den Schulen. Darüber diskutierten wir eine ganze Weile hin und her. Ja, und dann kam's tatsächlich, er sagte plötzlich zu mir:

‚Aber was ich sie eigentlich fragen wollte, Herr Breithaupt … das bleibt aber doch unter uns?‘ Da habe ich ihm geantwortet: ‚Sie geben das Gespräch Ihrem Vorgesetzten weiter und ich meinem Vorgesetzten.‘ Und stell dir vor, er hat doch tatsächlich behauptet: ‚Nein, das tue ich nicht!‘ Da spürte ich, wie ich von einem Moment auf den anderen innerlich ganz gelöst war. Die Spannung wich von mir, meine Knie zitterten nicht mehr. Mit diesem Satz hat er jede mentale Bedrohung und Macht mir gegenüber verloren. Mein Respekt vor der geballten Staatsmacht löste sich in mir in Nichts auf.

Aber du, es kommt noch dicker: ‚Und bitte erzählen Sie davon nicht Ihrer Frau.‘ Der hat geradezu darum gebettelt! Da musste ich laut loslachen. Es war ein so befreiendes Lachen. Ich dachte innerlich, der glaubt doch nicht im Ernst, dass ich das vor Gerlinde geheim halte. Ja, und dann schaute er auf die Uhr und sagte, er habe jetzt noch einen anderen Termin. Damit war das Gespräch beendet und ich habe mich freundlich von ihm verabschiedet.“[30]

Inzwischen sind wir zu Hause angekommen. Ich merke, mir fehlen die Worte, das muss ich erst einmal verdauen. Zum Glück ist alles gut gegangen. Aber wie geht das weiter?

Bäuer ist nicht gerade zuversichtlich, als er seinem Vorgesetzten seinen schriftlichen Bericht von der Unterredung mit Breithaupt vorlegt. Darin hat er versucht, zu glätten, was zu glätten geht, damit er am Ende doch noch einigermaßen gut wegkommt.

Hackfleisch sieht durch den Bericht tatsächlich erst einmal seine Felle davonschwimmen. Aber er hat einen langen Atem, den braucht er in seinem Geschäft. „Also, so leicht scheint das ja nicht zu sein, den Breithaupt zu gewinnen“, sagt er mit gedehnter Stimme. „Ansonsten haben Sie gute Arbeit geleistet, Genosse Bäuer. Wir wissen nun einiges mehr.“ Dieser atmet erleichtert auf. Man weiß nie, wie der Vorgesetzte reagiert. Das hat auch immer mit seiner gerade vorherrschenden Laune zu tun. Ein Choleriker, wie er im Buche steht, und außerdem ziemlich zwanghaft.

Wir dürfen alles

Wir haben ihn von Anfang an im Verdacht, diesen jungen Mann aus unserem Dorf. Ganz offensichtlich ist er auf uns angesetzt worden, denn seine Besuche bei uns sind höchst plump und leicht durchschaubar. Vielsagend schaut er sich in unserer Wohnung um, was denn so alles hier „aus dem Westen“ sein könnte. Wie banal, wenn er das für die Stasi aufschreibt. Doch darüber denken wir jetzt nicht weiter nach. Wir sind in unsere Hochzeitsvorbereitungen vertieft, viel Zeit bleibt uns nicht mehr.

Zunächst überlegen wir, im Gemeindesaal der Kirchengemeinde Roßla zu feiern. Der befindet sich im Innenhof hinter dem Pfarrhaus. Doch bei den erwarteten 80 bis 100 Gästen erscheint uns der Raum dann doch zu klein. Wir überlegen hin und her, ob wir beim Hotel „Tourist“ in Kelbra, nur wenige Kilometer von Roßla entfernt, anfragen sollten. Uns ist bewusst, dass die Hochzeitsfeier dann von der Stasi beobachtet werden würde. Sie würde mitkriegen, dass es uns gelungen ist, etwa 50 Bundesbürger zu Gast zu haben. Außerdem haben wir für ein großes Fest in einem Hotel eigentlich kein Geld. Wir würden uns ja Kuchen und Kaffee mitbringen lassen, auch Salate für den Abend. Das wollen einige unserer Gäste auch, statt Geschenken, gern beisteuern.

Wir entscheiden uns schließlich trotzdem, beim „Tourist" vorzusprechen: „Wir hätten gern den Raum für maximal 100 Personen ab 15 Uhr, würden aber nur die kalten Getränke und ein warmes Buffet am Abend haben wollen." Unter diesen Bedingungen schüttelt der Leiter des Hotels den Kopf. Er will ja was verdienen, verständlich. Enttäuscht ziehen wir ab. Also doch der viel zu kleine Gemeindesaal? Wir wollen doch nicht nur essen und trinken, wir brauchen auch Platz zum Tanzen.

Major Hackfleisch beruft seine engsten Mitarbeiter ein. Wieder einmal geht es um die Angelegenheit „Breithaupt". Er habe bezüglich der bevorstehenden Hochzeitsvorbereitungen Erkundigungen eingezogen und wolle nun beraten, was zu tun sei: „Genossen, wir müssen zusehen, dass wir unter allen Umständen diese Hochzeit unter Kontrolle haben. Mir ist zu Ohren gekommen, dass mit 100 Gästen zu rechnen ist. Die genehmigte Zahl der Gäste aus der BRD wird weit überschritten werden. Ich sehe keine Möglichkeit, dies zu unterbinden. Denn der Bischof höchst persönlich wird die Kirchenzeremonie vornehmen. Es ist damit zu rechnen, dass er bei der anschließenden Feier auch zugegen sein wird." Bei dieser Vorstellung trommelt er nervös mit dem Kugelschreiber auf der Schreibtischplatte, wie er es oft zu tun pflegt, wenn er versucht, seine innere Erregung zu beherrschen.

Oberleutnant Bäuer meldet sich zu Wort, stolz, etwas Aufklärendes beitragen zu können: „Ich habe gehört, dass die Breithaupts im Gemeindesaal der Kirchengemeinde in Roßla feiern wollen. Sie hatten wohl mal im Hotel ‚Tourist' in Kelbra nachgefragt, aber eine Absage bekommen, weil die Vorstellungen der beiden für das Objekt ökonomisch nicht hinnehmbar seien."

„Diese Entscheidung muss sofort rückgängig gemacht werden." Hackfleisch ist in dem Augenblick froh, eine Möglichkeit zur Überwachung der Feierlichkeiten zu sehen. „Genosse Bäuer, Sie reden mit dem Hotelchef. Und ich dulde keine Einwände. Und dann denken Sie sich was aus, wie die Breithaupts davon in Kenntnis gesetzt werden können, dass ihrem Wunsch stattgegeben wird."

Nachdem alle den Raum verlassen haben, reibt er sich zufrieden die Hände. Er beginnt, darüber nachzudenken, welche Personen er konkret für die Überwachung einsetzen könnte.[31]

Klaus Stanitz ist aufgebracht. Seit Jahren bemüht er sich darum, „sein" Hotel so gewinnbringend wie möglich zu führen. Da hat er seinen Stolz. Auch wenn er seinen Lohn sowieso immer pünktlich bekommt. Und jetzt das. Diese Breithaupts sollen den großen Saal kriegen können. Für nichts. Und er selber muss zusehen, wie er anschließend die Kosten deckt. Außerdem soll denen alles erlaubt werden. Das Hotel soll für die Hochzeitsgäste als Vorzeigebild für einen sozialistisch geführten Betrieb dienen. „Das Essen bitte hervorragend. Ausgesuchte Weine. Zuvorkommende Höflichkeit der Kellnerinnen", hat es geheißen. Und das alles wegen der Gäste aus der BRD. Was schert das ihn, was „die da drüben" denken?

„Die Feierlichkeiten liegen im Staatsinteresse und genießen höchste Priorität." Geht's noch? Und was stellen die sich noch so alles vor? Meine Mitarbeiterinnen machen so was nicht. Die sind ehrlich. Da müssen sie sich schon ihre eigenen Leute mitbringen.

Steffen, sein Chefkoch, erscheint in dem Moment in seiner geöffneten Bürotür. Er sieht Stanitz dort mit zusammengepressten Händen und angespanntem Gesicht stehen. So kennt er ihn sonst gar nicht. Steffen ist froh, ihn als Chef zu haben, besonnen, klar, immer wissend, was er macht. Er versucht, ihn zu beruhigen, witzig zu sein, um die Spannung aufzulockern: „Wir kriegen das schon hin, Klaus. Kennst mich doch. Ich werde denen schon ordentlich das Essen versalzen." Stanitz versucht, zu lächeln. „Na dann", sagt er beim Verlassen des Büros, und versetzt Steffen einen kollegialen Puff in die Seite. Dann schließt er seine Bürotür für heute zu.

Unser „Dorfspitzel" Georg schneit mal wieder überraschend bei uns herein. Nein, was will er schon wieder? Aber dann horchen wir auf. Er erzählt uns, dass er von unseren Bemühungen erfahren habe, da er für das „Tourist" arbeiten würde. Er könne ein gutes Wort für uns beim Chef einlegen, wenn wir das wollen. Wollen wir. Und siehe da: Der Hotelleiter muss ganz offensichtlich auf „höheren Befehl" hin, anders können wir uns das nicht erklären, alle unsere Bedingungen erfüllen und uns den Raum geben. Wir kriegen alles, was wir wollen. Ha!

Bezahlt haben wir die Ausrichtung der Feier letztendlich von dem „Zwangsumtausch", den die Gäste aus dem Westen in der kurzen Zeit ohnehin nicht ausgeben können und wollen und deshalb uns überlassen. Das ist uns Geschenk genug, mehr wollen und brauchen wir nicht. Wir wollen unser Glück einfach nur mit möglichst vielen lieben und vertrauten Menschen teilen, mit ihnen feiern und fröhlich sein.

Der Preis für dieses Entgegenkommen ist uns natürlich klar: Überwachung der Feierlichkeiten! Ja, und? Was für Geheimnisse sollen denn da ermittelt werden?

Als nächstes machen wir Pläne, wie wir die Gäste an den Tischen verteilen wollen. Ost und West immer schön gemischt, so können Begegnungen stattfinden und spannende Gespräche geführt werden, die ja gar nicht politisch sein müssen, einfach nur persönlich. Aber schon das hält die DDR für staatsgefährdend, ich fasse es nicht. Wirklich nicht.

Die beschrifteten Tischkärtchen mit dem dazugehörigen Sitzplan werden uns von Georg, der nun offenbar als Mittelsmann alles für uns organisieren soll, geradezu „aus den Händen gerissen". Ein unangenehmes Gefühl beschleicht uns dann doch dabei: Wir liegen mit unserer Annahme richtig. Die Stasi hat nun Namen, das ist ihr wichtigstes Ansinnen: Namen zu sammeln in ihrer Sammelwut. Wie hirnlos, wie sinnlos, denke ich dann. Die Namen unserer Gäste werden doch schon an den Grenzübergängen notiert. Nichts bleibt hier doch geheim. Aber mit unserer „Mithilfe" ist es natürlich bequemer. Sei's ihnen gegönnt. Und das unangenehme Gefühl verflüchtigt sich …

Das Fest

Der Himmel über uns erstrahlt in sattem Blau, die Sonne meint es gut mit uns, auch wenn es noch recht kalt ist am Hochzeitstag des 20. März. Ich trage nun mein Hochzeitskleid, das meine Freundin Christa mir genäht hatte, als wir noch in Göttingen zusammen wohnten. In ihrem hellgelben Mercedes fahren meine Schwester Uta und ihr Mann Fritz mit ihrem kleinen Markus, meinem Patenkind, uns von Dittichenrode zu der großen neugotischen Kirche in Roßla. Die Kirche ist voll besetzt, neben all unseren Gästen viele Gemeindeglieder aus Roßla und der näheren Umgebung. Sie alle wollen die „Hochzeit des Jahres" miterleben.

Wir haben uns den Trauspruch gewählt: *Aber in dem allen überwinden wir weit durch den, der uns geliebt hat* (Römer 8,37), also nicht nur ein bisschen; nein: weit! Der Apostel Paulus sagt dies im Zusammenhang der großen Nöte, die er auf seinen Missionsreisen durch Kleinasien und Griechenland erlebt. Bischof Krusche legt diesen Vers sehr realistisch und konkret für unseren Weg in der Ehe aus: Es ist nicht nur der ganz große, einmal gewagte Schritt, in der DDR zu leben und für die Menschen hier da zu sein; nein, es sind auch die vielen kleinen und größeren Alltagsdinge wie in jeder Ehe, verbunden mit so manchen Mühen, die wir zu bewältigen haben werden – und können, weil Jesus Christus uns liebt und mit uns durch die Höhen und Tiefen des Lebens geht.

Wichtig ist uns, in der Trauung miteinander das Abendmahl zu feiern, wodurch der Gottesdienst recht lang wird. Unter dem Segen des Bischofs gehen wir schließlich den langen Gang der Kirche hinunter, gefolgt von allen Gästen, vor uns die beiden kleinen Mädchen Mirjam und Thekla aus Stralsund, die fleißig die kleinen bunten Blüten aus ihren Körbchen streuen.

Die Kirchentür wird geöffnet, und dort draußen halten Kinder aus der Gemeinde ein buntes Band, bis Joachim die vorsorglich eingesteckten Bonbons in die Menge wirft.

Wolfgang Breithaupt, Bischof Krusche, Joachim und Gerlinde vor dem Kirchenportal in Roßla (März 1982).

Dann bildet sich ein langer Zug von Ost- und Westautos, der sich auf der vier Kilometer langen Straße langsam nach Kelbra zubewegt. Während die ersten schon ankommen, sind die letzten noch nicht losgefahren. Alle, die uns vorbeiziehen sehen, trauen wohl ihren Augen nicht, was da los ist.

Angekommen im „Tourist“, stellt jeder, der einen Kuchen mitgebracht hat, diesen auf die dafür vorgesehene, mit blütenweißen Tischtüchern gedeckte lange Tafel für das Buffet.

Ein guter Freund, Fritz, hat seine Spezialität mitgebracht, die wir schon in der gemeinsamen Studenten-WG damals in Göttingen lecker fanden: eine Schwarzwälder Kirschtorte. Diese soll allerdings wegen der Schuckelei im Auto erst hier fertig vorbereitet werden. Fritz will die Torte in der Hotelküche zusammenbauen, ich begleite ihn dorthin. Er will die Schlagsahne mit dem mitgebrachten Mixer schlagen, dazu die saftigen in Kirschlikör gekochten Kirschen zwischen die fertig gebackenen und vorsorglich geschnittenen Tortenschichten verfrachten, um dann schließlich die ganze Pracht mit einem kompletten Überzug aus Sahne, Schokoflocken und frischen Kirschen zu vollenden.

Als er jedoch zu diesem Zweck die Küche betreten will, hebt ein Kellner entsetzt die Hand. Doch neben ihm steht der Chef. Er bedeutet dem Kellner mit einem leichten Kopfnicken, ohne Worte und ohne eine Miene dabei zu verziehen: „Doch, er darf.“ Was soll ich dazu sagen? Uns ist wirklich alles erlaubt. Sogar, die Hygieneregeln zu missachten. Hauptsache, die Hochzeit kann überwacht werden.

Und das geschieht dann wohl auch. Während des fröhlichen, gesprächigen Kaffeetrinkens bedienen die Kellner und Kellnerinnen uns eifrig, schauen ständig, an welchem der Tische wieder Kaffee nachgeschenkt werden muss, (was jeder von uns eigentlich auch selber tun könnte), und kaum hat man an der Tasse auch nur etwas genippt, kommt schon die zuvorkommend freundliche Frage: „Darf ich noch etwas heißen Kaffee nachschenken?" Es ist ihnen dabei förmlich anzusehen, wie sie ihre Ohren lang machen. Schade, dass wir wohl nie erfahren werden, was die dann so alles berichtet haben.

Onkel Joachim Breithaupt, Mutter Inge, Vater Wolfgang, Gerlinde und Joachim an der Hochzeitstafel.

Während des Kaffeetrinkens hält mein Vater es für den geeigneten Zeitpunkt, seine vorbereitete Tischansprache zu halten. Er schlägt mit einem Kaffeelöffel an seine Tasse, sodass alles verstummt. Er hätte uns ja zu gern getraut und will es sich nicht nehmen lassen, uns wenigstens jetzt ein Wort mit auf den Lebensweg zu geben. Er bringt darin seine Anerkennung Joachim gegenüber zum Ausdruck, der es richtig entschieden habe, seiner Kirche treu zu bleiben wie ein Soldat der eigenen Fahne. Er legt uns die Geschichte von Abraham aus, der von Gott gesandt wird: *Geh aus deinem Vaterland und aus deiner Verwandtschaft und aus deines Vaters Hause in ein Land, das ich dir zeigen will ... Ich will dich segnen ... und du sollst ein Segen sein.* Das sind für uns treffende und ermutigende Verse aus dem Alten Testament (1. Mose 12).

Nach dem Kaffee werden Spaziergänge gemacht, draußen im Auto sehe ich meinen Vater und unseren Bischof sitzen, der natürlich unsere Einladung zu bleiben, angenommen hat. Wichtige Dinge, die niemand hören soll, sind in einem Auto am besten aufgehoben. So lang sind die Ohren der Hotelangestellten dann doch nicht.

Zufällig begegnen sich danach Bischof Krusche und Joachims Bruder Wolfgang auf dem Klo. „Das habe ich bisher noch nicht erlebt; normalerweise führt der Heilige Geist die Theologen immer in den Westen", sagt er verschmitzt anerkennend über uns zu meinem Schwager.

Viele schöne fantasievolle Beiträge von Freunden bereichern die Feier, und am Abend wird getanzt und erzählt bis in die frühen Morgenstunden. Es wird ein wunderschönes Fest für alle.

Verdient hat das Hotel an uns wirklich nicht, doch das tut mir nicht leid: Nur eine einzige Flasche Schnaps, in der DDR ziemlich teuer, steht neben allem anderen auf unserer Rechnung, weil zwei Gäste sich daraus ein Gläschen eingegossen haben.

Am nächsten Tag schauen wir uns den Tisch mit den Geschenken näher an. Besonders meine Familie, meine Tanten, haben zu unserem Hausstand vor allem für die Küche beigetragen, was noch fehlte. Einer aus Joachims Verwandtschaft macht uns ein ziemlich schräges Geschenk: Einen Vogelkäfig, umschlungen von einem schwarz-rot-goldenen Band. Darin ein blauer und ein weißer Wellensittich. Dieses Geschenk nimmt dann irgendwann auch ein trauriges Ende: Der Blaue hackt immer mal wieder auf den Weißen ein, irgendwann ist dessen Leben zu Ende. Und eines Tages an einem schon ziemlich kalten Herbsttag bemerkt Joachim, wie beim Raustragen der Asche der Blaue auf seiner Schulter sitzt. Ganz langsam und vorsichtig will er ins Haus zurückgehen. Aber es ist zu spät: Voller Jubel über seine Freiheit erhebt sich der Vogel zwitschernd hoch in die Lüfte unseres Gartens, dem grauen Himmel entgegen. Diese Freiheit wird wohl leider auch sein Ende gewesen sein. Für diese Freiheit ist er nicht gemacht. Wir haben ihn nie wieder gesehen.

Klingt wie ein böses Omen, das sich aber nicht erfüllen wird: Liebe und Freiheit, nämlich die innere Freiheit, die uns niemand nehmen kann, wird unser gemeinsamer Weg sein. Da hackt keiner auf den anderen ein und niemand entflieht dem Käfig der DDR. Gestorben sind wir auch nicht.

Nach diesem wunderbaren Hochzeitstag geht es zwei Tage später noch für eine Woche in eine kleine Feriensiedlung ins Eichsfeld. Als wir am nächsten Morgen unter dem Spitzdach unserer anheimelnden, gemütlich warmen Finnhütte aufwachen und aus dem Fenster gucken, sind der Himmel über uns und die Erde um uns herum weiß verschneit.

VII. Alltag in Dittichenrode

Aber ach, der große Garten

Wieder zurück im Alltag, geht das Leben in Dittichenrode weiter. Im katechetischen Praktikum, das mit einer Prüfung im Juni enden wird, fahre ich mit meinem Mentor durch die Harzdörfer und lerne, Christenlehrestunden, so nennen sich die kirchlichen Kindergruppen in der DDR, für die Kinder zwischen Klasse eins und sechs zu halten.

Inzwischen liegt das erste Jahr DDR hinter mir. Ich staune immer wieder über mich selbst, wie leicht mir das Einleben in dieses Land gefallen ist und wie gern ich hier bin. Am 1. September beginnt für mich das Predigerseminar in dem kleinen Ort Gnadau bei Magdeburg. Immer zehn Tage Predigerseminar und vier Tage zu Hause lösen sich ab. Wir sind sehr glücklich miteinander. Und nun – wieder so oft getrennt.

Zu Hause ist ständig viel zu tun: Der riesige Garten ist eine echte Herausforderung, die wir mehr schlecht als recht meistern. Wir lernen, dass der kleine Vorgarten das Aushängeschild unseres Grundstücks ist. Deshalb nimmt sich Joachims Mutter als erfahrene Pfarrfrau, immer wenn sie zu Besuch kommt, dieser Aufgabe an und pflegt die Blumen.

Um das „Aber ach“ besser zu verstehen, muss man sich den Garten vor Augen führen: Hinter dem Pfarrhaus steht erst noch ein Stück Mauer, das neben der Garage den Hof abgrenzt, und dahinter beginnt der Garten. Zunächst eine schöne Rasenfläche mit den Wäscheleinen, zum linken Nachbarn hin auch noch ein großes Rasenstück, vor Blicken geschützt durch Bäume, zumindest zur Straßenseite hin, nicht aber zum linken Nachbarn, der volle Einsicht hat. Am Ende der Rasenflächen gehen Treppenstufen zwischen Büschen und einem hohen Birnbaum hoch, außerdem stehen dort Sträucher mit Himbeeren, Johannisbeeren, Stachelbeeren. Oberhalb der Treppe erstreckt sich der größte Teil des Gartens, der ist über 20 Meter breit, mindestens 50 Meter lang. Ein Weg führt hoch bis zum Gartenzaun am anderen Ende. Der sollte möglichst unkrautfrei gehalten sein, was wir kaum hinkriegen. Links davon stehen in Reih und Glied 30 Apfelbäume, rechts davon sind breite Beete angelegt, die sich bis hinüber zu den 30 Pflaumenbäumen hinziehen, die den Zaun zum rechten Nachbarn hin und am Gartenende entlang säumen.

So viel Gemüse können wir gar nicht anbauen, müssen wir auch nicht: Einige Leute aus dem Dorf bewirtschaften den größten Teil der Beete. Die sind picobello unkrautfrei. Unsere nicht, die Zeit habe ich gar nicht. Außerdem stehe ich auf Bio mit den entsprechenden Ratgebern, grabe im Herbst nicht um, lockere nur den Erdboden, benutze keine Düngemittel, sondern lege das ausgezupfte Unkraut schützend unter die Pflanzen, die deren Nährstoffe dann aufnehmen können …

In den Augen der Mitnutzer des Gartens mache ich also alles falsch – aber unsere Ernte ist immer gut! Ich kapiere lange nicht, dass meine Unkrautsamen vom Wind auf die anderen Beete rübergetragen werden. Das ist verständlicherweise ein Ärgernis. Und dann hängt auch noch unsere Wäsche nicht nach Kleidungsstücken geordnet auf der Leine, Windeln gleich neben Blusen, das geht gar nicht. Puh!

Gerlinde und Monika im Pfarrgarten (1982).

Jedenfalls: Unser Garten, das merken wir bald, gehört nicht uns, sondern der Kirchengemeinde, und alles, was wir dort tun oder versäumen zu tun, steht unter Beobachtung – bis sich im Winter eine gnädige Schneedecke darüberlegt.

Eines Tages kann uns Joachims Bruder Wolfgang, der Pfarrer im Eichsfeld ist, Koniferen besorgen, die man eigentlich nicht kaufen kann. Diese immergrünen Bäumchen werden mal sehr groß und dicht und schützen vor neugierigen Blicken. Wir setzen ein paar direkt neben das Hoftor. Den Großteil pflanzen wir an die ungeschützte Seite zum linken Nachbarn hin. Doch eines Tages passiert Folgendes: Das Gras steht mal wieder so hoch, dass nur noch eine Sense hilft. Wie so oft kommt ein hilfreicher Mensch aus dem Dorf, der alles absäbelt, als Futter für seine eigenen Tiere im Stall, was uns normalerweise sehr dankbar macht, eine Win-win-Situation. Doch diesmal fallen diesem Schnitt auch die frisch gepflanzten kostbaren Koniferen zum Opfer – hat der Sensenmann die wirklich nicht gesehen? Irgendwann kommen wir darüber ins Zweifeln…

Solch ein Garten trägt zur gesunden Ernährung bei und entlastet unsere Haushaltskasse, das muss ich zugeben. Jeden Herbst werden Pflaumen und Birnen in einem riesigen Einwecktopf aus billigem Blech eingekocht. Außerdem koche ich Apfelmus und Pflaumenmus und wecke auch das ein. Die Gläser reichen fürs ganze Jahr. Im Juli koche ich Marmelade und Gelee aus den Beerenfrüchten.

Im Herbst werden die Winteräpfel im Keller sowie Möhren in einer Sandkiste eingelagert, so bleiben sie frisch. Kartoffeln bauen wir nicht an, die kann man Ende des Sommers bestellen und ebenfalls einkellern, bis sie trotz eingestreutem „Keim-Stopp" im Laufe des Winters allmählich anfangen zu sprießen und dann im Frühjahr voll gekeimt und ganz schrumpelig sind. Wie viel Kartoffeln wir wirklich brauchen, müssen wir erst noch einschätzen lernen. Die ganz Ungenießbaren kriegen dann im Frühjahr die Schweine, der Nachbar freut sich.

Eines Tages gehe ich in den Keller und kriege einen Riesenschreck: Ratten! Alle Gläser mit dem schönen Gelee kann ich entsorgen. Die Viecher haben durch die Zellophan-Haut, mit der die Gläser abgedeckt sind – genügend Schraubverschlussgläser besaß ich nicht – ihre Schwänze durchgesteckt und abgelutscht. Auch fast alle Äpfel haben Bissspuren. Hätten sie nicht wenige Äpfel ganz aufessen können? Aber nein. Ich bin frustriert, so viel Arbeit umsonst! Die Äpfel müssen alle weg, wer sich wieder freut, sind Nachbars Schweine. Dann kommt jemand und legt Rattengift im Hof.

Über die Selbstversorgung hinaus sind die Ernten ein Zusatzverdienst zu unserem schmalen Pfarr- und Vikars-Gehalt. Es gibt hier überall Obstannahmestellen. Um auch die Städter mit genügend Obst versorgen zu können, was der LPG[13] allein offenbar nicht gelingt, ist der Staat auf die Bäume in Privatbesitz angewiesen. Also auch auf unsere. Um die Abgabe attraktiver zu gestalten, wird das Obst subventioniert. Man kriegt richtig viel Geld dafür. So viel, dass sich jemand aus unserem Dorf in unserem Beisein überlegt, ob er nicht das Obst aus den Läden der Kreisstadt aufkaufen solle, um es an der Obstannahmestelle gewinnbringend wieder zu verkaufen. Ein anderer rät ihm daraufhin, die Mehreinnahmen erst mal mit seinen Ausgaben für Autosprit zu verrechnen.

Auch wir bringen unsere Pflaumen und unsere sorgfältig nach Sorten und Größe getrennten Äpfel zur Annahmestelle. Das Fallobst können wir gegen eine ganze Menge Flaschen Apfelmost eintauschen, dann kostet die Flasche nur noch 50 Pfennig statt zwei Mark im Laden. Zumindest versuchen wir es jedes Jahr wieder, das Obst vollständig abzuernten. Manchmal tragen die Bäume so irre viel, dass wir einfach nicht hinterher kommen. Dann schimpft unser Herr Mützer, der ebenfalls Beete bei uns oben im Garten bestellt und alles sieht, was wir versäumen: „Das blanke Gold hängt an den Bäumen! Und die nehmen's nicht!"

In einem Jahr ist unser einziger sehr hoher Birnbaum, der nur Industriebirnen hergibt, so voll, dass wir von dem Ertrag die ersten Kinderzimmermöbel aus billigem Pressmaterial kaufen können. Das wissen wir natürlich bei allen Qualen, den Garten zu bestellen, sehr zu schätzen.

Vikare im Einsatz

Seit kurzem bin ich nun im Predigerseminar. In unserem zweiten Herbst in Dittichenrode warten wieder Unmengen an Pflaumen und Äpfeln darauf, geerntet zu werden. Außerdem werden die Elektriker kommen und in den Fluren, in Treppenhaus und Wohnung neue Leitungen legen, was dringend nötig ist. Anfang August haben wir entschieden, die Tapezierarbeiten selbst zu machen, wie das alle hier tun.

Zunächst aber haben wir unseren ersten Sommerurlaub miteinander genossen: Auf einem Faltboot und mit unserem kleinen Zelt sind wir auf dem Plauer See gestartet, um von dort die Mecklenburgische Seenplatte zu durchkreuzen, den Kölpinsee, Müritzsee, Woterfitzsee, Labussee, miteinander verbunden durch kleine Flüsschen oder Kanäle, um am Schluss den Rheinsberger Rhin bis Neuruppin hinunter zu paddeln. Wir haben wild gezeltet, und wo die Wasserlandschaft überwältigend war, haben wir ein paar Ruhetage eingelegt und die einsame Natur auf uns wirken lassen.

Auf der großen Müritz, die mitunter ordentlichen Wellengang hat, wäre Joachim als Jugendlicher beim Paddeln beinahe mal ertrunken, wenn er nicht von seinem besorgten Bruder Wolfgang durch ein Fernglas die ganze Zeit über beobachtet worden wäre. Als das Boot nämlich kenterte, also aus seinem Blickfeld verschwand, überzeugte er fix einen anderen Urlauber davon, mit ihm in dessen Motorboot rauszufahren, nahm heißen Tee und einen Bademantel mit, spürte dort Joachim auf, wo er sich an seinem umgekippten Boot festklammerte, und rettete ihn.

In diesem Sommer 1982 verbringen wir also drei herrliche, wunderschöne Wochen an dieser Seenplatte. Anders als damals ohne solchen Wellengang bei strahlendem Sonnenschein am Himmel über uns.

„Die neuen Leitungen können dann auch gleich ganz unter dem Putz verschwinden“, meint Joachim zu mir, ohne zu ahnen, auf was wir uns da einlassen. So wird innerhalb der nächsten vier Wochen der Lehmputz aufgehackt, die alten Leitungen kommen raus. In dem Hochgefühl, etwas zu tun, worüber die Gemeinde sich freut, stellen wir plötzlich fest: Sie ist entsetzt über unser

Vorhaben. Entscheidender Grund: das letzte geplante Arbeitswochenende wird am Erntedankfest liegen. Darüber haben wir bei der Planung Anfang August überhaupt nicht nachgedacht. Es steht nun zu befürchten, dass zum Erntedankgottesdienst der Gemeindeflur, durch den es zum Gemeindesaal geht, noch einer Baustelle gleichen könnte. Wir ahnungslosen Städter lernen mal wieder eine Lektion: Das Erntedankfest kommt in seiner Bedeutung gleich nach Weihnachten.

Wir sind ziemlich verzweifelt, wie sollen wir das alles bewerkstelligen? In unserer Not gehe ich zum Leiter des Predigerseminars, Gerhard Begrich, und bitte ihn darum, mir eine Dekade, also zehn Tage, wegen der vielen Arbeit, mit der ich Joachim nicht alleine lassen kann, freizugeben. Er lehnt das ab. Ich bitte und bettele, schildere die Situation so dramatisch, wie es nur geht. Daraufhin kriegt er plötzlich eine Idee:

„Wir kommen alle." Einsatz im Dorfpfarramt ist jetzt angesagt. Erstmal kriege ich einen Schreck. Habe ich vielleicht übertrieben? Aber so ist es jetzt. Am Donnerstag rücken wir 13 Vikare und Vikarinnen in Dittichenrode an. Und unser Direktor schlägt die Hände über dem Kopf zusammen: „Oh, Sie Armen, Sie Armen!", sagt er immer bloß. „Wer hat Ihnen denn diese Pfarrstelle zugemutet?!" Sein Mitgefühl tut uns beiden gut. Und ich bin wieder ein bisschen stolz auf unsere Herausforderungen hier.

Die Vikare schlafen in Schlafsäcken im großen Gemeindesaal, wo auch an den Gemeindetischen gegessen wird, die Vikarinnen in unserem Wohnzimmer auf dem Teppichfußboden. Kleine Küche, ein Bad, zwei Toiletten, das muss reichen. Gerhard Begrich kriegt unser Gästezimmer. Alle müssen bis Samstag verköstigt werden. Ein kleiner logistischer Aufwand. Dann macht jeder das, was er am besten kann:

Die einen pflücken im Garten das restliche Obst. Alles wandert in diesem Jahr zur Obstannahmestelle, eingekocht wird nicht. Die anderen sorgen für die Mahlzeiten oder verputzen die

Gerhard Begrich, Gerlinde sowie ein Vikar beim Verputzen im Hausflur.

offen liegenden neuen Leitungen. Das muss erst trocknen, bevor tapeziert wird. Und wir zwei springen zwischen allen hin und her, passen auf, dass alles seine Richtigkeit hat, und besorgen, was gerade gebraucht wird. Ein Abenteuer – eins, für das wir hinterher unendlich dankbar sind.

Die Vikare reisen nach dem zweitägigen Einsatz ab – und ich darf hierbleiben! Das Erbarmen meines Direktors ist jetzt grenzenlos. Noch am selben Tag kommt die Tapezierbrigade angereist: Joachims Vikariatsmentor Pfarrer Schultz mit vier Jugendlichen aus seiner Gemeinde in Salza, außerdem Freunde aus Göttingen. Überraschend kommen noch drei weitere mir unbekannte Göttinger Studenten dazu, die von dem Malereinsatz gehört haben und kurz entschlossen im kleinen Grenzverkehr mitfahren. So kann Joachim sich in sein Amtszimmer zurückziehen und den Erntedankgottesdienst vorbereiten. Am späten Abend stürzt er sich wieder mit ins Getümmel. Nachts um zwei Uhr ist der Gemeindeflur und der von da aus sichtbare Teil des Treppenhauses tipptopp fertig und gesäubert. Am Sonntagmorgen zwischen sechs Uhr und kurz vor zehn kriegt seine Predigt ihren letzten Schliff. Viele kommen zum Gottesdienst und staunen nicht schlecht. Wir aber triumphieren!

Auch am folgenden Wochenende haben wir wieder Gäste zum Tapezieren der oberen Wohnung: Meine Freundin Christel aus der Communität kommt mit drei Jugendlichen aus ihrer Jugendarbeit. Joachims Bruder Wolfgang hat an diesem Sonntag predigtfrei und hält in unseren Dörfern die Gottesdienste für Joachim, sodass er mitmachen kann. Und so ist nun auch unsere Wohnung oben fertig.

Wir sind einfach glücklich.[32]

Zurück im Predigerseminar wird dies zum praktisch-theologischen Thema erhoben: „Das Landpfarramt mit all seinen Herausforderungen!" Wie bewegen wir uns darin? Was heißt es, Gemeindearbeit unter diesen Umständen sinnvoll zu gestalten, abgestimmt auf die Menschen, die so ganz anders sind als die Städter? Diese Erfahrung war auch für unseren Direktor ein kleines Lehrstück von großem Gewinn. So etwas hatte er sich bis dahin nicht vorstellen können.

Spannende Zeiten im Predigerseminar

Das Jahr im Predigerseminar ist auch sonst sehr spannend. Ich hätte gern mehr Zeit zum Eigenstudium gehabt, aber da ist jeden Tag viel Programm. Die Gemeinschaft ist anfangs nett, aber es gibt zunehmend Spannungen unter uns. Theologische und politische, aber auch persönliche Dispute, da fetzt es auch manchmal. Zwei denken darüber nach, in den Westen überzusiedeln und den Pfarrberuf hinzuschmeißen. Es gibt immer einige unter denen, die Theologie studieren, die das Studium gewählt haben, weil ihnen ein anderes Studium verwehrt worden ist oder weil sie die Freiheit des Denkens nur in der Theologie praktizieren können. Der Glaube spielt dabei nicht unbedingt eine Rolle.

Wir diskutieren über die westdeutschen Parteien, über Demokratie, wie sie sein könnte… Gelächelt haben wir über die Überzeugung unseres Direktors: „Das wird nicht mehr lange so weitergehen. Das dauert nur noch zehn Jahre mit der DDR." Ähnlich hat er das schon zwei Jahre vorher gesagt, als Joachim in Gnadau war. Und trotzdem wird er sich interessanterweise zehn Jahre später an „seine Prophezeiung" nicht mehr erinnern. Andere von uns wiederum unken etwas sorgenvoll: „Nee, vierzig Jahre noch auf jeden Fall. Ab da nämlich werden die Braunkohlevorkommen in der DDR ausgeschöpft sein, wie man weiß. Spätestens dann bricht die Wirtschaft der DDR zusammen."

Hin und wieder werden zu Spezialthemen auch Referenten eingeladen:

Einmal kommt der Kirchenrechtler aus Magdeburg zu uns, der uns über den rechtlichen Aufbau der Kirchenprovinz Sachsen und über das Finanzsystem aufklärt, uns erläutert, wie man Haushaltspläne erstellt, Rechnungslegung macht und all das nötige „Verwaltungszeugs", was uns Theologiestudenten zunächst fremd ist, aber fürs Pfarramt wirklich gebraucht wird.

Was wir dabei nicht lernen – was auch nicht die Aufgabe eines Kirchenrechtlers ist –, ist, wie man hartgesottene Handwerker vom Dorf dazu bringt, uns rechtzeitig Bescheid zu sagen, wenn irgendwo morgens früh um sechs für Kirchrenovierungen dringend gebrauchter Zement in Säcken zum Kauf bereitliegt. Kommt man zu spät, ist er weg. Kommt man gar nicht, fragt man sich weiterhin händeringend: „Woher nehmen und nicht stehlen?" Denn nach unserer Erfahrung kommen nicht einmal Kirchenälteste auf die Idee, mit Baumaterialien nicht nur für sich selbst zu sorgen. Die Männer gucken zu und denken sich: „Schauen wir doch mal, ob der Pfarrer, dieser unerfahrene dünne Spund, was draufhat. Um die Reparatur des Gartenzaunes um die Questenberger Kirche herum sollte er sich auch endlich mal kümmern." Etwas bitter könnte ich noch hinzufügen: „Der arbeitet doch nur sonntags." Stolz sind sie, wenn es gelingt, einmal den Pfarrer in der Kneipe so besoffen zu machen, dass sie ihn anschließend in der Schubkarre nach Hause fahren können. Bei einem unserer Vorgänger soll das mal gelungen sein. Den Gefallen hat Joachim ihnen nie getan.

Doch eines Tages müssen sie ihn doch zu mir nach Hause schleifen: Als es möglich wird, die ständig aufgeweichte Dorfstraße endlich zu pflastern, sind fast alle Männer des Dorfes dabei – Joachim natürlich auch. Das ist eine ganze Weile lang kein Problem, er liebt die Abwechslung durch körperliche Arbeit, und er ist dann einer von ihnen. Dann passiert es: Er hebt wieder einmal die Spitzhacke hoch – und sackt ganz plötzlich in sich zusammen, unfähig, wieder aufzustehen. Bandscheibenvorfall! Das wird ihm von da an noch öfter passieren, und jedes Mal kommt der Kinderarzt zu uns nach Hause, weil er die Fähigkeit besitzt, mit einem bestimmten Griff – knack! – die Bandscheibe wieder an Ort und Stelle zu befördern. Wie nach diesem – für Joachim höchst unangenehmen – Vorfall bei den Männern, deren täglich Brot die körperliche Arbeit ist, gefeixt wird, kann man sich vorstellen.

„Die Harzer Bevölkerung ist hart wie der Boden, den sie bestellt", geht es mir bei all dem durch den Kopf. Aber auch unser Trauspruch: *In dem allen überwinden wir weit durch den, der uns geliebt hat.* Wie oft sitzen oder stehen wir vor dem einen Meter hohen frühgotischen bemalten Bauernkruzifix in unserem Gemeinderaum, dessen Anblick uns sehr anrührt, und laden all unsere zweifelnden Fragen und harten Erfahrungen davor ab.

Die schönen Erfahrungen will ich darüber nicht vergessen; da gibt es immer wieder so viel, wofür wir Gott danken können: Viele im Dorf geben sich Mühe mit uns ahnungslosen Städtern, haben Verständnis, freuen sich, wenn wir zu einem Besuch bei ihnen reinschauen, schenken gerne, helfen, wenn wir etwas brauchen.

Aber jetzt zurück zum Predigerseminar, in dem uns Gerhard Begrich in eine ganz andere, schöngeistige Welt eintauchen lässt, die meines Erachtens oft zu weit von der kirchlichen Praxis entfernt ist, die ich aber dennoch genießen kann. Da bin ich wohl die einzige Vikarin, die das durch den Ehemann mitbekommt, was alle anderen noch vor sich haben könnten, wenn sie mal auf einem ganz kleinen Dorf landen sollten.

Ein anderes Mal besuchen uns zwei Theologen „aus dem Westen", die uns in die Grundlagen der Personenzentrierten Gesprächsführung nach Carl Rogers einführen sollen. Für mich noch neu, aber eigentlich ein sehr guter Ansatz, wie ich beim Lesen darüber feststelle. Allerdings treiben die beiden wohlmeinenden Herren die Selbstreflexionsübungen mit uns auf die Spitze, bei jedem Kinkerlitzchen sollen wir sagen, wie wir uns fühlen. Einige der Vikare nehmen das so auf die Schippe, dass die beiden klinischen Seelsorger nach zwei Tagen etwas beleidigt wieder abreisen: Diese Leute aus dem Osten sind unbelehrbar, völlig unaufgeschlossen für neue Konzepte.

Literatur in der DDR ist ebenfalls ein Thema. Schriftsteller und Schriftstellerinnen stehen in ähnlichen inneren Auseinandersetzungen mit dem Sozialismus, wie er ist und wie er sein könnte, und mit dem real existierenden Gesellschaftssystem der DDR-Diktatur wie wir Kirchenleute auch. Während sie aus ihrer Perspektive nach einer literarischen Form suchen, versuchen wir Theologen, das Wort Gottes in diese von Unfreiheit durchdrungene Gesellschaft sprechen zu lassen. Ein Austausch miteinander könnte spannend sein.

Und so wird zunächst versucht, Stefan Heym einzuladen. Er ist auch bereit, zu uns ins Predigerseminar zu kommen, verlangt aber, dass ihm für die Übernachtung ein Inter-Hotel im nahegelegenen Magdeburg bezahlt wird. Das gibt allerdings das Budget unsres Seminars nicht her.

Wir versuchen es mit Günter de Bruyn. Auch er sagt zu, stellt aber keine Bedingungen. Er findet es spannend, das Leben in einem Predigerseminar kennenzulernen, auf Tuchfühlung mit uns zu gehen, zu entdecken, wie wir zukünftigen Pfarrer und Pastorinnen in aller Unterschiedlichkeit denken und glauben. De Bruyn ist ungeheuer sympathisch, redet mit uns bis in die Nacht hinein, schläft in einem der Zimmer hier, reiht sich ein in den Abwaschdienst … Das war eine großartige, bewegende Erfahrung.

Oh, das wird knapp – Wir werden eine Familie

Wieder einmal stehe ich etwas zerknirscht vor unserem Leiter des Predigerseminars. Ich erzähle ihm, dass ich schwanger bin. „Ja, da freuen Sie sich doch, Frau Breithaupt.“ „Ich freue mich ja auch, aber – das Kind kommt etwas zu früh. Am 29./30. Juni sind die mündlichen Prüfungen, und der Geburtstermin ist am 28.“ Er meint, da könne ich doch im September die Prüfungen nachholen, das sei doch kein Problem. Genau das will ich aber nicht. „Wäre es möglich, dass Sie für mich einen Termin schon Ende Mai machen?“ Wieder lehnt er dieses Ansinnen erst einmal ab …

Viel Übelkeit macht mir ab jetzt zu schaffen, naja, das gehört halt dazu. Draußen ist Bodenfrost, und während ich regelmäßig im Personenzug nach Sangerhausen zurückfahre, schaue ich durch die ziemlich verschmutzten Scheiben nach draußen. Das einzige, was jetzt wächst, ist Petersilie. Immer wieder Petersilie. Ich sollte besser nicht hingucken. Wenn damit im Predigerseminar die Wurstteller verziert werden, weil es im Winter kaum was anderes Frisches gibt, wird mir wieder übel und ich muss rausrennen. Noch Jahre danach kann ich keine Petersilie essen. Auch den Geruch beim Fleischer halte ich nicht aus. Dafür verschlinge ich zu Hause dann die eingemachten Pflaumen aus dem Keller, ich löffele sie gleich heißhungrig direkt aus dem Einweckglas.

Anfang März schließt die Zeit im Predigerseminar mit den Klausuren für das zweite Examen ab. Dann endlich darf ich wieder nach Hause und sitze für die nächsten drei Monate an der Examensarbeit, Katechese und Examenspredigt und bereite mich auf die mündlichen Prüfungen vor. Immer wieder dieses Hin- und Herreisen, endlich, endlich, ist das vorbei.

Und dann – es ist tatsächlich wahr geworden – bekomme ich einen vorzeitigen Termin Ende Mai für die mündlichen Prüfungen in sechs Fächern zugesagt. Ganz für mich allein wird extra eine kleine Prüfungskommission zusammengestellt. Ach, ich bin ja so froh. An dem Tag fahre ich mit dem Zug nach Magdeburg ins Konsistorium. Es ist mir dann doch etwas unangenehm, wie mich dort alle anschauen, alles Männer. Die vier Vormittagsprüfungen laufen ganz gut, außer in einem gemeinde-didaktischen Fach, wo ich mich mit dem Prüfer herumstreite, weil er Maßstäbe angesetzt sehen will, die zu einer Dorfgemeinde einfach nicht passen. Ich kriege eine Drei, was soll's. Nach dem Mittagessen in der Kantine folgen noch zwei Prüfungen. Es ist die Zeit, in der ich normalerweise immer zwei Stunden schlafe, das fordert mein Körper nun ein. Meine Konzentration schwindet zunehmend. Letzte Prüfung Kirchenrecht. Die Frage ist so leicht, so allgemein gestellt, dass ich in einem anderen Zustand alles hätte rauf und runter erzählen können, wie ich es auswendig gelernt hatte. Stattdessen grabe ich angestrengt in meinem Gehirn und stottere ein bisschen herum. Ich bin nur noch müde und will schlafen.

Dann sage ich schließlich noch einen einzigen Satz: „Ich kann nicht mehr." Wie peinlich ist mir der freundlich-hilflos-mitleidige Blick der Prüfer. Eigentlich hätten sie mich im September noch einmal hierher zitieren müssen. Sie schauen mich nur an und geben mir eine Gnaden-Vier.

Die Männer im Dorf beglückwünschen Joachim zum „Stammhalter". Er scheint nun in ihrem Ansehen ein Stück gestiegen zu sein. Mir ist das Geschlecht unseres Kindes einerlei. Ich bin einfach nur glücklich über unseren kleinen Martin und ich bin ab jetzt erst mal ganz zu Hause. Ich genieße das sehr. Es gibt noch zwei andere junge Mütter im Dorf, wir verstehen uns gut. Regelmäßig kommt der Kinderarzt oder die Hebamme zur Sprechstunde nach Dittichenrode hoch, hier in die leer stehende „Alte Schule", wo auch Bürgerversammlungen abgehalten werden. Ab dem Herbst ist der Raum ohne Heizung zu kalt. Und so beschließen wir drei Frauen, dass die „Wiegestunde", wie sie genannt wird, bei uns in der Wohnung stattfinden soll, die Babywaage wird auf den Küchentisch gestellt. Geht doch auch. Die Mütter finden das toll.

Auch die „Beauftragte für Kirchenfragen", Frau Wernher, stattet mir einen Besuch ab. Zu runden Geburtstagen der kirchlichen Mitarbeiter erscheint sie immer. Sie gratuliert mir zu unserem Martin und gleichzeitig zu meinem 30. Geburtstag. Dabei überreicht sie mir ein wirklich schönes Geschenk: einen ein Meter hohen, aus Gusseisen kunstvoll geschmiedeten Kerzenleuchter für mehrere Kerzen. Er gefällt mir sehr. Er macht sich gut in unserem ansonsten etwas kargen Wohnzimmer, in dem nichts Überflüssiges steht.

Joachim freut sich nicht, als er abends nach Hause kommt und ihn dort stehen sieht. Er ist ziemlich verärgert: „Von denen will ich kein Geschenk annehmen. Die sollen nicht glauben, dass sie uns mit sowas einwickeln können. Du lebst hier eingesperrt und kannst deine Eltern nicht besuchen. Wir werden in diesem Staat bevormundet. Soll etwa so ein Leuchter das alles ausgleichen? Das ist eine unglaubliche Frechheit. Am liebsten würde ich ihn morgen zurückbringen." „Aber er gefällt mir. Außerdem ist das mein Geschenk." Ich kann mich nicht durchsetzen, keine Chance. Schade um den schönen Leuchter. So etwas Edles bekommt man doch hier nicht zu kaufen. Am nächsten Tag steht er dann wirklich nicht mehr an seinem Platz. Zu Frau Wernher zurückgebracht hat er ihn allerdings doch nicht. Eine solche Provokation muss nicht sein. Er hat ihn irgendwohin entsorgt.

Im August kommt eine Anfrage aus dem Dorf, ob ich nicht Christenlehre halten könne. Die Kinder dieses Dorfes – insgesamt elf zwischen sechs und elf Jahren – sind fast alle nicht getauft, aber sie kommen alle. Denn hier passiert mal was.

Es kommt die anhängliche neunjährige Katrin von schräg gegenüber, die auch sonst sehr oft bei uns ist und die es liebt, jeden Tag den Kinderwagen mit unserem Baby durch das Dorf zu schieben. Schon seit langem, als ich noch gar nicht an ein Kind gedacht habe, hat sie mir treuherzig erzählt: „Die sagen alle, du bist schwanger. Stimmt das?" – So wusste ich, worauf die Leute im Dorf gewartet haben.

Es kommt der blasse, blonde, stille Junge, der seinen Vater aufgehängt auf dem Dachboden gefunden hat. Auch die Kinder einer sehr einfachen Familie kommen, über die man die Nase rümpft, weil sie es nicht schaffen, ihr Haus fertigzubauen; sie wohnen in einer halben Bauruine, weil sie kein Geld mehr haben. Und ein paar liebenswerte Raufbolde sind auch dabei. Es gibt immer eine biblische Geschichte, die wir uns miteinander kreativ aneignen, und wir spielen, im Winter drinnen und im Sommer draußen im Garten. Manchmal höre ich sie nach der gemeinsamen Stunde im Pfarrhaus laut singend auf der Dorfstraße, während sie nach Hause gehen: „Gottes Liebe ist wie die Sonne, sie ist immer und überall da.“

Oft gehen Katrin und ich mit Martin im Kinderwagen durchs Dorf. Sie will mir erklären, wer in den etwa 50 Häusern wohnt: da die nette Frau W., die die Poststelle hat, dort die liebenswerte 80-jährige Frau B., die mal die Dorfkneipe geführt hat und eine treue Kirchgängerin ist, und in dem Eckhaus mit dem großen betonierten Hof davor die kranke Frau L., deren Tochter demnächst heiraten will. Und jetzt kommen wir gleich an dem Haus der Familie M. mit den vielen Kindern vorbei, und in dem Haus da hinten wohnt der muffelige Herr S., der immer aus dem geöffneten Fenster guckt und mit den Kindern schimpft. Ein Stück weiter die Straße hoch der freundliche Herr K., der netterweise im Winter unsere Obstbäume schneidet, immerzu arbeitet und wenn er endlich mal sitzt, wie sonntags im 14-Uhr-Gottesdienst, regelmäßig einschläft. In der anderen Richtung weiter unten im Dorf das uns immer herzlich zugewandte ältere Ehepaar B. mit dem viel zu großen Kachelofen in der winzigen Wohnstube, in der es im Winter immer erstickend heiß ist. Noch ein paar Häuser weiter die weit über 80-jährige Frau G., die, nachdem sie vom Kirschbaum gefallen ist und sich den Arm gebrochen hat, dem Arzt nicht versprechen wollte, nie wieder die Leiter hochzuklettern, um Kirschen zu „ruppen“, wie man hier sagt.

Haus für Haus gehen wir die Dorfstraße rauf und wieder runter, und ich muss mir die Namen merken und wiederholen wie eine gelehrige Schülerin. Katrin, meine Lehrerin, hat großen Spaß dabei und ich bin ihr dankbar dafür.

In der DDR bekommen Frauen beim ersten Kind fünf Monate Babypause, dann gehen sie wieder arbeiten und geben ihre Babys in der Krippe ab. Es gibt sogar Wochenkrippen, schrecklich, finde ich. Ab dem zweiten Kind werden die Mütter für ein ganzes

Jahr freigestellt. Martin ist tatsächlich fünf Monate alt, als mein Vikarsjahrgang von dem inzwischen neuen Bischof Demke ordiniert wird. Die Ordination findet in Zeitz statt. Während des Gottesdienstes schiebt meine Schwiegermama draußen an dem nicht allzu kalten Dezembertag den Kinderwagen hin und her.

Ab dem 1. Januar bekomme ich eine Teilzeitstelle im Nachbarpfarrbezirk von Joachim. Während ich in den Dörfern unterwegs bin, hütet eine junge Mutter zusammen mit ihrem eigenen Kind gegen Bezahlung unseren Martin bei uns zu Hause. Doch ich merke bald, dass mir das schwerfällt: Bin ich bei Martin, sind meine Gedanken ständig bei meinen Aufgaben im Beruf. Bin ich unterwegs, denke ich andauernd, hoffentlich geht es Martin jetzt gut. Gefühlsmäßig kann ich mich nicht zweiteilen, leider.

Martin, Hannah und Stephan (1988).

Vor Hannahs Geburt im Juli 1985 entscheide ich mich, erst mal ganz aufzuhören und Joachim in seiner Arbeit zu unterstützen. Nur meinen Jugendkreis in Rottleberode führe ich weiter.

Im August 1987 wird unser Jüngster, Stephan, geboren.

„Was, schon wieder ein Kind?“, ist die Reaktion der Dörfler. Zwei Kinder sind hier Standard, ab drei Kindern, was häufig auf Pfarrersfamilien zutrifft, gilt man fast schon als asozial. Auch der Superintendent ist enttäuscht, hatte er doch gehofft, mich bald wieder einsetzen zu können.

Kalte Winter, Holzkohle aus Lübeck und ein leerer Brunnen

Aus meiner Heidelberger WG-Zeit kenne ich das schon: In der großen Küche hatten wir einen Ofen, den wir jeden Morgen anheizten, damit alle Heizkörper in den Zimmern dieses kleinen Häuschens warm wurden.

Im Pfarrhaus haben wir eine Teil-Forsterheizung. Im Gästezimmer steht dafür der große Ofen, verbunden mit Heizkörpern in Küche, Bad und Wohnzimmer. Das Gästezimmer können Besucher nur im Sommer bewohnen, während der Heizsaison ist der Rauchgestank nicht auszuhalten und sicherlich auch nicht gesund. Im Schlafzimmer befindet sich ein Kachelofen, ein anderer kleiner Ofen im Kinderzimmer. Unten in Amtszimmer und Gemeindesaal dasselbe. Wenn wir baden wollen, wird zunächst der große Badeofen angeheizt. Für Joachim bedeutet das: Regelmäßig Holz hacken, morgens alle Öfen anheizen. Damit ist er die erste Stunde des Tages beschäftigt, aber es macht ihm Spaß.

Einer der Winter ist so hart, dass die klirrende Kälte bis in den März vorhält. Zum ersten Mal sind die Briketts vorzeitig aufgebraucht. „Können die Pfarrers sich nicht mal genug Kohle bestellen?“, munkelt der Buschfunk. Das schon, aber wo noch lagern? Aber hilfsbereit sind unsere Dorfbewohner doch und borgen uns Briketts aus ihren großen Kellern, bis wir nachbestellen können.

Unser Flur ist immer kalt, die Zimmertüren sind deshalb immer zu. Als wir einmal im Februar Joachims Geburtstag feiern wollen, bereite ich am Abend vorher ein paar leckere Salate vor und stelle sie, aus Platzmangel in dem kleinen Kühlschrank, auf das große Fensterbrett im Flur. Am nächsten Morgen sind sie hart gefroren. Eisblumen an den Fenstern innen sind zwar schön anzusehen, aber trotzdem reicht es mir irgendwann. Ich möchte, dass eine große Holztür zwischen unserer Wohnung und dem Treppenhaus eingesetzt wird, um den Flur vor der Kälte zu schützen, denn zu dem Zeitpunkt haben wir bereits zwei Kinder, die den langen Flur gerne mit zum Spielen nutzen. Die Gemeinde ist gegen eine solche Maßnahme, hält das für eine unnötige Geldausgabe und „schließlich war das schon immer so". Ich kämpfe und kämpfe weiter, bis es dann endlich doch geht.

Wenn man von uns die einen Kilometer lange Straße den Berg hinunter auf die F 80 stößt, steht dort gegenüber ein einsames großes Gebäude auf einem Hof. Hier wird „Holzkohle aus Lübeck" industriell hergestellt, gleich in handlichen Säcken verpackt und mit den entsprechenden Banderolen versehen. Jedenfalls wird das so erzählt, unwahrscheinlich ist es nicht. Dem Staat bringt das Devisen ein, und „drüben" kann billig gegrillt werden, ohne die eigene Luft bei der Herstellung zu vergiften. Und wen interessiert es schon, wo die Holzkohle *wirklich* herkommt.

Bei Südwind, der zum Glück selten ist, ziehen die Rauchschwaden aus den filterlosen Schornsteinen auch zu uns den Berg hoch und legen sich über das Dorf und die weitere Umgebung. Für Asthmatiker wie meinen Vater bedeutet das: Alle Fenster zu und drinnen bleiben, bis das Unheil verflogen und die Luft wieder einigermaßen rein ist. Von vermehrten Krebserkrankungen in den anliegenden Dörfern entlang der F 80 ist die Rede.

Es gibt sehr trockene Sommer, einer ist extrem: Eines Morgens drehe ich einen Wasserhahn auf und heraus kommt eine ungenießbare, lehmige, braune Brühe; das geht höchstens für die Klospülung. Was ist denn jetzt wieder los? Es stellt sich heraus: Der Brunnen vor dem Haus, aus dem das Wasser in die Leitungen gepumpt wird, ist fast leer. Was tun? Wir kriegen bald mit, dass es nicht nur uns so geht. Jemand bestellt einen großen Wasserliefertankwagen, der zum Glück auch bald eintrifft. Das halbe Dorf läuft hin, jeder mit Eimern und großen Töpfen bepackt, um Wasser nach Hause zu tragen. Das geht ungefähr drei Wochen so weiter, bis die Brunnen sich langsam wieder füllen.

Unsere Kinder lieben Milch, täglich kaufen wir sie im Konsum ein. Doch in einem heißen Sommer wie diesem kommt die Milch schon sauer im Dorf an. Die Halbliterflaschen werden in Kästen auf offenen LKWs in die Läden transportiert, während die Sonne von oben unbarmherzig sticht. Das hält keine Milch durch. Umso mehr freuen wir uns bei diesen Temperaturen, wenn der Eisverkäufer mit seinem Wagen kommt. Wenn er hält und bimmelt, laufen alle Kinder nach draußen. Und wenn sich das mitten in der Christenlehrestunde ereignet, springen die Kinder sofort auf, rennen nach Hause, um sich Geld für eine Portion Eis zu holen. Meistens kommen sie danach nicht wieder zurück ins Pfarrhaus.

Selbermachen ist allemal besser

Zugegeben, wenn meine Eltern zu Besuch kommen und mit ihrem großen VW in unseren Hof hereinfahren, schließen wir als Erstes das große Hoftor. Denn dann wird der Kofferraum geöffnet… Meine Mutter hat ein unglaubliches Gespür dafür, was bei uns im Haushalt fehlt. Sie sorgt dafür, dass wir uns gesund ernähren und dass mein tägliches Kochen erleichtert wird. Zitrusfrüchte im Winter sind natürlich etwas Wunderbares, denn wenn es hier selten mal Orangen gibt, kommen sie aus Kuba, sind sauer und hart und außerdem rationiert.

Joachim ärgert sich oft über all das Mitgebrachte, weil er das meiste davon nicht nötig findet. Ich selber bin immer hin- und hergerissen, gebe ich zu. Ich habe mir fest vorgenommen, wie jeder andere DDR-Bürger auch zu leben, und dann wird es mir so leicht gemacht, Wünsche zu äußern, wenn ich gefragt werde. Bei zwei Kindern gleichzeitig in Windeln ist es schon eine Hilfe, für das Ältere ab und zu Wegwerfwindeln zu bekommen. Den „Krippen-Töpfchen-Zwang“ und das Vergleichen der Mütter, welches Kind schon wie früh „trocken“ ist, mache ich nicht mit. Dann lieber länger Windeln waschen. Also läuft die Waschmaschine täglich ein- bis zweimal, bis eines Tages die linke Außenwand einfach abfällt. Weggerostet. Die Maschine selbst tut aber weiterhin ihr Bestes, und so befestigen wir die Wand, indem wir einen dicken Strick um die Waschmaschine herumwickeln. Geht doch auch. Elektrische Geräte sind in der DDR sehr teuer.

Bei aller Unterstützung aus dem Westen lerne ich gleichzeitig viel von den Menschen hier über die Selbstversorgung im Osten.

Denn vieles von dem, was im Dorfkonsum Mangelware ist, kann man selbst herstellen. Zum Beispiel Frischkäse, bestehend aus einem Teil Butter und zwei Teilen Magerquark, aus denen zuvor alle Flüssigkeit durch ein Tuch herausgepresst wird. Dann würzen nach Herzenslust mit Pfeffer, Zwiebeln oder Knoblauch und garteneigenen Kräutern. Ich bin stolz auf meinen Streichkäse: So was Gutes kriegt man auch im Westen nicht zu kaufen, finde ich. Das Käseangebot auf dem Dorf ist einfach etwas dürftig für meinen verwöhnten Bundesbürgergeschmack, der die verschiedensten Käsesorten schon immer ganz besonders liebte. Meist gibt es hier nur den strengen Harzer und einen staubtrockenen Camembert. Schokoladenaufstrich für die Kinder aus schwarzem

Kakao, wenn es den gibt, Butter, Zucker und Kokosfett stelle ich ebenfalls her. Kann man essen.

Einmal erzählt mir eine Frau, die in einer Marmeladenfabrik arbeitet, wie das da so zugeht: Die verschiedenen Beeren werden in riesengroße Behälter gekippt, um dann mit großen Rührmaschinen zu einer Einheitsmarmelade verarbeitet zu werden. „Drei-Frucht-Marmelade" steht dann auf dem Etikett. Oft sind die Beeren ganz unten schon ziemlich verschimmelt, egal, die nächste Fuhre frischer Beeren wird oben draufgekippt. Diese Frau kauft seitdem nie mehr Marmelade. Und ich bin froh, eigene immer vorrätig im Keller zu haben.

Im Herbst 1985 gibt es so übermäßig viele Pflaumen, wie es zum Glück nicht jedes Jahr der Fall ist. In manchen Jahren machen die Bäume sogar ganz Pause, sozusagen eine Verschnaufpause für uns. Dieses Jahr jedenfalls nicht.

Da beschließen wir, eine große „Pflaumen-Party" zu feiern. Es wird ein Riesenspaß. Wir laden Freunde und Joachims Schwester Inge mit Familie ein, es wird gepflückt, eingekocht und Pflaumenmus gerührt. Und am Ende des Tages nimmt sich dann jeder so viel mit nach Hause, wie er will. Unsere kleine Hannah liegt derweil zufrieden im Kinderwagen und schaut in den blauen Himmel, Martin spielt mit seinen Cousins im Sandkasten oder sie klettern hoch aufs Baumhaus oder machen Blödsinn. Auch dafür bieten sich in dem großen Garten genügend Möglichkeiten.

Für das Mus schaffen wir drei Verarbeitungsmöglichkeiten: Ein großer Topf mit Pflaumen brutzelt im halb geöffneten Backofen vor sich hin, ein Riesentopf steht auf den vier Herdplatten, und dann gibt es da noch den alten Waschkessel im Schuppen, in dessen Keller die Kohle gelagert wird. Unter dem Kessel wird Feuer gemacht, Pflaumen und Zucker oben rein und rühren. Das

Dumme ist nur, der Rauch vom Feuer zieht am Kessel entlang hoch und legt sich geschmacklich auf das Mus. Keine Delikatesse!

Im Sommer 1989 trägt unser kleiner Stephan, gerade mal zwei Jahre alt, voller Stolz eine große mit reifen Tomaten gefüllte Schüssel umsichtig die Steinstufen herunter, gelangt durch den vorderen Teil des Gartens über den Hof ins Haus und die Treppe hoch in unsere Küche. Er ist in seinem Eifer einfach nicht zu bremsen. Wie schön, dass wir das mit einem Fotoapparat festhalten können.

Bei den vielen Tomaten in diesem Jahr beschließe ich, Ketchup selber herzustellen, den gibt es hier nämlich auch nur selten zu kaufen. Dafür muss ich in einem großen Topf ohne Deckel die Tomaten einköcheln lassen; das blubbert und spritzt so sehr, dass hinterher die Tapete ausgetauscht werden kann. Aber das Ergebnis ist lecker, ich habe es nicht bereut!

Stephan erntet Tomaten

Schön ist unsere Küche ohnehin nicht, mit einem hässlichen Fußbodenbelag voll kleiner Löcher, als habe vor uns jemand keinen Aschenbecher für seine heruntergebrannten Zigarettenstummel gehabt, und außerdem Flecken, die man nicht mehr wegkriegt. Wir haben uns daran gewöhnt.

Die Sache mit dem Führerschein

Nach meiner Übersiedlung in die DDR wird mir gesagt, dass ich meinen BRD-Führerschein gegen eine DDR-Fahrerlaubnis eintauschen muss. Kein Problem – denke ich. Aber so leicht wird mir das dann doch nicht gemacht. „Sie müssen dafür die hiesige Fahrprüfung machen." Großes Problem – denke ich. Wann soll ich das denn machen? Ich müsste nochmal ein paar Fahrstunden nehmen, Regeln lernen. Dafür habe ich keine Zeit. Will sie mir auch nicht nehmen. Beruf, Garten, Examen, Kinder… es passt nie. Außerdem macht es mich wütend: Ich habe seit neun Jahren Fahrpraxis. Die Regeln unterscheiden sich hier nicht besonders. Und der wenige Verkehr hier – lächerlich. An den Zweitakter mit seinen Tücken habe ich mich schnell gewöhnt. Hilfreich ist zu wissen, wie man eine ausgefallene Zündkerze auswechselt oder einen gerissenen Keilriemen vorübergehend durch einen Nylonstrumpf ersetzt. Aber wenn ich irgendwo ungewollt stehen bleibe, weil aus unerfindlichen Gründen die Kiste nicht mehr anspringt, kann mir eine bestandene Fahrprüfung auch nicht weiterhelfen.

Also fahre ich erstmal weiter mit meinem „grauen Lappen" von 1972, so als hätte mir nie jemand etwas gesagt. Es funktioniert ganz gut. Einmal bin ich mit dem Trabi irgendwo unterwegs, wo die Landstraße ziemlich steil bergab geht. Erlaubt sind auf Landstraßen maximal 80, aber bergab schafft der Trabi über 100, ein herrliches Fahrgefühl. Findet die Polizei nicht, die unten am Ende der Straße plötzlich wie aus dem Nichts vor mir auftaucht. „Ihre Fahrerlaubnis, bitte." Ich zeige meinen Führerschein. „Und jetzt Ihren Reisepass, bitte." „Ich habe keinen." „Wie?" Ich krame meinen kleinen blauen DDR-Ausweis hervor. Der Polizist ist irritiert: „Meinen Sie nicht, sie sollten Ihren Führerschein mal eintauschen?" „Ach was, meinen Sie wirklich?" „Bestimmt, erkundigen Sie sich mal danach." „Das kann ich mal machen", verspreche ich ihm, obwohl das gelogen ist. Nach einer Vermahnung fahre ich weiter. Erleichtert!

Das passiert mir noch öfter, denn Verkehrskontrollen gibt es häufig, auch ohne Grund wie zu schnelles Fahren. Und immer läuft der Dialog ähnlich ab. Das amüsiert mich, ich fühle mich sicher.

Eines schönen Tages, ich lebe inzwischen einige Jahre in meiner neuen Heimat, kommt es anders: Ich fahre durch Roßla, vor mir eine im Schritttempo sich vorwärts schleppende lange Schlange Richtung Ortsausgang. Da will ich gar nicht hin, ich werde ungeduldig, stehe gerade unter Zeitdruck. Die vor mir liegende Baustelle, Grund für den stockenden Verkehr, sehe ich nicht rechtzeitig. Auf der linken Seite ist alles frei, ich gebe Gas, überhole einige Autos, um dann schnell links in eine Seitenstraße einzubiegen. Aber dazu kommt es nicht mehr. Was ich mache, ist verboten, und da steht er auch schon, der Verkehrspolizist, der ziemlich wütend auf mich ist. „Fahrerlaubnis!", donnert er mich an. Das Übliche, denke ich und hole – noch unaufgeregt – meinen Führerschein hervor. Er schaut ihn sich genau an, dann guckt er zu mir durch die heruntergeleierte Scheibe: „Frau Schnübbe?" Ach du liebes Bisschen, der alte Nachname, daran habe ich nie gedacht, was sage ich jetzt bloß? Und warum ist das vorher nie einem Polizisten aufgefallen? Mir stockt der Atem. Sage ich nein? Dann dürfte auch mir klar sein, dass das Papier keine Gültigkeit besitzt. Sage ich ja? Dann lüge ich. Ich spiele mit dem Feuer in der Hoffnung, dass er nicht nach meinem Pass fragt, und sage tapfer ja. Das Herz klopft mir bis zum Halse. „Hoffentlich, hoffentlich“, bibbere ich innerlich. Und ein kleines Wunder geschieht: Nach der üblichen Belehrung darf ich weiterfahren.

Das größere Wunder: Ich werde meinen Führerschein durch die ganze DDR-Zeit hindurchretten und einmal sagen können: Als DDR-Bürgerin habe ich nie eine Fahrerlaubnis besessen. Gefahren bin ich trotzdem.

„Liebes Bafög-Amt …“

„Dann muss der Papa das wohl bezahlen.“ Väterlicher Fürsorgestolz und ein klein bisschen Martyrium liegen in seiner Stimme, als er mir eine Rückzahlungsaufforderung des Bafög-Amtes mitbringt, die an seine Adresse geschickt wurde. Aber auch ich habe meinen Stolz: „Nein, das tust du auf keinen Fall. Das ist meine Sache. Du bist nicht mehr für mich verantwortlich. Ich kümmere mich darum.“

Das Kümmern sieht dann ungefähr so aus: „Liebes Bafögamt … da ich im Sommer 1981 in die DDR übergesiedelt bin … kann ich leider nicht …“ Ich füge dem Schreiben meinen Lohnstreifen bei, sechs Millimeter breit, vierzig Zentimeter lang, original (so etwas wie beglaubigte Kopien gibt es natürlich nicht). Daraus ersieht jeder: Die Vikarin Gerlinde Breithaupt, geb. Schnübbe, verdient im Monat 360 Mark der DDR. Unmöglich, davon Bafög-Schulden in Westmark zurückzuzahlen. Ich schließe den Brief und will eine Marke draufkleben.

Doch da schießt ein Blitzgedanke durch meinen Kopf: Bei meiner Einreise habe ich unterschrieben, dass ich keine Schulden in der BRD habe. Das habe ich reinen Gewissens getan. Wer hat denn bei so was an Bafög gedacht? Papa muss sich den Brief unters Hemd schieben und dann eine andere Briefmarke draufkleben. Schade eigentlich. Wäre anders wirksamer gewesen.

Ein Jahr später: Wieder eine Rückzahlungsaufforderung, wieder mein Antwortschreiben: „Liebes Bafög-Amt … Da ich … kann ich leider nicht …"

Dieses Spielchen wiederholt sich Jahr für Jahr mit dem Automatismus einer jeden Behörde: „Da ich … kann ich leider wirklich nicht … werde ich wirklich nie in der Lage sein …" Nie bekomme ich eine Antwort. Aber dann, im Frühjahr 1989, ein Schreiben ganz anderer Art, sehr freundlich, wenig amtlich: „… erlassen wir Ihnen grundsätzlich und für immer …" Ich fass' es nicht. Na endlich haben sie's begriffen. Ein Mensch! Da sitzt ein Mensch hinter dem Schreibtisch, der nachgedacht hat.

Ein halbes Jahr später wird die Mauer fallen. Das Schreiben kam gerade rechtzeitig. Für immer bleibt für immer.

VIII. Freunde, die gehen

Gefährliche Überfahrt

Eines Tages, im Sommer 1983, kommt Olaf aus Berlin, um uns wieder einmal zu besuchen. Joachim kennt ihn noch aus Studienzeiten. Er hatte damals in Dresden Elektrotechnik studiert und dort die katholische Studentengemeinde kennengelernt. Es war die Freiheit des offenen Denkens und Diskutierens, die ihn angezogen und schließlich seinem Leben eine Wendung gegeben hatte. Er fand darüber zum christlichen Glauben und ließ sich taufen.

Olaf unterstützte uns über die Jahre mit 100 Mark monatlich, weil er wusste, wie wenig wir verdienen. Das hat uns tatsächlich sehr geholfen. Wir hatten immer tolle Gespräche mit ihm. Jetzt erzählen wir ihm, dass wir uns freuen würden, wenn er Taufpate bei unserem Sohn Martin werden würde. Er schweigt, sagt erst einmal nichts, wir wundern uns. Er druckst ein bisschen herum, meint, er könne kein gutes Vorbild für Martin sein, weil er sehr eigennützige Zukunftspläne habe, die sich damit nicht vereinbaren ließen. Wir sind überrascht. „Was hast du vor?"

„Ich kann in diesem Staat nicht länger leben. Die Unfreiheit, die ganze Lügerei. Was ich beruflich erarbeite, landet wenig später im Papierkorb, weil es nicht umgesetzt werden kann. So will ich mein Leben nicht vergeuden." Wir schweigen, sind betroffen. Diese Freundschaft bedeutet uns so viel. Aber wir verstehen seine Beweggründe. Er muss diesen Weg gehen. Es ist sein Weg, der für ihn stimmt. Wir wünschen uns, dass er trotzdem Martins Patenonkel wird, auch wenn die Mauer uns einmal trennen wird.

Schließlich nimmt er dann doch trotz aller Bedenken die Patenschaft für Martin gerne an. Wir freuen uns.

„Wirst du einen Ausreiseantrag stellen?" „Nein", erzählt er, „ich plane mit meinem Freund Percy zusammen, über die Ostsee abzuhauen. Ich wollte euch das eigentlich nicht erzählen, um euch nicht zu gefährden. Selbst meine Eltern wissen nichts von meinen Fluchtplänen."

Dann erläutert er uns ausführlich seinen Plan: „Ich arbeite mit Percy schon mehrere Jahre an der Fluchtvorbereitung. Wir haben ein metallfreies, aufblasbares, schwarz angestrichenes Fluchtboot gebaut, bei dem wir auch unterwegs, sobald man uns entdecken sollte, die Luft ablassen und es unter die Wasseroberfläche bringen können, um es dann wieder aufzublasen. Denn wir dürfen vor allem nicht in den Lichtkegel von Scheinwerfern der Grenztruppen zu Land und zu See geraten, mit denen die Ostsee permanent überwacht wird.

Wir waren ja mal im Tauch- und Segelsport aktiv, das kommt uns jetzt zugute. Das Boot ist so konstruiert, dass jeder von uns beiden es auch autark bedienen und steuern kann.

Wie ihr wisst, arbeitet Percy als studierter Physiker an dem meteorologischen Observatorium in Zingst, direkt am Ostseestrand. Er führt dort Messungen durch und wertet sie aus. Das hat den günstigen Nebeneffekt, dass er das Grenzwachsystem analysieren kann. Er gibt grünes Licht, sobald die Wetterbedingungen passen, und dann fahre ich von Berlin hoch. Wir wollen von der Vorpommerschen Boddenlandschaft aus flüchten. Nun gibt es in der DDR ja keine verlässlichen Landkarten mit eingetragenen Forstwegen. Aber mein Vater hat noch eine Karte von 1937, da sind alle Waldwege aufgezeichnet. Die haben wir überprüft. Wir wissen auch, wo die Wachposten stationiert sind, da wir uns dort in Urlaubszeiten ausreichend umgesehen haben. Für die Flucht haben wir auch ein Motorrad angeschafft, zugelassen auf Zingst, das das zusammengepackte Boot in einer Tasche transportieren kann.

Wir haben die Gerätschaft im Januar bei Minusgraden und Schneetreiben in der Warnow bei Rostock getestet: Also, wie lange dauert es, das Boot aufzubauen oder bei Entdeckung verschwinden zu lassen? Wie schnell lässt sich das Motorrad im Wald verstecken? Wie viel Zeit brauchen wir, um unseren Neopren-Kälteschutz an- und auszuziehen? Wir haben die Kenterrolle geübt, das Aus- und Einsteigen, das Luftablassen und wieder Aufblasen. Auch unsere physische Kondition haben wir gesteigert, indem wir immer wieder auf der Spree in Berlin im Rekordtempo eine Strecke von 70 Kilometern gepaddelt sind.

Jetzt warten wir ab Spätherbst das richtige Wetter ab. Dazu hören wir auf der Deutschen Welle regelmäßig den Seewetterbericht für die Ostsee. Es ist eine gefährliche Passage, aber es müsste klappen. Ziel ist die Insel Møn in Dänemark, etwa 70 Kilometer von Zingst entfernt."

Er macht eine Pause und wir schweigen betroffen. Ich kann das alles gar nicht so schnell fassen. Dann sagt er: „Die Entscheidung, die DDR für immer verlassen zu wollen, hat eine lange Vorgeschichte."

Ich bitte ihn: „Erzähl mir deine Geschichte, so ausführlich wie Joachim kenne ich sie noch gar nicht."

„Weißt du", sagt er, „das war so: Unsere Familie, die sehr starke innige Bindungen zueinander hatte, wurde durch den Mauerbau in Berlin 1961 getrennt. Ich war zu der Zeit fast sechs Jahre alt, habe aber lebendige Erinnerungen an dieses einschneidende Ereignis. Meine Großmutter besuchte an diesem schlimmen Wochenende des 12./13. August 1961 unsere Tante Erika, die Schwester meines Vaters in Westberlin. Durch die Abriegelung Westberlins konnte meine Großmutter plötzlich nicht nach Ostberlin zurückkehren. Zwei Wochen später erst durfte sie die Grenze zurück passieren. Niemand von uns wusste, ob wir unsere Verwandten je wiedersehen können. Auch mein Vater litt schwer an den neuen Bedingungen, zumal er ebenso die Absicht hatte, mit uns noch im gleichen Jahr nach Westberlin zu ziehen. Für uns alle kam dieser Gewaltschritt der DDR völlig überraschend. Es war auch später schwer für mich, bei gleichzeitigem Verständnis für die ökonomische Ausweglosigkeit der DDR, die vollendete Staatentrennung zu akzeptieren. Diese Mauer, das war uns allen intuitiv klar, war eine Mauer, die gegen uns selbst gerichtet war. Wir waren die eingesperrten Deutschen. Dieser Widerspruch blieb immer in meinem Bewusstsein.

Dennoch wurde ich in der Schulzeit ein glühender Anhänger kommunistischer Gesellschaftskonzepte. Ich wollte eigentlich immer Teil einer aufrichtigen, gerechten, offenen und zur Selbstkorrektur fähigen Gesellschaft werden. Eine Gesellschaft, die nicht bestimmt wird von Machtstrukturen, von Egoismus, Korruption, Vorteilsnahme und Vetternwirtschaft. Ich war fest davon überzeugt, das Ziel könne eigentlich keine kapitalistische Gesellschaftsordnung sein. Gleichzeitig gab es für mich aber auch keinen Grund, meinem Freiheitsverständnis einer offenen Gesellschaft Schranken aufzuerlegen. Mit dem Widerspruch leben zu müssen, führte dazu, dass ich ein sehr aufmerksamer politischer Mensch wurde, dessen Skepsis mehr und mehr zunahm, der Auseinandersetzungen in der Schule, im Studium und im Beruf aber auch nicht scheute. Die Schule versuchte, mich und meinen Zwillingsbruder Detlef für die SED anzuwerben. Wir beide lehnten das mit der wirklichen Überzeugung ab, wir seien für einen solchen Schritt noch nicht reif genug.

Dann kam für mich der große Konflikt. Nach Abschluss des Abiturs in Berlin und nach der Zusage für das bevorstehende Studium an der TU Dresden wurden Detlef und ich zum Militärdienst gemustert. Ich wurde getrennt von ihm befragt, welche Art von Militärdienst ich anstreben möchte. Ich akzeptierte zu dieser Zeit den Militärdienst an sich, aber ich bestand mit Hinweis auf meine Familienbindungen absolut darauf, keinen Dienst bei den Grenztruppen der DDR anzutreten. Zu allen anderen Einheiten war ich für 18 Monate bereit, regulären Militärdienst zu leisten. Als wir dann 1974 eingezogen wurden, fanden wir uns im Ausbildungsregiment der Grenztruppen in Eisenach wieder. Ich konnte diese Dreistigkeit des Staates überhaupt nicht fassen. Ich habe mit einem Mal begriffen, dass wir in unserer Abhängigkeit von diesem Staat nur ein willkürlicher Spielball von Interessen sind und unsere Überzeugungen und Vertrauenserwartungen überhaupt nicht zählen. Was jeder von uns dachte, war dem Staat völlig egal. Das war eine große, schmerzliche Erkenntnis. Überraschend für mich war gleichzeitig, dass auch Detlef, in gleicher Abhängigkeit mit Studium-Zusage in Rostock, in dasselbe Regiment nach Eisenach eingezogen wurde. Jetzt wurde für mich klar: Egal, was jeder für sich tun wird oder entscheidet, es wird den Bruder mit tangieren. Den Fahneneid zu leisten, kam für mich zu schnell. Ich war wirklich überrumpelt worden. Die vollständige Konsequenz zu erkennen, war für mich noch nicht möglich. Das kam dann erst später, als wir in zwei benachbarte Kompanien an die hessische Grenze nach Großensee und Lauchröden verlegt wurden. Detlef konnte ich im Grenzdienst gelegentlich bei Ablösungen oder auch bei Reparaturen am Grenzmeldenetz, wofür ich technisch auch zuständig war, treffen. Diese Aufgabe erlaubte mir, ihm persönliche, vertrauliche Botschaften in Briefform mitzugeben, ohne dass jemand davon Kenntnis erlangen konnte.

Ich haderte sehr mit dem Waffendienst gegen Zonenflüchtlinge, ob es desertierende russische Soldaten oder nur deutsche

Militärangehörige oder Zivilisten waren. Einmal versuchte tatsächlich ein russischer Soldat, zu fliehen. Man musste damit rechnen, dass er bewaffnet war. Suchtrupps wurden ausgeschickt, den Wald zu durchkämmen. Die Offiziere versteckten sich hinter ihren Soldaten in sicheren Unterständen. Ich hatte Angst, von dem Flüchtling erschossen zu werden oder reagieren zu müssen, wenn ich ihn sehe. Für mich war klar, ich würde meine Waffe nicht einsetzen, ganz gleich, was mit mir geschieht.

In dieser Zeit war ich ziemlich verzweifelt. Meinem Bruder habe ich nach mehreren schweren Grenzalarmsituationen bei einem solchen Treffen schriftlich mitgeteilt, ich würde die Dienstsituation an der Grenze gerne für einen eigenen Fluchtversuch nach Westdeutschland nutzen und wir könnten das zusammen ohne Gefahr für andere Personen gut vorbereiten und erfolgreich an einer ungesicherten Grenzstelle nach Westdeutschland, zum Beispiel einer Eisenbahndurchfahrtsgasse, zu Ende bringen. Detlef hatte mir aber seine Beteiligung an einem solchen Fluchtversuch abgeschlagen. Damit war klar: Ich kann nicht gehen, ohne ihm eine schwere Bürde im Leben aufzuerlegen. Am Ende des Militärdienstes habe ich mir geschworen, keine Lebensentscheidungen mehr gegen mein Gewissen zuzulassen.

Im Studium dauerte es nicht lange und ich bekam die nächste Herausforderung zu spüren. Sämtliche männliche Studenten sollten sich zur Reserveoffizierslaufbahn verpflichten. Wenn sie dazu nicht bereit wären, so die Aussagen der Professoren, die mit der intensiven Anwerbung betraut waren, würden sie aller Wahrscheinlichkeit nach den Studienabschluss nicht erreichen. In unserem Seminar gab es zum Schluss nur sieben von 32 Studenten, die die Bereitschaft hierzu verweigerten. Alle hatten dennoch den erfolgreichen Abschluss erreicht. Für mich bedeutete das eine sehr konfliktreiche Studienzeit mit vielen Anhörungen.

Einen großen Beistand erfuhr ich durch die katholische Studentengemeinde in Dresden, zu der mich ein Mitstudent der verbliebenen Sieben einmal mitnahm. Dort fand ich Gleichgesinnte und endlich auch verlässliche, vertrauenswürdige Menschen und ein geistiges Korrektiv zu dieser für mich konfliktbeladenen, bedrückenden Zeit. Auch mein Glaube an Gott und an die universelle Gerechtigkeit im Leben hat mir sehr geholfen.

Nach dem Studienabschluss in Dresden 1981 ging ich nach Berlin zurück und begann eine Tätigkeit als Entwicklungsingenieur im Institut für Regelungstechnik. Meine Eltern lebten ja in Berlin und ich versuchte erneut, dort wieder Fuß zu fassen. Als im September 1980 die polnische Solidarność-Bewegung in Danzig und Warschau begann, wurde es für mich Zeit, meinen geleisteten Fahneneid irgendwie zurückzuziehen. Für mich kam ein Waffeneinsatz als Reservist nicht mehr infrage. Auch hatte ich eine Situation wie 1968 im „Prager Frühling" befürchtet. Es entwickelte sich eine neue politische Konfliktlage für mich. Ich erklärte im Wehrkreiskommando Berlin schriftlich meine Rücknahme des Fahneneides. Ich war zu keinem Waffendienst als Reservist in der DDR mehr bereit.

Seitdem habe ich mich vorbereitet, mittelfristig die DDR illegal zu verlassen. In Percy habe ich einen geeigneten Mitstreiter gefunden. Ich habe mir ein Zeitlimit bis zum 30. Lebensjahr gegeben. Das ist jetzt erreicht."

Was für eine Lebensgeschichte, denke ich. Sie berührt mich sehr, macht mich nachdenklich. Um wie viel geschützter sind wir doch, die wir im Raum der Kirche arbeiten. Von Theologen wird kein Reservistendienst erwartet.

Am nächsten Tag verabschieden wir uns. Mir ist ganz weh ums Herz. Dass ich Angst um ihn habe, sage ich nicht. „Alles Gute, Olaf, wir denken an dich und an Percy. Hoffentlich geht alles gut."

Ein Dreivierteljahr vergeht und Olaf ist geblieben. Joachim und ich können aufatmen. Die Wetterbedingungen, unter denen man diese gefährliche Überfahrt hätte wagen können, gab es zum Glück nie. Olaf besucht uns im Frühjahr 1984.

„Als es Ende Februar wärmer wurde und durch mehr Publikumsverkehr die Grenzsicherungen verstärkt wurden, sahen wir, dass die Flucht in diesem Jahr nicht mehr möglich sein würde“, erzählt er uns. „Ich habe jetzt doch einen Ausreiseantrag gestellt. Percy hat eine Schwedin kennengelernt. Sie ist bereit, ihn zu heiraten. So wird er demnächst legal nach Schweden auswandern können. Mir wurde sofort gekündigt und ich arbeite jetzt im St. Hedwigs Krankenhaus in Berlin als Pförtner für die Übergangszeit. Dort bin ich in bester Gesellschaft“, schmunzelt er, „da arbeiten lauter Ausreisekandidaten. Ich hoffe, es dauert nicht so lange.“

Es dauert etwa zwei Jahre. Er lernt in der Zeit seine zukünftige Frau kennen, Gundula, die unabhängig von ihm ebenfalls einen Ausreiseantrag gestellt hat. Sie bekam Berufsverbot als Dolmetscherin, weil eine ihrer Schwestern die DDR verlassen hatte und sie nicht bereit war, sich von ihr loszusagen. Als Überbrückung hat sie in demselben katholischen Krankenhaus wie Olaf einen Job bekommen. Olaf bekommt einige Monate vor ihr die Genehmigung, die DDR zu verlassen.

Wir müssen uns nun endgültig von Olaf verabschieden. Keiner weiß, ob er jemals ein Visum genehmigt bekommen wird, um uns in der DDR zu besuchen. Bei aller Traurigkeit freuen wir uns für die beiden, dass sie es geschafft haben.

Detlef, Olafs Zwillingsbruder, der nach der Armeezeit Physik in Rostock studierte, hatte dann das große Glück, eine ungarische Studentin kennen zu lernen, Ilona, die Germanistik studierte, um später in Ungarn Lehrerin zu werden. Beide entschieden, zusammen in Ungarn leben zu wollen. Bis die DDR-Behörden Detlef endlich ziehen ließen, musste er hart darum kämpfen.

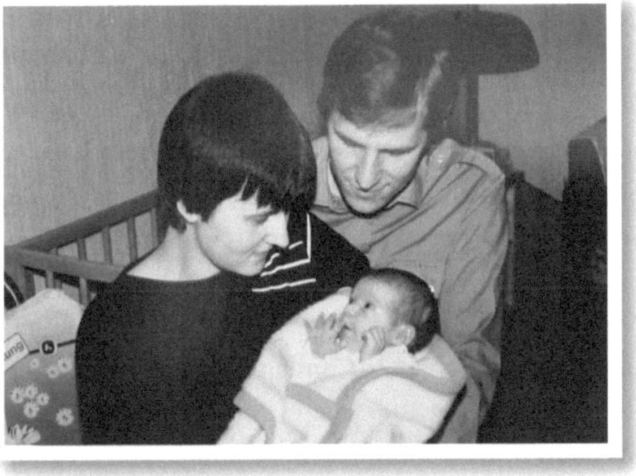

Gundula und Olaf mit Julia in München (1986).

Detlef, Ilona und Olaf bei einem Treffen in Linz im Frühjahr 1986 kurz nach Olafs Ausreise.

Auch sein Weg war ein mit schweren Steinen gepflasterter Weg: Während des Studiums musste er ein intensives, monatelanges Anwerben für die Mitarbeit als Informant der Staatssicherheit über sich ergehen lassen, was er entschieden ablehnte. Aus der Anwerbeklammer konnte er sich erst befreien, als er deutlich machte, dass er die Anwerbung in der Seminargruppe und bei seiner Freundin und Familie vollständig offenlegen würde. Da ließen sie ihn endlich in Ruhe. Er will nach der Übersiedlung so schnell wie möglich die ungarische Staatsbürgerschaft annehmen. Der DDR für immer den Rücken kehren. Sie ist nicht mehr sein Land.

Wir freuen uns, dass wir wenigstens ihn und seine Frau jederzeit in Ungarn besuchen können. Im September 1984 machen wir einen Besuch bei ihnen zusammen mit unserem vierzehn Monate alten Martin wahr. Die beiden haben einen zweijährigen Sohn und sind glücklich in ihrem kleinen Häuschen am Rande von Budapest. Detlef ist jetzt ungarischer Staatsbürger.

Beschwerde-Katz

Man muss sich nur immer wieder beschweren, dann fliegt man irgendwann raus aus der DDR.

Ich habe Ulli Katz im Juli 1979 kennengelernt, als ich noch nicht in der DDR war und er schon ein paar Jahre im Westen. Er ist bis heute der beste Freund aus Joachims Kindertagen. Völlig überraschend taucht er plötzlich auf der Hochzeit von Joachims Schwester Inge auf, die wir an diesem Tag fröhlich feiern.

„Ulli, wie kommst *du* hierher, haben sie dich etwa 'reingelassen?“

Um diese Frage zu verstehen, muss man seine Geschichte kennen:

„An mir haben sie sich die Zähne ausgebissen“, erzählt er mir, und: „Bin immer aufgefallen, schon in der Schule. Ich war damals auf einer Schule, wo ich Berufsausbildung mit Abitur machen konnte. Dort habe ich mich beschwert wegen ungerechtfertigter Zensuren. Mich mit den Lehrern im Staatsbürgerkundeunterricht herumgestritten. Einmal, als sich der Stabü-Lehrer gegen Kirche und Glauben ausließ, platzte mir der Kragen: ‚Gegen die Leute, die die Bibel anerkennen, sind Sie so ein Licht.‘“ Während er das sagt, zeigt er, wie damals seinem Lehrer gegenüber, die Geste von Daumen und Zeigefinger, wo nur ein Zentimeter dazwischen passt.

Dann erzählt er von einem ganz besonderen Ereignis: „Als der damalige Bundeskanzler Willi Brandt im März 1970 nach Erfurt kam, um sich mit dem Ministerpräsidenten der DDR Willi Stoph zu treffen, war das für uns eine Sensation. Noch nie hatte ein Kanzler die DDR besucht. Am Abend zuvor war ich mit Joachim auf dem Bahnhofsplatz, wo alle Vorbereitungen in einer Wahnsinnseile getroffen wurden. Direkt gegenüber vom Bahnhof liegt der „Erfurter Hof“, ein Hotel, wo das Treffen stattfinden würde. Mit Menschenketten wurden die Stühle aus den Hotelfenstern herabgelassen, neue schicke Stühle hochtransportiert. Die ganze Nacht hindurch wurden alle Häuserfassaden, die Brandt zu sehen bekommen würde, neu angestrichen. Am nächsten Tag staunten die Erfurter Bürger nicht schlecht über das neue Gesicht ihrer Stadt.

Wir wollten natürlich dabei sein, wenn der Bundeskanzler am Bahnhof eintrifft. Joachim musste alle halbe Stunde seine Mutter von einem öffentlichen Fernsprecher aus anrufen, dass er nicht verhaftet war. Mich hatte man in besorgter Voraussicht in der Berufsschule im ersten Stockwerk in einem Klassenzimmer eingesperrt. Also kletterte ich aus dem Fenster, sprang herunter und rannte zum Bahnhofplatz. Da waren mehrere tausend Menschen, dicht gedrängt an den Absperrgittern der Polizei. Und dann kam er. ‚Willi, Willi', ertönte es laut. Jeder wusste, dass nicht Willi Stoph gemeint war. Wir sahen, wie die beiden Willis mit ihrem Gefolge durch den schmalen Korridor zwischen den Absperrungen hindurchgingen, bis sie den ‚Erfurter Hof' erreichten. Die Rufe draußen gingen weiter: ‚Willy Brandt ans Fenster …', bis er sich tatsächlich zeigte und winkte. Das war ein aufregendes Erlebnis, das hätte ich mir nicht verbieten lassen.

In der zwölften Klasse wurde ich dann rausgeschmissen, kurz vor dem Abitur. Mitten am Tag war die Stasi da, um mich abzuholen. Ich musste mein Bulgarien-Visum, mit dem ich in den Urlaub fahren wollte, abgeben und auch meinen Ausweis. Ich bekam für ein Jahr einen Ersatzausweis, PM12 genannt. Damit konnte ich mich nur in einem bestimmten Umkreis bewegen. Ich solle mich in der Produktion bewähren, wurde mir gesagt. Dabei hatte ich sehr gute Noten, wollte Zahnmedizin studieren. Also war ich Metallhilfsarbeiter und arbeitete parallel in einem Altersheim als Heizer, was mir den Spitznamen ‚Kohlen-Katz' eintrug.

Ich konnte dann an der Abendschule mein Abi nachholen. In dieser Zeit habe ich mich laufend beschwert – alle drei Wochen. Das Gesetz sieht vor, dass sie antworten *müssen*. ‚Beschwerde-Katz' war deswegen mein anderer Spitzname. Ich hatte es satt und stellte einen Antrag auf Ausreise in die Bundesrepublik. Die Stasi versuchte, mich zu kaufen. Einmal wurde ich in einen Keller gezerrt und bedroht, weil ich nicht unterschreiben wollte, für die Stasi zu arbeiten. Dann sollte ich zur Armee. Ich wollte verweigern, und weil ich am Einberufungstag nicht erschien, wurde ich wegen Fahnenflucht verhaftet. Ich war gerade nach Berlin gefahren, um mich persönlich bei Willi Stoph zu beschweren, da wurde ich festgenommen, mit vorgehaltener Waffe. Neunzehn Tage war ich dort im Polizeiknast, es war furchtbar. Dann in einem Gefangenentransport mit dem berüchtigten ‚Grotewohl-Express' nach Erfurt verlegt. Im Knast kann man sich leider nicht beschweren.

Eines Tages besuchte mich meine Mutter, weinte, flehte mich an: ‚Bitte geh zur Armee, dann kommst du hier sofort raus. Das hat man mir versprochen.' Ich ließ mich überreden und wurde Bausoldat. Fünf Jahre hatte ich gekriegt, sechzig Tage davon war ich im Knast. Dann bei der Armee, kriegte ich nie Urlaub. Als ich zu einer Geburtstagsfeier nach Erfurt wollte, fuhr ich heimlich hin. Das war ‚unerlaubte Entfernung', kurz ‚u. E.' genannt. Das wird mit fünf Tagen Armeeknast bestraft. Aber nach einem Tag holten sie mich wieder raus, und da riefen mir die anderen Bausoldaten schon entgegen: ‚Katz, du sollst in den Westen!' Sie hatten spitzgekriegt, dass der Kommandeur dazu Befehl aus Berlin erhalten hatte. Alle wussten es, nur ich nicht. Samstag auf Sonntag in Erfurt noch kräftig gefeiert, Montag hieß es: ‚Ihr Antrag auf Übersiedlung in die BRD ist genehmigt.'

Joachim hat mich im Zug von Erfurt bis Eisenach begleitet und mich verabschiedet. Mit fünf D-Mark in der Tasche war ich plötzlich im Westen. Das war 1975."

Ich bin geplättet von dieser Geschichte und auch verwirrt: „Ich dachte, nach einer Übersiedlung kriegt man kein Visum mehr für die DDR." „Ja, pass mal auf", sagt Ulli, „zunächst schon, das spricht sich so schnell nicht in allen Bezirken herum, dass ich für Visa gesperrt bin. Ich kenne Leute im Bezirk Dresden, die haben bald nach meiner Ausreise ein Visum für mich beantragt. Denn da stieg eine Party in Erfurt, da wollte ich hin. War mit dem Auto bis Erfurt gefahren und habe die ganze Nacht gefeiert. Frühmorgens stand draußen die Polizei, ich war wütend. ‚Sie fahren unverzüglich nach Dresden und melden sich dort polizeilich an. Für Erfurt haben Sie keine Aufenthaltserlaubnis.' ‚Kann ich nicht, habe zu viel getrunken', brüllte ich zurück. Danach habe ich mich in Dresden nur angemeldet und bin dann noch zwei Wochen in Erfurt geblieben.

Für ein halbes Jahr hatte das noch geklappt, dann habe ich kein Visum mehr gekriegt."

„Und wie bist du dann jetzt hier?" Ich bin nicht die Einzige, die Ulli auf dieser Hochzeitsfeier neugierig umringt. „Ich kann ja im Transitverkehr auf der Autobahn nach Polen fahren, ohne Visum", erklärt er. „Bin einfach runter von der Autobahn, wollte euch sehen."

Mutig, verrückt, gefährlich, finde ich. Später wird er uns erzählen, dass er als „Fluchthelfer" gearbeitet hat, er wollte Freunde rausholen. In der DDR nennt man das „Mitglied einer staatsfeindlichen Menschenhändlerorganisation" sein. Als Vorbereitung trifft man sich in Polen oder in Prag, bespricht Ort und Zeitpunkt, an dem man die Fluchtwilligen an der Transitautobahn aus dem Gebüsch in den Kofferraum lädt. Transitreisende dürfen an den Grenzen nicht durchsucht werden, es sei denn, die Geschichte ist der Polizei vorher bekannt geworden.

Ja, das ist Ulli.

Noch mehr Abschiede

Ein weiterer Freund, Heinz Dieter, alle nennen ihn „Klapper" in Abwandlung seines Nachnamens, bekommt plötzlich eines Tages einen Einberufungsbefehl zum Reservedienst. Er verweigert das augenblicklich, denn er hat die berechtigte Sorge, gegen reformerische Prozesse in Polen eingesetzt zu werden. Er will bei einem eventuellen Einmarsch in das östliche Nachbarland nicht auf die polnische Bevölkerung schießen müssen. Mit Detlef, dem Zwillingsbruder von Olaf, und Percy zusammen hat er Physik in Rostock studiert.

Wir sind erschrocken und bekümmert, als wir erfahren, dass er für acht Monate ins Gefängnis gehen muss. Dort muss er extrem hart und unter ziemlichen Gefahren in der Rostocker Werft arbeiten, ähnlich später im Gefängnis in Stralsund. Totalverweigerung wird augenblicklich mit Knast bestraft. Seine Frau Anne und seine zwei kleinen Kinder stehen während dieser Zeit oft winkend und weinend außerhalb der Gefängnismauern, und wir leiden mit.

Anne bekommt viel Unterstützung von unseren Freunden oben an der Küste: von Percy, Uschi und Harald, und von Olaf aus Berlin. Einmal während dieser schlimmen Gefängniszeit besuchen sie uns alle und wir machen zusammen einen Ausflug zur Rothenburg auf dem Kyffhäuser in der Nähe von Dittichenrode.

Nach seiner Entlassung stellt Klapper einen Ausreiseantrag. Die Familie kann endlich, nach viereinhalb Jahren, nach Hamburg ziehen und dort ein neues Leben beginnen.

Joachim, Olaf, Anne sowie Uschi und Harald mit ihren Kindern, auf dem Kyffhäuser.

Wie oft haben wir sie von Dittichenrode aus in Stralsund besucht, zusammen mit unseren Freunden Uschi und Harald, die mir damals von Rostock und später Stralsund aus immer das Visum besorgt hatten, damit ich Joachim besuchen konnte. Wir haben miteinander viel gelacht, exotisch gekocht und gefeiert, debattiert und philosophiert; es waren spannende, oft kontroverse Gespräche, die uns miteinander tief verbunden haben.

Im November 1986 eröffnen uns auch Uschi und Harald, dass sie die DDR verlassen wollen. „Wir haben einen Ausreiseantrag gestellt“, erzählt uns Harald. „Es sind viele Gründe, warum wir hier nicht bleiben wollen. Die Mühen des Alltags, die mangelnde Reisefreiheit. Mirjam ist jetzt in der Schule, dort lässt sie sich nicht den Mund verbieten und sagt, was sie denkt. Wir können und wollen sie auch nicht daran hindern. Was für eine Zukunft werden unsere Kinder einmal haben? Und als Reservist jederzeit eingezogen zu werden, schwebt als Damoklesschwert permanent über uns.

Ich habe euch das bestimmt schon einmal erzählt, wie wir damals wegen der Unruhen in Polen als Reservisten eingezogen wurden. Auch ich bekam genau wie Klapper den ‚Einberufungsbefehl M‘. Der bedeutete, dass im Fall einer Mobilmachung wir sofort einsatzbereit sein sollen. Ich habe das damals zunächst nicht ernst genommen. Aber ein paar Monate später wurde es ernst: Eines Nachts um halb drei klingelte es an unserer Wohnungstür Sturm. Ich sollte mich sofort, unverzüglich, bei der Militäreinheit in Parow, das liegt nördlich von Stralsund, melden. Ich fuhr mit dem Fahrrad hin. Wir wurden in Uniformen gesteckt und in einem großen Schlafsaal untergebracht. Man könne uns nicht sagen, wie lange wir hier bleiben würden, hieß es. Das hänge von den politischen Rahmenbedingungen ab. Zwei Wochen war ich dort, wir machten immer mal Übungen, dann durften wir wieder nach Hause. Später wussten wir, warum es nicht zum Einsatz gegen Polen kam. Der polnische Ministerpräsident Jaruzelski hatte über Polen das Kriegsrecht verhängt. Auf diese Weise wollte er einen Einmarsch russischer Truppen und ihrer Verbündeten, wie 1968 in die Tschechoslowakei, verhindern. ‚Wir lösen das selber', war seine Devise, und entsprechend brutal ist er gegen die Solidarność-Bewegung vorgegangen, die dann 1981 verboten wurde. So war das damals. Und solch eine Situation will ich nie wieder erleben, versteht ihr das? Klapper ist damals dafür ins Gefängnis gegangen. Das will ich nicht müssen."

Nach einer kleinen Pause sagt Uschi: „Es fällt uns schwer, euch das zu sagen, weil ihr euch ja für ein Leben hier entschieden habt. Aber bitte versteht uns." „Ja, natürlich", sagen wir, „es ist euer Weg, für euch ist er richtig."

Im Februar 1988 wird ihr Antrag genehmigt. Beide sind überrascht, dass es so schnell geht. Sie haben zwischendurch immer wieder Ablehnungen bekommen und den Antrag jeweils neu stellen müssen. Warum klappt es gerade jetzt? Die Antwort wird bald klar: Uschi und Harald sind in einem Friedenskreis aktiv. Dort sind sie nicht die einzigen Ausreisewilligen.

Am 13. Februar gibt es anlässlich des Tages der Bombardierung Dresdens an der Ruine der Frauenkirche eine Protestveranstaltung. Bereits seit 1982 treffen sich an diesem historischen Tag jährlich junge Christen, die in der Regel zur Bewegung „Schwerter zu Pflugscharen" gehören und ein solches Zeichen als Aufnäher an ihren Jacken tragen. Die Friedensveranstaltungen fanden bisher in der Kreuzkirche statt. Dieses Jahr also öffentlich im Freien. Die Behörden finden heraus, dass neben den friedensbewegten Jugendlichen auch andere dabei sind, die besonders aggressiv auftreten und einen Ausreiseantrag am Laufen haben. Den Stress mit diesen Leuten wollen sie nicht länger haben. So haben sie die Entscheidung, deren Ausreisen zu genehmigen, auch auf andere oppositionelle Kreise ausgeweitet, vorbeugend, bis hin nach Stralsund.

Am 5. März verlassen Uschi und Harald mit ihren beiden Töchtern die DDR für immer. Von der Ostseeküste an die Nordseeküste in der Nähe von Hamburg.

Die Freiheit der Wahl

Unsere Freunde meinen, sich dafür rechtfertigen zu müssen, dass sie gehen wollen, nur weil wir uns für die DDR entschieden haben. Das müssen sie nicht.

Wir sind froh für sie alle. Aber wir verlieren auch unsere besten Freunde von hier. Wir verstehen ihre Beweggründe, haben wir nicht nächtelang über die Frage, was Freiheit ist, debattiert? Wir wollen ihnen kein schlechtes Gewissen machen. Aber wir sind traurig. Wir bleiben im Briefkontakt in der Hoffnung, dass die Briefe auch immer ihr Ziel erreichen werden.[33]

IX. Sie wollen alles wissen

Abgehört

Dass wir bespitzelt werden, davon gehen wir fest aus – mit welchen technischen Möglichkeiten auch immer. So manches Mal setze ich mich in den Trabant, um in Roßla oder in Sangerhausen etwas zu erledigen oder um in Rottleberode zum Jugendkreis zu fahren, den ich schon als Vikarin regelmäßig geleitet habe. Bevor ich am Ende der Straße nach rechts oder links auf die F 80 einbiege, sehe ich dort immer mal wieder ein Auto stehen, in dem zwei Herren mit Hut sitzen. Wenn ich nach einer oder mehreren Stunden nach Dittichenrode zurückfahre, steht dasselbe Auto immer noch da. Sie müssen entsetzlich lange Ohren haben. Welch ungemütlicher Einsatz im Winter. Wenn es sehr kalt draußen ist, habe ich mir schon überlegt, den armen Herren eine Thermoskanne mit heißem Kaffee oder Tee zu bringen, damit sie sich etwas aufwärmen können … Das wäre mir ein Spaß, ein ‚innerer Parteitag', wie man hier so schön dazu sagt. Naja, lassen wir das lieber. Sie wollen's ja nicht anders.

Wenn es mit Menschen wichtige Gespräche gibt, von denen wir nicht wollen, dass sie abgehört werden, gehen wir bei egal welchen Temperaturen ganz ans Ende unseres Gartens. Hinter dem Gartenzaun führt ein Weg am westlichen Rand des Ortes entlang, dahinter nur noch abgezäunte Viehweiden. Kühe können nicht reden.

Beim Telefonieren überlegen wir genau, was wir sagen und was nicht. Dienstlich wird das Telefon, abgesehen von formal gehaltenen Gesprächen mit Kollegen oder kirchlichen Behörden, kaum genutzt. Die meisten Menschen besitzen nämlich gar kein Telefon, der Staat ist daran nicht interessiert. Ärzten und interessanterweise auch Pfarrern wird ein Anschluss genehmigt. Wer telefonieren will, geht zu einer Poststelle und lässt sich verbinden. Wer mit dem Pfarrer reden will, geht oder fährt zu ihm nach Hause. Ein Auto hat trotz langer Wartezeiten darauf und immer fehlender Ersatzteile bei Reparaturen, so unsere Erfahrung, fast jeder.

Privat nutzen wir unser Telefon in der Regel für Absprachen mit Besuchern.[34] Ost-West-Telefonate sind schwierig. Für Anrufer aus dem Westen ist es nicht so schwer, durchzukommen; umgekehrt müssen wir ein Telefongespräch in aller Frühe anmelden in der Hoffnung, dass wir im Laufe des Tages durchgestellt werden.[35]

Manchmal erlauben wir uns dabei auch einen kleinen Spaß, obwohl wir vermuten, dass der von der Stasi, die uns abhört, durchschaut wird. Wenn nicht, können wir sie ja mal ein bisschen verwirren, zum Beispiel so: Eines Tages nämlich ruft ein Freund aus dem Westen an, der uns besuchen will. Er sagt am Telefon, dass er von uns aus zu einem Amtskollegen nach Dresden weiterreisen wolle. „Könntest du ihn mal kontaktieren, Joachim? Ich gebe dir seine Telefonnummer mit Vorwahl." Joachim erklärt ihm, dass die Vorwahl uns nichts nützt. Es gibt in der DDR keine einheitlichen Vorwahlen. Sie richten sich jeweils danach, von wo aus man anruft. Er verspricht ihm aber: „Die Vorwahl von uns aus nach Dresden kriege ich raus", und fügt dann spaßeshalber hinzu: „Weißt du, Wolfgang, soweit ist die Post noch nicht in der DDR. Doch politisch, da sind wir längst weiter als ihr."[36]

Besucher und ihre Grenzkontrollen

Ich erinnere mich noch gut an die Zeit, als ich immer wieder in die DDR eingereist bin. Die Kontrollen waren jedes Mal unangenehm, egal ob ich im Auto saß oder im Zug. Die Stimmung war beklemmend, für jeden: „Was werden sie heute wieder alles wissen wollen?", dachte ich dann, „bloß nur das Allernötigste sagen!" Angst kroch mir immer dann in die Glieder, wenn ich dazu noch Verbotenes im Gepäck hatte, natürlich Zeitschriften und Bücher. Entsprechend ungehalten reagierten die Grenzorgane. Die Spannung löste sich, das Aufatmen war groß, wenn der Schlagbaum geöffnet wurde und ich mit meinem Auto weiterfahren konnte bzw. wenn die Zollkontrolle im Zug überstanden war.

Diese Erfahrung müssen unsere Besucher nun auch immer machen. Sie schmuggeln so manches. Unsere erste Frage ist dann: „Und wie war's an der Grenze?"

Dazu erzähle ich jetzt ein paar Beispiele:

Christel ist angekommen, legt uns eine Zeitschrift und zwei Bücher, die wir uns gewünscht haben, auf den Tisch, stolz, dass es geklappt hat. „Ich hab' die Bücher tief im Kofferraum unter einer schmutzigen Decke und einigem alten Werkzeug vergraben. Den *Spiegel* unter den Pullover geklemmt, den Mantel drübergezogen. Mir war ja so warm, was habe ich geschwitzt. Und sie wollten genau wissen, wen ich besuche. Ich hab' so getan, als wisse ich fast gar nichts. Die haben aber nicht lockergelassen."[37]

Nina ist da, sie hatte anfangs etwas Sorgen wegen der vielen Äthiopienstempel in ihrem Pass. „Sozialistisches Bruderland und so, das macht die natürlich neugierig“, sagt sie. „Ich habe ihnen einfach erzählt, wie es ist, auch, woher ich euch kenne. Dass ich mal als Lehrerin in Äthiopien gearbeitet habe und jetzt Frauenreferentin im Hermannsburger Missionswerk bin und dadurch öfter in afrikanische Länder reise. Was sollte ich auch verbergen?“ Dann fängt sie an zu lachen: „... abgesehen von der versteckten Literatur, die sie nicht entdeckt haben. Schaut mal, was ich mir in den Gürtel unter dem dicken Mantel geklemmt habe ...“[38]

Thomas will möglichst nichts falsch machen. „Ich habe ihnen nichts von euch erzählt, und einfach gesagt, dass ich nur mal zum Kaffeetrinken vorbeischauen will. Ich bin mir allerdings nicht sicher, ob sie mir das geglaubt haben. Sie haben aber nichts dazu gesagt.“[39]

Alle sind sie darum bemüht, unsere freundschaftlichen Beziehungen nicht zu gefährden, um immer wieder kommen zu können. Jeder stellt es anders an. Aber es geht immer gut. Nie wird eines unserer Visumsgesuche von der Volkspolizei abgewiesen.

Solch ein Grenzübertritt kann allerdings auch extrem unangenehm sein. Eines Tages besuchen uns meine Schwester mit ihrem Mann und den drei Kindern. Sie sind beim Schmuggeln erwischt worden, Bücher und Zeitungen kommen beim Durchsuchen ans Tageslicht. Der Entdecker vom Zoll ist extrem aufgebracht, sie müssen auf einen gesonderten Parkplatz fahren. Die Kinder, die vor lauter Langeweile auf der langen Fahrt eingenickt sind, werden aus ihrem Schlummer gezerrt und stehen müde draußen vor dem Auto, der Kleinste liegt schläfrig über der Schulter seiner Mutter. Fritz versucht, die Grenzer davon zu überzeugen, dass diese moderne Literatur auch für DDR-Bürger lesenswert sei, und dass sie sich doch nicht gegen die DDR richte.

Aber versuche einmal, wenn du ein vielseitig interessierter, weltoffener, kritisch reflektierender und belesener Mensch bist, einen anderen Menschen innerlich zu erreichen, der gehorsam in einem engen, ideologisch verzerrten Denkgebäude lebt, nicht über den eigenen Tellerrand gucken kann und sein täglich Brot damit verdient, Menschen zu kontrollieren. Auch Fritz gelingt das natürlich nicht. Zwischen ihm und dem Zöllner liegen unvereinbare Welten, über die es keine Brücke gibt.

Der ganze Wagen wird so auseinandergenommen, wie sie das bei ihren Einreisen noch nie erlebt haben. Sämtliche Koffer, auch das Gepäck der Kinder einschließlich der Windelpakete, werden durchwühlt. Die Wut des Zöllners steigert sich ins Unermessliche. Alles Lesenswerte wird natürlich beschlagnahmt, aber sie dürfen es sich auf der Rückfahrt an der Grenze wieder abholen. Fritz will jetzt ehrlich sein, gibt zu: „Ein Buch ist da irgendwo noch." Sie finden es allerdings nicht. Trotzdem dürfen sie endlich weiterfahren.

Uta und Fritz kommen sehr erschöpft und verärgert bei uns an und müssen sich erstmal von der Strapaze erholen. Abends packt Fritz seinen Koffer aus, und da liegt es: *Der Butt* von Günter Grass. Komisch, so versteckt war es doch gar nicht.

Noch schlimmer hätte es unserem Vater ergehen können, der gerne auf Jagd geht. Irgendwann, nachdem er uns schon ein paar Jahre lang besucht hatte, räumt er mal sein Auto so richtig auf. Er kramt auch in seinem Handschuhfach und findet ganz hinten, hinter Lutschbonbons, zerknüllten Parkzetteln und einem Ersatzbrillenetui – eine Packung mit Jagdpatronen. Gott sei Dank wurde an der Grenze da nie hineingeschaut. Das ist Waffenschmuggel, das wäre nochmal ein ganz anderes Kaliber als illegal eingeführte Bücher gewesen. Wie hätte er sich da rausreden können? Und was hätten sie mit ihm gemacht? Wahrscheinlich hätten sie ihn zunächst abgeführt und eingesperrt. Unsere arme Mutter, nicht auszudenken …

Harmlose Versammlungen

Im Februar 1983 findet Joachims Ordinationsgottesdienst statt. Die Ordination ist die Beauftragung zum kirchlichen Dienst. Für diesen Dienst wird der Pfarrer oder die Pfarrerin vom Bischof oder einem seiner Stellvertreter eingesegnet. Dabei verspricht er oder sie, mit Gottes Hilfe der Gemeinde dienen zu wollen. Wir haben dafür die Kirche in Questenberg ausgesucht. Das ist ein besonderes Ereignis in einem besonderen Gottesdienst, das nicht nur unsere Gemeindemitglieder anzieht. Ein Teil des Kirchenkreises ist anwesend und natürlich viele Kollegen. Nach dem Gottesdienst ist ein großes Kaffeetrinken in der Dorfgaststätte von Questenberg geplant. Der Gastwirt ist Mitglied des Gemeindekirchenrates, seine Tochter bei Joachim im Konfirmandenunterricht. Seine Frau ist uns immer herzlich entgegengekommen. Gern gestaltet sie uns die Feier.

Und natürlich kriegen wir mit, dass der für unsere Dörfer zuständige ABV[13] auf dem Kirchhof nicht besonders unauffällig herumschleicht und die Autonummern aufschreibt, soweit er sie bei den staubigen Trabis entziffern kann. Ich kann mir bei dem Anblick ein Lächeln nicht verkneifen: Der gute Mann hätte sich wohl besser einen feuchten Lappen mitnehmen sollen.

Oberleutnant Bäuer hat im Auftrag seines Vorgesetzten eine Unterredung mit Hauptmann Lauschke von der Volkspolizei: „Mir ist zugetragen worden, dass gestern im Hof der Questenberger Kirche etwa zwanzig bis dreißig Autos gesichtet worden sind. Finden Sie heraus, was dieses getarnte Kirchentreffen zu bedeuten hat." „Wir sind bereits tätig geworden, Genosse Bäuer. Das Treffen stand unter Beobachtung, wie Sie ja inzwischen auch wissen. Die Autokennzei-

chen wurden notiert, wir werden prüfen, um welche Personen es sich handelt." „Gute Arbeit, Genosse Hauptmann."

Immer mal wieder halten wir Themenabende ab, die auch Nicht-Kirchenmitglieder anziehen. Themen wie „Naturwissenschaft und Schöpfung" oder Themen im Bereich von Psychologie und Seelsorge. Manchmal sind es Dia-Vorträge, zum Beispiel ein Reisebericht eines Pfarrers, der mit staatlicher Genehmigung die Partnerkirche in Tansania besuchen durfte.

Dann ist unser Gemeinderaum mit dreißig bis vierzig Leuten gut gefüllt. Menschen aus der weiteren Umgebung kommen zu den Themen, die sie interessieren, gern dazu. Hier ist ein Ort, wo jeder ganz frei seine Meinung sagen kann. Da kommt es dann auch mal vor, dass die Veranstaltung beobachtet wird. Dabei ist alles ganz harmlos und ganz öffentlich, jeder kann kommen.[40]

Die Stasi lässt uns nicht in Ruhe

Es ist nicht einfach, sich an die uns schützende kirchliche Anordnung, immer nur zu zweit Gespräche mit der Stasi zu führen, zu halten. Denn was ist, wenn man überraschend Besuch bekommt, wenn man gerade allein zu Hause ist? Dies hat Joachim ein paar Mal erlebt, und immer war ich „zufällig" gerade nicht zu Hause. Zufall? Einmal, während ich mit unserem einjährigen Martin auf einem Auffrischungskurs im Predigerseminar bin, steht ein Genosse von der Stasi plötzlich neben Joachim im Garten, während er gerade Windeln aufhängt. Joachim bittet ihn nicht ins Haus. Dieses Gespräch wird wie immer mit dem Satz beendet: „Erzählen Sie bitte nicht Ihrer Frau, dass ich da war."

Es kommt uns so vor, als wollten sie mich, die ehemalige BRD-Bürgerin, bewusst aus allem 'raushalten. Warum eigentlich? Was steckt dahinter? Und denken die tatsächlich, sie können uns voreinander abschirmen? Wir können nur vermuten, dass ich den DDR-Staat, den ich augenscheinlich als meine neue Heimat „gewählt" habe, immer als hilfsbereit und freundlich zugewandt erleben soll – wohl wegen meiner vielen Kontakte ins „kapitalistische Ausland". Diese Westdeutschen sollen von mir ein möglichst gutes Bild von der DDR vermittelt bekommen.

Vielleicht sind wir dadurch sogar ein wenig geschützter als andere. Vielleicht. Irgendwie, so kommt es uns vor, haben sie Respekt vor dem Westen. Seltsam. Natürlich geht es in den Gesprächen mit Joachim immer um uns beide, aber möglichst ohne mein Mitwissen.

Aber warum lassen sie Joachim nicht endlich mal in Ruhe?

Major Hackfleisch trifft sich mal wieder mit Genossin Wernher. „Nutzen Sie Ihre offiziellen Besuche bei dem B., um seine Einstellung zum Sozialismus zu prüfen. Erfassen Sie möglichst genau sein Persönlichkeitsbild. Ich will die Möglichkeiten zur weiteren Kontaktierung zwecks möglicher Mitarbeit prüfen." „Das wird nicht schwer sein, Genosse Hackfleisch. Der Breithaupt hat bisher noch nie ein Blatt vor den Mund genommen." „Dann erwarte ich bald Ihren Bericht, Genossin."

Wir bekommen öfter Besuch von der Kreisbeauftragten für Kirchenfragen, Frau Wernher. Sie will nett mit uns plaudern, aber wir fühlen uns auch ausgehorcht. Einmal will sie von Joachim wissen, was er von den Weltfestspielen in Moskau mit ihren vielen internationalen Kulturbeiträgen hält. Er sagt frei heraus, dass er nichts davon hält, und erklärt auch, warum. Sie ist darüber verwundert: „Es geht doch hier um die Unterstützung des Kampfes der unterdrückten Völker. Das muss Ihnen als Christ doch auch ein großes Anliegen sein.“ Er lässt sich nicht beirren: „Ich fände es sinnvoller, das viele Geld dafür zu verwenden, die Jugend in den Entwicklungsländern direkt zu unterstützen.“ Sie diskutieren noch eine Weile hin und her. Seine Einstellung scheint der Frau zu missfallen.[41]

Mit mir will sich Frau Wernher am liebsten über Backrezepte und Strickmuster und ähnliches unterhalten. Ich sage ihr, dass ich weder backe noch stricke.

Doch einmal, Joachim ist gerade nicht da, will sie auch meine Gesinnung in Erfahrung bringen. Sie will mit mir über die Erhaltung des Weltfriedens sprechen. Ich bin nicht so diskutierfreudig wie mein Mann. Ich finde, meine persönliche Meinung geht diese Frau gar nichts an. Sie soll sich von mir gar kein Bild machen können. „Natürlich wünsche ich mir nichts sehnlicher als Frieden in der Welt“, sage ich ihr. Das ist doch klar. „Ich bin hier, um Menschen das Evangelium zu verkündigen, die gute Botschaft von der Liebe Gottes.“ Sie dringt weiter auf mich ein, wie ich zum Dienst an der Waffe stehe, zur Notwendigkeit des Militärs. Ich erzähle ihr, dass ich als Christ das fünfte Gebot: *Du sollst nicht töten,* ernstnehme. „Auch im Verteidigungsfall?“, fragt sie mich. „Natürlich muss ein Land sich verteidigen können“, sage ich daraufhin. Dann kommt noch dies und das, wie es denn so mit unseren Kindern gehe usw. Ich bin froh, als sie endlich weg ist.[42]

„Warum kam die hierher?“

Diese Frage ist es wohl, die die Stasi von Anfang an umtreibt. All ihr Bemühen scheint darauf ausgerichtet zu sein, das herauszubekommen. Offenbar sind sie doch nicht so überzeugt von ihrem sozialistischen Staat. Sonst wären sie begeistert, dass eine aus dem Westen es nun auch begriffen hat, welche Vorzüge die DDR bietet: keine Arbeitslosigkeit, keine Obdachlosen, einen Krippenplatz für jedes Kind usw. Stattdessen sind sie misstrauisch mir gegenüber.

Major Hackfleisch geht immer wieder die verschiedenen Möglichkeiten durch: Vielleicht glauben die Breithaupts an unseren sozialistischen Staat. Dann dürfte es nicht so schwer sein, den B. als Informanten innerhalb des Kirchenkreises Sangerhausen einzusetzen. Oder aber sie arbeiten für irgendeine geheime Organisation in der BRD. Vielleicht für eine Fluchthilfeorganisation, also für den „staatsfeindlichen Menschenhandel"? So etwas in der Richtung wäre möglich. Die B. unterhält ja weitreichende Kontakte ins kapitalistische Ausland, die sie nutzen kann. Oder lassen sie sich auf illegale Devisengeschäfte ein? Damit wäre der B. erpressbar.

Den Major bewegt auch die Frage, wen er geschickterweise dafür einsetzt, um all das rauszukriegen. Ist der IM Conrad aus Dittichenrode zuverlässig? Wie geschickt oder ungeschickt könnte er sich dabei anstellen? Am liebsten unterhält er sich darüber mit der Genossin Wernher. Sie ist seine vertrauteste Mitarbeiterin, auf sie kann er sich am meisten verlassen.

„Genossin Wernher, wie war der letzte Besuch bei den Breithaupts?" Sie wiegt den Kopf hin und her. „Ich werde stets sehr freundlich empfangen. Die B. ist eher zurückhaltend, fast reserviert. Auf Fragen antwortet sie sachlich und knapp. Der B. ist dagegen sehr viel offener. Fast ein bisschen kämpferisch, wenn er so manche Kritik äußert. Dabei betont er, dass er in unserem Staat bewusst leben will und beide sich hier sehr wohlfühlen. Ich frage mich dann, ob er das ernst meint, oder ob er uns nur an der Nase herumführen will. Ich rätsele auch darüber, wie wir in der Frage, warum die beiden sich für ein Leben in unserer Republik entschieden haben, weiterkommen können. Wir sollten zunächst mal weiterhin prüfen, ob wir den B.

für unsere Zwecke gewinnen können.[43] *Trotzdem auch die anderen Möglichkeiten prüfen.“ Hackfleisch nickt: „Ja, und Genosse Bäuer ist dabei eine gute Unterstützung.*[44] *Aber was halten Sie von dem IM in Dittichenrode? Würden Sie ihm zutrauen, herauszufinden, ob da Fluchthilfe im Spiel sein könnte? Ist ja ein einträgliches Geschäft.“*

Eines Tages kommt mal wieder Georg aus unserem Dorf bei uns hereingeschneit. Er scheint ziemlich aufgeregt zu sein, als ob etwas Schlimmes passiert sei. Ich bin gerade mit den Kindern beschäftigt, Hannah ist inzwischen fast vier Monate alt. So bin ich bei dem Gespräch mit Georg nicht dabei. Joachim erzählt mir abends davon: „Also stell dir mal vor, was der Georg mir für eine Geschichte aufgetischt hat: Er hat behauptet, er sei in großen Schwierigkeiten, die seien hinter ihm her, die wollten ihn in den Knast bringen, ob ich ihm nicht helfen könne…“ Ich schüttele ungläubig den Kopf: „Und wie stellt er sich das vor?“ „Er hat gesagt, er will rüber in den Westen. Der denkt irgendwie, ich könnte ihm helfen zu fliehen. Er meint, ich hätte doch bestimmt entsprechende Kontakte“. „Der spinnt doch. Was hast du ihm gesagt?“ „Ich habe ihn erstmal gefragt, warum er denke, dass er verhaftet werden soll. Das war aber eine so alberne Geschichte, dass ich ihm gesagt habe, er solle sich mal keine Sorgen machen, dafür komme man nicht gleich in den Knast. Er hat trotzdem nicht lockergelassen, und ich habe ihn dann irgendwann abwimmeln können. Aber weißt du, ich habe da jetzt so eine Vermutung…“ Als er mir die dann erzählt, muss ich lachen: „Na klar, du hast recht, die wollen wieder mal rauskriegen, warum ich hierhergekommen bin. Fluchthilfeorganisation, nicht schlecht gedacht.“

Einmal bekommen wir Besuch von jemandem, den Joachim noch aus Studienzeiten kennt. Joachim wundert sich, dass er hierherkommt, eigentlich haben die beiden sich längst aus den Augen verloren. Er erzählt uns, dass er inzwischen als Arzt arbeitet, und will uns ein Angebot machen: „Ihr bekommt doch bestimmt immer mal Westgeld geschenkt." Da hat er recht, wenn es auch nicht viel ist. Er hat auch recht damit, dass wir Ostgeld für den alltäglichen Bedarf eigentlich nötiger brauchen. „Ich wollte euch anbieten, eins zu vier zu tauschen, ich könnte gerade Westmark gebrauchen, will mir im Intershop etwas Größeres kaufen."

Wir sind gerade mal wieder recht knapp, und so willigt Joachim ein. Ein Treffpunkt in der Stadt, in der er wohnt, wird ausgemacht. Am verabredeten Tag fährt Joachim dorthin. Er hat sich sehr verspätet, und vielleicht ist das sein Glück. In dem Moment, als er in die Stadt einbiegen will, sieht er ein Fahrzeug entgegenkommen. Der Fahrer erkennt Joachim nicht, aber er ihn schon: Es ist der besagte Arzt, mit dem er verabredet ist, neben ihm im Auto sitzt seine Frau.

In dem Moment durchfährt Joachim ein Gedankenblitz und ein ganz mulmiges Gefühl, das er sachlich nicht begründen kann: „Der ist von der Stasi." Das mit dem Umtausch war keine gute Idee von uns. Gut, dass es dazu nicht gekommen ist.

Der Major liest aufmerksam den Bericht von Fiermann, den er erst kürzlich als IM erfolgreich angeworben hat. Dem kann er entnehmen, dass der Breithaupt offenbar doch nicht, wie erhofft, angebissen hat. Devisenvergehen können ihm jetzt nicht vorgeworfen werden. „Wieder mal haben wir nichts gegen den Breithaupt in der Hand." Er ist sichtlich verärgert.

Anschließend nimmt er sich den Bericht vom IM Conrad vor, knallt ihn dann wütend auf den Tisch. Der IM aus Dittichenrode muss einen Tag später bei ihm erscheinen, und Hackfleisch kanzelt ihn ab. „Wie kann man nur so dilettantisch vorgehen? Haben Sie tatsächlich gedacht, dass das eine glaubhafte Geschichte ist, die Sie da erzählt haben? Ich weiß wirklich nicht mehr, wozu ich Sie noch ein-

setzen kann. Gehen Sie!" Georg verlässt ziemlich gebeutelt die Stasi-Dienststelle in der Bahnhofstraße. Er hat nicht das Gefühl, etwas falsch gemacht zu haben. „Das liegt an dem Breithaupt", denkt er finster. „Der ist einfach so misstrauisch."

Hackfleisch setzt eine neue Beratung mit seinen engsten Mitarbeitern an. Genossin Wernher ist wie meistens mit dabei. Er äußert seine große Unzufriedenheit über die vielen Berichte über die Breithaupts, die er versucht hat zu sichten und zu ordnen. Am Ende der Besprechung wird beschlossen, einen weiteren Maßnahmenplan zu erarbeiten. „Kriegen Sie mehr raus über die Arbeit der B.'s. Wo überall engagieren sie sich? Machen sie etwa auch Jugendarbeit? Wie ist das mit den vielen Westbesuchern? Wir brauchen neue Erkenntnisse." Mit diesen Worten verabschiedet Hackfleisch seine Leute.[45]

Ertappt: ein Student aus Düsseldorf

Sie können das sowieso nicht verstehen, warum ich hierhergekommen bin. Die Möglichkeit, dass der Glaube an Gott eine bestimmte Gewissheit schenken und die Kraft dazu geben könnte, diese auch zu leben, muss ihnen ja fremd sein. Dafür fehlt ein ganz bestimmter Sinn, den man von ihnen nicht erwarten kann. Sollen sie doch weiter rätseln, mir ist das egal.

Mir kommt dabei ein Satz in den Sinn, den ich irgendwo mal gehört oder gelesen habe: „Die Geheimpolizei weiß alles, aber sie versteht nichts."

Einige Jahre sind inzwischen ins Land gegangen, unser drittes Kind Stephan ist schon eine Weile auf der Welt, und mal wieder hat sich ein interessanter Besuch angemeldet: Er stellt sich vor als Theologiestudent aus Düsseldorf. Seine Freundin ist mitgekommen, sie wohnt in Sangerhausen und besucht dort die Junge

Gemeinde. Die beiden erzählen uns, dass sie heiraten wollen und darüber nachdenken, ob sie in der Bundesrepublik oder in der DDR leben wollen. Die Seelsorgerin in mir wird wach: Hier geht es also um gute Beratung. Denke ich jedenfalls. Wir stellen ihm Fragen, die ihm helfen sollen, seine Motivation zu klären. Mich wundert, dass er sich auf diese Fragen gar nicht einlässt. Er will von *mir* hören, warum *ich* hierhergekommen bin. Wir erzählen ihm unsere Motivation, sagen ihm aber gleichzeitig, dass er seine eigenen Beweggründe finden muss. Er lässt sich davon nicht berühren, stattdessen dringt er weiter in uns ein. Irgendwann verabschiedet er sich mit seiner Freundin.

Als sie weg sind, schauen wir uns beide an: „Irgendetwas stimmt da nicht. Sind dir seine Augen aufgefallen?" „Ja, sie waren merkwürdig dunkel und undurchdringlich, irgendwie leer und gleichzeitig bohrend." „Ich frage mal Christel, wenn sie das nächste Mal kommt", schlage ich vor, „vielleicht kriegt sie ja raus, wer das ist, dieser Theologiestudent aus Düsseldorf, seinen Namen hat er uns ja verraten."

Und sie findet es wirklich heraus: „Er studiert tatsächlich Theologie und er ist Mitglied in der DKP, der Deutschen Kommunistischen Partei in der Bundesrepublik." Aha, dann ist klar, warum er uns so ausgefragt hat und in wessen Auftrag. Denn die DKP wird hier von der SED finanziert, wie man weiß. Mir tut seine Freundin leid, sie scheint völlig ahnungslos zu sein, jedenfalls hat sie diesen Eindruck auf uns gemacht. Und irgendwie passen die beiden überhaupt nicht zusammen, auch darin sind wir beide uns einig. Später werden wir erfahren, dass diese noch sehr junge Frau zu ihm 'rübergegangen ist.

Nie wieder kommt seitdem ein Besucher zu uns, der – so (un)geschickt wie möglich – herauskriegen will, warum ich in die DDR gegangen bin. Das Motiv unserer Entscheidung, hier zu leben, könnte für die Stasi nun lauten: „Das sind harmlose religiöse Spinner." Ist mir auch recht.

X. Gemeinschaft unter einem Himmel

„C-C-Bund" – eine politische Vereinigung?

Im Oktober 1984 kommt Christel mal wieder zu Besuch. Sie gehört zur evangelischen Communität Koinonia in Hermannsburg, die meinen Schritt in die DDR geistlich begleitet hat. In Verbindung mit der Communität gibt es den sogenannten Communitäts-Bund, abgekürzt C-Bund. Joachim und ich gehören dazu. Beide Gruppierungen geben gemeinsam einen Rundbrief heraus, die sogenannte Communitäts-Correspondenz, kurz CC genannt.

Christel ist bei ihrer Ankunft ziemlich aufgelöst. „Ihr glaubt nicht, wie sehr die mich diesmal gefilzt haben. Alles ist weg. Ich wollte euch die letzten CCs mitbringen. Diesmal war auch die aktualisierte Adressliste sämtlicher Freunde dabei. Jetzt wissen sie, dass ihr auch zum C-Bund gehört." „Ist nicht schlimm, Christel, das können die ruhig wissen. Aber echt blöd, ich habe mich schon so auf das Lesen der Rundbriefe gefreut."

Major Hackfleisch empfängt wieder einmal einen seiner engsten Mitarbeiter in der Angelegenheit „Breithaupt", Oberleutnant Bäuer. „Genosse Major, wir haben uns kundig gemacht über die Gemein-

dearbeit der B.'s. Eine Ihrer wichtigsten Fragen konnte dabei schon zur Zufriedenheit beantwortet werden: Jugendarbeit gehört unseres Wissens nicht dazu."[46] *Der Major lehnt sich erleichtert in seinem bequemen Schreibtischstuhl zurück, die Arme liegen entspannt auf den Lehnen: „Na, wenigstens das."*

„Aber schauen Sie mal hier, was mir auf meinen Schreibtisch gelegt wurde: Diese Periodika sind am Grenzübergang bei einer gewissen Müller, Christel, gesichtet und eingezogen worden. Sie ist bei den Breithaupts zu Besuch."

Major Hackfleisch wirft Bäuer einen zufriedenen Blick zu und beugt sich anschließend über das Schriftmaterial. Was zum Teufel ist das für ein Bund, und was hat das mit den Breithaupts zu tun? Brasilien wird da genannt, und Südafrika. Muss was Missionarisches sein.[47] *Aber was treiben die noch so? Wie politisch ist dieser Bund?*

Dann vertieft er sich in die beiliegende Adressliste, um die Namen zu durchforsten. Aha, die B.'s gehören zu diesem Bund dazu. Fieberhaft liest er weiter, der Zeigefinger rutscht die Spalten entlang. Schließlich ist er bei Z angelangt. Außer den Breithaupts alles BRD oder ausländische Adressen! Heute kann er gleich zweimal aufatmen. Natürlich ist ihm klar, dass an dieser Stelle eine weitere operative Maßnahme erfolgen muss.

Erst einige Wochen später kommt er endlich dazu, entsprechende Aufgaben zu erteilen: „Finden Sie alles über diesen C-C-Bund heraus. Was für eine Vereinigung ist das, was tun die da, und vor allem, in welcher Weise sind die B's dabei aktiv? Ich brauche Informationen, so zügig wie möglich."

Doch so zügig geht es dann doch nicht voran, die Recherchen erweisen sich als mühsam.

Im Dezember kommt es zur nächsten Zusammenkunft: Einer der mit dem Thema beauftragten Genossen weiß Folgendes zu berichten: „Also, über einen C-C-Bund konnte leider nichts ermittelt werden,

Genosse Major. Wahrscheinlich ist er in der BRD auch nicht besonders bekannt. Ich kann nur Allgemeines über sogenannte Communitäten berichten. Es handelt sich dabei um kirchliche Bruderschaften, die sich Aufgaben in der Missionsarbeit und im sozialen Bereich, insbesondere in Entwicklungsländern, stellen. Bruderschaften existieren übrigens auch in der DDR. Aber von ihnen gehen hier keine staatsfeindlichen Aktivitäten aus. Was diese Periodika des C-C-Bundes betreffen, können wir jedoch davon ausgehen, dass sie weiterhin zu den Breithaupts gelangen und mit Sicherheit nicht auf dem Postweg. Die Erforschung der Adressliste hat ergeben, dass Personen dabei sind, die häufig die B.'s besuchen."

Ganz zufrieden ist Hackfleisch mit diesen Auskünften nicht. Er hätte es gern genauer gewusst. Entsprechend unwirsch sagt er dazu: „Dann kriegen Sie wenigstens 'raus, wer diese Besucher sind. Erstellen sie von ihnen ein genaues Persönlichkeitsbild."[48]

Ein anderer, der IM Pavel, ist der Auffassung, dass da auch Politisches eine Rolle spielt. „Das alles habe ich auch rausgekriegt, Genosse Major. Aber außer missionarischer Zielstellungen verfolgt diese kirchliche Vereinigung auch noch andere, nämlich politische Zielstellungen. Die B.'s sollen die deutsch-deutschen Beziehungen aktivieren. Dafür werden sie als Stützpunkt benutzt."[49]

„Ich möchte alle Ihre Berichte bis spätestens Ende Januar schriftlich haben! Und ich erinnere Sie alle nochmals an den erstellten Maßnahmenplan:

Punkt 1: Aufklärung des Persönlichkeitsbildes des Ehepaares B., Punkt 2: Aufklärung des Charakters der BRD-Verbindungen der B., Punkt 3: Einschätzung des Charakters und der Zielstellung des C-C-Bundes, Punkt 4: Prüfung der Möglichkeiten zur Kontaktierung des B.

Genosse Bäuer, Genossin Wernher, Sie arbeiten weiter an der Zielstellung von Punkt 4. Da sind wir immer noch nicht weitergekommen."[50]

Damit beendet Major Hackfleisch die Besprechung.

Ich bin dankbar, zum C-Bund der Koinonia zu gehören. Es ist sehr wertvoll, mit Glaubensgeschwistern gemeinsam auf dem Weg zu sein, von dem zu erfahren, was sie geistlich umtreibt, insbesondere, was unsere Missionarsfreunde in Brasilien, Äthiopien und Südafrika erleben, und umgekehrt die Freunde genauso an unserem Leben in der DDR teilhaben zu lassen. Spaßeshalber bezeichnet Wolfgang aus der Communität in Bückeburg die DDR ebenfalls als „Übersee". Es stimmt schon, es verbindet uns alle das gleiche Anliegen: Menschen den Glauben lieb zu machen, für sie da zu sein in ihren Sorgen und Bedürfnissen, sie zu stärken und am jeweiligen Wirkungsort Gemeinschaft mit ihnen zu leben. Aber wie, das sieht natürlich überall völlig anders aus. Die Besuche dieser Geschwister und der Austausch mit ihnen stärken mich jedenfalls sehr.

Was wir alle miteinander teilen, geschieht unter dem einen Himmel, und unter dem Einen, der Himmel und Erde gemacht hat.

Was alles möglich ist: deutsch-deutsche Jugendarbeit

Es beginnt ganz harmlos. Während meines Vikariats werde ich von der Katechetin gebeten, den Jugendkreis von 12- bis 15-jährigen Mädchen in Rottleberode zu übernehmen, sie schaffe es nicht mehr. Ich nehme die Aufgabe gerne an. Ich führe den Kreis auch in der Zeit weiter, als ich dann im Predigerseminar bin und nur alle vierzehn Tage freihabe und nach Dittichenrode fahre. Jugendarbeit macht mir große Freude: Diese Offenheit der jungen Menschen zu erleben, ihre Fragen nach Gott, ihre Zweifel... Auch das Thema „Schöpfung und Naturwissenschaft" ist für sie erhellend: „Ach, die Schöpfungsberichte sind gar nicht wörtlich zu nehmen? Sie müssen gar nicht im Widerspruch zur Evolution stehen? Wie soll man sie denn sonst verstehen? … Unser Biologielehrer hat immer gesagt, wer glaubt, ist dumm. Die moderne Naturwissenschaft habe bewiesen, dass es einen Gott gar nicht geben kann. Und wir seien ja schließlich nicht dumm."

Allmählich wächst diese Arbeit an: Jugendliche aus anderen Dörfern unseres Kirchenkreises kommen dazu, als Joachim und ich anfangen, im Dittichenröder Pfarrhaus kleine Freizeiten, in der DDR Rüstzeiten genannt, durchzuführen. Schon im ersten Jahr, über die Silvestertage 1981/82, veranstalten wir unsere erste größere Rüstzeit. Der Gemeindesaal, in dem die Gottesdienste stattfinden, dient als Gruppenraum, Speisesaal und nachts als Schlafstätte. Isomatten und Schlafsäcke werden dazu ausgebreitet und morgens wieder zusammengerollt.

Einige können im Dorf privat unterkommen. Für den Silvestergottesdienst muss dann alles wieder ordentlich sein, die Stühle in Reih und Glied gestellt. Die Mahlzeiten werden in unserer kleinen Küche im ersten Stock zubereitet. Es gibt Bibelarbeiten,

Referate, lebhaften Austausch, lustige Gruppenspiele, viel Singen mit Gitarrenbegleitung und im Sommer und Herbst auch Garteneinsätze.

Im folgenden Jahr bekommt die größer werdende Jugendarbeit Zuwachs durch Konfirmanden aus der Gemeinde von Joachims Bruder Wolfgang in Leinefelde. Dort entsteht auch eine Jugendband mit einem musikalisch begabten Jungen, Frieder, der selber Lieder schreibt, die unsere Jugendgottesdienste bereichern. Dazu kommen bald auch einige Jugendliche aus Bleicherode, einer Stadt zwischen Nordhausen und Leinefelde. Zum Beispiel Hanna, eine Pfarrerstochter, die trotz sehr guter Noten keine Zulassung zur Erweiterten Oberschule bekommt, was mich betroffen und wütend macht. Joachim sagt dazu: „Das ist doch normal, damit muss man rechnen." Hanna ist ziemlich verzweifelt. Sie macht nun eine Ausbildung zur Krankenschwester und überlegt, später an einer Abendschule ihr Abitur nachzuholen. Auch sie singt in der Jugendband von Frieder mit.

Ab 1984 finden neben den Mitarbeiterschulungen und Sommerwanderungen, zum Beispiel in der Hohen Tatra, auch große Rüstzeiten über die Silvestertage in kirchlichen Rüstzeitheimen statt. Unser Pfarrhaus ist dafür zu klein geworden, denn der entstandene Jugendmitarbeiterkreis lädt fleißig andere Jugendliche ein und leitet die Rüstzeiten mit uns gemeinsam. Wir geben uns den Namen „Freundeskreis", sind verbunden durch regelmäßige Treffen in Dittichenrode und durch auf Matrize vervielfältigte „Freundesbriefe". Das Thema „christliche Gemeinschaft in der DDR leben" wird immer wichtiger, Verbindlichkeit zu einem großen Wert. So lesen wir zum Beispiel ein Buch über die Gemeinschaft OJC (Offensive Junger Christen) in Reichelsheim im Odenwald; wir lesen auch *Gemeinsames Leben* von Dietrich Bonhoeffer und lassen uns von seinen Gedanken inspirieren und begeistern.

Unsere Kinder finden es jedes Mal spannend, wenn das Haus wieder voll ist. Immer mal fragen sie: „Wann kommen denn die ‚Junglichen' endlich mal wieder?" Jedes der drei hat bald seinen „Lieblingsjunglichen", dem es sich ungefragt auf den Schoß setzt. Die jungen Damen sind darüber entzückt, sie gehen liebevoll auf die Kinder ein. Bei den jungen Herren bin ich mir da nicht so sicher. Aber was bleibt ihnen anderes übrig, denke ich verschmitzt.

Christel, die uns regelmäßig besucht, kommt eines Tages mit einem reizvollen Vorschlag: „Wie fändet ihr das, wenn ich aus unserer Jugendarbeit im Westen mal Jugendliche mit hierherbringe, wenn ihr eure Treffen habt? Dann erleben sie mal, wie anders Jugendarbeit in der DDR ist, mit anderen Fragestellungen und Themen, und unter anderen Voraussetzungen." Wir finden die Idee toll.

Und so geschieht es: Christel bringt immer so viele junge Leute mit, dass ein Auto voll wird, und immer andere. Es kommt zu Ost-West-Begegnungen bei Mitarbeitertagen und Rüstzeiten. Das ist seitens des Staates natürlich überhaupt nicht erwünscht, doch ziemlich spannend für die jungen Menschen auf beiden Seiten der Grenze. „Ach, so lebt ihr?" „Bei uns ist das so …" „Mensch, ich bewundere euch." Auch für uns ist das immer wieder ungeheuer aufregend. Bei all dem bewegt uns die Frage: Wieviel kriegt die Stasi davon mit? Die Einreisen im kleinen Grenzverkehr, die Treffen in Dittichenrode, die Silvesterrüstzeiten in den Heimen, nichts davon wird unterbunden. Wir werden nie darüber befragt. Die Visaerteilungen haben immer geklappt. Ausreden der Besucher beim Grenzübergang werden irgendwie nicht hinterfragt.

Wir haben das starke Gefühl einer Gewissheit, dass unsere Jugendarbeit beschützt wird. Dennoch frage ich mich manchmal: Können wir das verantworten, wenn doch einmal irgendetwas passiert? Bringen wir die jungen Menschen nicht in eine gefährliche Lage, die ihnen irgendwann zum Nachteil gereichen könnte?

Denn es entstehen Freundschaften, Briefe werden hin und her geschrieben und auf dem Postweg über die Grenze geschickt. So schreibt Stefan, der in Leinefelde wohnt und zum engeren „Freundeskreis" in unserer Jugendarbeit gehört, direkt aus einem GST-Lager hinüber zu Karen in Bückeburg. So wird er es uns später erzählen.

Liebe Karen!

Seit dem 6.7. bin ich im Thüringer Wald in einem Lager für vormilitärische Ausbildung. Dies alles läuft unter dem Namen GST (Gesellschaft für Sport und Technik) und ist im Unterrichtsplan der 11. Klasse inbegriffen) […] So eine Art Propagandaabteilung der Armee, „der Dienst an der Waffe" wird verherrlicht. Schwarzweißdenken steht hier auf der Tagesordnung, wer nur den Grundwehrdienst leistet (1 1/2 Jahre), ist ein schlechter Mensch. Pazifisten sind gegen den Staat und gegen den Frieden, weil sie nicht auf ihre „bösen Feinde im Westen" schießen. Vielleicht ist das alles etwas übertrieben, aber so oder so ähnlich sieht es hier aus, so habe ich es zumindest hier in diesem Lager erfahren. […]

Man muss in einem solchen Lager versuchen, das Beste draus zu machen. Es gibt doch viele Freunde, Christen, die zusammenhalten – auch die Landschaft entschädigt für einiges. Heute (Sonntag) wollen wir einen Wortgottesdienst feiern – vielleicht sogar im Wald. Es gibt diesbezüglich Zugeständnisse des Staates, die gesetzlich verankert sind.

Die Ausbildung ist sehr hart, 8 Stunden lang. Du weißt ja, was alles so bei der Armee gemacht wird. Die Versorgung dagegen ist zumindest qualitativ schlecht.

Am 17.7. ist Heimfahrt – es wird ein Supertag! […]

Ich habe einen Freund in Jena (er ist 1978 von Leinefelde nach Jena gezogen), der sich genau wie ich für Biologie interessiert. Vor kurzem hat er in Jena einen Umweltarbeitskreis gegründet, der jetzt schon ganz gut läuft. Umweltmaterialien gibt es bei uns zwar nur sehr beschränkt, doch geben kirchl. Stellen sehr viel heraus. So gibt es Ökotage und Umweltausstellungen auf Kirchentagen, Rundbriefe etc. [...] In letzter Zeit kommen auch zaghaft Bücher und Romane zu diesem Thema heraus (Christa Wolf, Hans Cibulka).

Jetzt versuche ich auch in Leinefelde einen Öko-Kreis zu gründen. Arbeit gibt es genug – hoffentlich melden sich ein paar Leute. [...]

Zum Schluss noch ein Wort zu Dittichenrode.

Ich war sehr beeindruckt von der sehr offenen Atmosphäre – ich war ja das erste Mal dabei. Ich find es gut, dass ihr euch trotz der Grenze und trotz der Entfernungen auf den Weg macht, um zu Rüsten und zu Mitarbeiterwochenenden zu kommen. Außerdem habe ich mit Verwunderung festgestellt, dass ihr recht weit auseinanderwohnt, zwischen Bückeburg und Hermannsburg liegen doch einige Kilometer.

Obwohl die Stimmung eher pessimistisch war, was die Zukunft von Arbeitskreisen betrifft (Mitgliedermangel, zu wenig Interesse), fand ich solche Ideen wie Briefe schreiben für ein besseres Kennenlernen und dann füreinander beten sehr gut. [...]

Ich glaube, wir dürfen ruhig auf Gott vertrauen, daß er mit uns noch etwas vorhat, uns nicht im Stich läßt. Wenn wir mit unserer Begeisterung in Jesus Christus strahlen können, stecken wir auch andere an. Der Herr wird uns sicher genug Leute über den Weg schicken, die sich auch für uns und unsere Tätigkeiten interessieren, denen letztendlich der Heilige Geist geschenkt wird. Insofern haben wir eine Missionsaufgabe und ich fühle die ganz konkret auch in Leinefelde bestätigt. [...]

In dieser Hektik ist es kaum möglich, Stille Zeit zu machen – selbst ein Gebet muss hart erkämpft werden. [...]

Es grüßt dich herzlich Dein STEPHANUS[51]

Eines Tages eröffnet uns Christel, dass sie als Lehrerin nach Südafrika gehen wird. Dort soll mit ihr ein weiteres Communitätshaus entstehen. „Aber unsere deutsch-deutsche Jugendarbeit kann trotzdem weitergehen“, verspricht sie uns. „Thomas aus Bückeburg wird ab jetzt immer mit Jugendlichen hierherkommen.“ Wir freuen uns über die Fortsetzung dieser immer wieder spannenden und für alle inspirierenden Treffen.

Reise in den Westen und nervöses Warten der Polizei

In den ersten drei Jahren kann ich die DDR nicht in Richtung Westen verlassen. Mit etwas anderem habe ich auch nicht gerechnet. Im Oktober 1984 steht dann der 70. Geburtstag meines Vaters bevor. Ich weiß nicht mehr so ganz genau, wie es zu diesem Wunder kam, eingefädelt von meinem Vater und möglicherweise hohen kirchlichen Stellen in der Bundesrepublik oder in der DDR, aber wir dürfen überraschenderweise alle drei, Joachim und ich mit unserem kleinen Martin, für zehn Tage ausreisen.

Bei Verwandten ersten Grades gibt es eine Regelung, die wir natürlich nutzen. Man hat kein Recht auf eine Besuchsreise bei wichtigen familiären Ereignissen, aber jeder DDR-Bürger darf dafür einen Antrag stellen. Unsere Anträge werden immer genehmigt. Wie kommt das? Werde ich als Sonderling behandelt? Immer und immer wieder stelle ich mir diese Frage. Ich soll mich anscheinend in dem Glauben wähnen und positive Erfahrungen dabei machen, den besseren Staat gewählt zu haben. Echt amüsant, diese „Hoffnungen“ der Stasi. Nie werde ich zu solchen Gesprächen vorgeladen, wie Joachim sie erlebt, von dem man paradoxerweise auch noch erwartet, dass er mir nichts davon erzählt. Besonders Letzteres werde ich nie begreifen.

Was auch immer der Grund für die genehmigten Ausreisen ist – ich bin natürlich total glücklich darüber.

Es ist spannend für mich, nach langer Zeit wieder zu erleben, wie man so im Westen lebt. Alle freuen sich natürlich, dass wir auf dem Geburtstag dabei sind. Es gibt ein großes Hallo in meiner Verwandtschaft und wir haben viel zu erzählen.

In den Tagen vor der Feier mache ich eine ganz sonderbare Entdeckung bei mir selbst: Zusammen mit meiner Mutter betrete ich einen Supermarkt, sie will dort Lebensmittel einkaufen. Ich soll ihr sagen, was ich möchte: „Such dir aus, was dir schmeckt." Ich stelle fest, ich kann das nicht, ich will am liebsten gleich wieder rausgehen. Hier ist alles so bunt, grell, meine Augen sind überfordert. Wo hören die vielen Joghurts auf und fangen die vielen Puddings an? Und wozu braucht man fünf verschiedene Sorten Butter? Ach, stimmt ja, Preise und Qualität vergleichen, das hat Mama schon immer so gemacht. Habe ich vergessen. Bei uns gibt es in der ganzen DDR verlässliche Einheitspreise, entspannend. Und es riecht hier ganz anders, so sauber, irgendwie edel. Ich reiße mich zusammen und halte es aus, den Einkaufswagen durch die Reihen zu schieben bis zur Kasse.

Zurück im Dorfkonsum von Dittichenrode denke ich dann allerdings: Ein paar mehr Sorten Käse außer einer oder zwei wäre ab und zu schon ganz schön. Und das gesunde Mecklenburger Landbrot aus Vollkornmehl könnte es ruhig öfter beim Bäcker in Roßla geben, nicht nur in Rostock und Stralsund. Es müssen ja nicht gleich zehn Brotsorten sein.

Eine Ausreise als Familie ist danach nie wieder genehmigt worden. Nur einer von uns beiden darf zu familiären Anlässen immer reisen, Partner und Kinder bleiben jeweils als „Geiseln" zurück. Und so wechseln sich Joachim und ich jährlich ab, denn ab dem 70. Geburtstag eines Angehörigen ist es erlaubt, mit jeweiliger Genehmigung des Antrags jedes Jahr zu fahren.

Wenn die Genehmigung da ist, gibt man seinen Personalausweis bei der Polizei ab und bekommt seinen Reisepass mit Visum. Ist man wieder zu Hause, müssen sofort beide Dokumente wieder ausgetauscht werden. Wenn ich gerade stille, darf ich mein Kind mitnehmen.

So auch zum 65. Geburtstag meiner Mutter im Dezember 1985: Ich will meine kleine Hannah mitnehmen, fünf Monate alt. Nach kritischem Nachfragen, dass sie doch schon so alt sei und stillen nicht mehr nötig, darf ich sie dann doch mitnehmen. Ich besuche auf dieser Reise auch Bückeburg, wo Christel gerade eine Jugendfreizeit leitet.

Bei meiner Rückkehr gibt es dann Ärger auf der Polizei. Denn ich habe auf dem Rückweg per Zug und Bus über den Grenzübergang Duderstadt-Worbis meine Reise in Leinefelde unterbrochen. Ich wollte doch gerne bei Schwager und Schwägerin 'reinschauen und für eine Nacht bleiben. Solch eine lange Fahrt bis in den späten Abend hinein ist schließlich auch für ein kleines Kind anstrengend. Also melde ich mich erst am übernächsten Tag nach Beendigung des befristeten Visums bei der Polizei in Roßla. Ich habe gedacht, ob ich mich nun einen Tag früher oder später bei der Polizei sehen lasse, ist doch egal. Schließlich bin ich doch wieder in der DDR, kein Grund zur Aufregung. Denke ich. Doch die Polizistin ist sehr aufgeregt und wütend: „Gestern waren wir bei Ihnen in Dittichenrode und ihr Mann sagte, er wisse auch nicht, wo seine Frau so lange bleibe, und dass sie schon noch kommen werde. Aber so geht das ja wohl gar nicht. Sie haben sich unverzüglich nach der Reise zurückzumelden." Mit diesen Worten wirft sie mir meinen DDR-Ausweis auf den Tisch. Ich ahne, dass man wohl hier Angst haben muss, dass ich nicht wieder zurückkomme. Verstehe ich gar nicht. Ich werde doch nicht meinen Mann und meinen kleinen Sohn einfach so zurücklassen. Ich fange an, ihr das zu erklären. Dabei werde auch ich allmählich sauer, empfinde diese Behandlung bei Westreisen ohnehin schon als Schikane. Das lasse ich sie auch wissen.[52] Passieren, denke ich, wird mir deswegen schon nichts. Irgendwie fühle ich mich frei. Und sicher. Zu Recht? Eigentlich bin ich eher ein ängstlicher Mensch und überhaupt nicht mutig. Ich wundere mich über mich selbst. Wo nehme ich nur diese innere Ruhe her?

Demütigend sind sie jedes Mal für mich, diese Gespräche mit einer Volkspolizistin in Sangerhausen, wenn ich meinen Besuchsantrag stelle. Kein falsches Wort sagen, brav die Rede über mich ergehen lassen, die jedes Mal von den lauernden Gefahren in der schlimmen BRD handelt. „Dumme Kuh“, denke ich dabei innerlich, „du musst doch wissen, dass ich dort die ersten 28 Jahre meines Lebens verbracht habe. Was meinst du denn, mir erzählen zu können, die du vermutlich noch nie da gewesen bist?“

Da kann einem auch schon mal der Kragen platzen. Aber vielleicht besser erst hinterher, zu Hause in Dittichenrode. Reisen will ich ja nun doch gerne.

XI. Die Stasi hat aber auch Stress mit uns

Im Freibad von Breitungen mit Besuch aus Tansania

Es ist wahr, „missionarisch" wollen wir sein, deshalb habe ich doch die DDR gegen Tansania oder Südafrika eingetauscht: Menschen den lebendigen Gottesglauben liebmachen, Zeugnis davon geben, welch innere Kraft, welche Freude und Zuversicht, auch welchen Trost wir aus dem Glauben gewinnen.

Jährlich führen wir Verkündigungswochen durch, dazu laden wir Evangelisten ein. Das sind Pfarrer oder Jugenddiakone, die eine Begabung haben, lebendig und anschaulich zu erzählen. In diesem Jahr, im August 1988, kommt der Jugendwart Eberhard Laue aus Erfurt, bei dem Joachim schon als Kind Rüstzeiten besucht hat und der ihn sehr geprägt hat. Eberhard bringt eine eigene Jugendband mit.

Wir haben gerade Besuch von einem Pastor aus der Partnerdiözese des Kirchenkreises Sangerhausen, der Ulanga Kilombero Synode im Süden Tansanias. In Lugala gibt es ein lutherisches Krankenhaus, das mit Sachspenden, zum Beispiel medizinischem Gerät oder Verbandsmaterial, unseres Kirchenkreises unterstützt wird, was hier in der DDR mehr schlecht als recht möglich ist, aber manches geht eben doch. Zu dem, was geht, gehört auch dieser Besuch aus der Partnerkirche für drei Monate. Der Pastor, der zu Hause fünf Kinder hat und sie sehr vermisst, lebt gerne zusammen mit unserer Familie für drei Wochen seines Aufenthaltes in der DDR. Er sieht und erfährt, dass die Herausforderungen der Kirche im Sozialismus der DDR ganz andere sind als im derzeitigen Sozialismus in Tansania.

Die Vorbereitungen für die Verkündigungswoche laufen gerade auf Hochtouren. In welcher der Kirchen sollen diese Veranstaltungen stattfinden, wo wollen wir am Sonntag das abschließende Gemeindefest feiern? Wir entscheiden uns für Breitungen, denn die Kirche dort eignet sich am besten, sie fasst die meisten Menschen. Und wo könnte das Kaffeetrinken anschließend stattfinden? Wir fragen den Wirt in Breitungen, aber er will seine Gaststätte nicht zur Verfügung stellen. Schade, in der Questenberger Gaststätte damals zu Joachims Ordinationsfeier war das möglich gewesen. Dahin könnten wir auch wieder, aber die Kirche in Questenberg ist zu klein.

Da hat Joachim eine geniale Idee. Und so sucht er den Bürgermeister von Breitungen auf. Der ist ein netter, aufgeschlossener Mann, und er ist uns schon immer wohlgesonnen gewesen. „Könnten wir für das Abschlussfest vielleicht das Freibad in Breitungen nutzen? Das Wetter soll schön werden, und da gibt es ja auch diese Überdachung, unter der wir die Tische für das Kaffeetrinken aufstellen könnten. Und für die Jugendband wäre auch genug Platz." Der Bürgermeister reagiert tatsächlich sehr entgegenkommend: „Herr Pfarrer, warum nicht? Allerdings werden natürlich auch die üblichen Badegäste da sein. Schließen können wir das Bad für Ihre Veranstaltung nicht." Ich glaube, er mag uns wirklich.

Uns wird eine überraschend gelungene Woche geschenkt. Die Kirche ist jeden Abend bis zum letzten Platz gefüllt. Der Pastor aus Lugala unterstützt die Verkündigungswoche mit eindrücklichen Grußworten seiner Heimatgemeinde. Am Sonntag um 14

Uhr feiern wir den Abschlussgottesdienst, in dem Eberhard Laue die Predigt hält. Das Freibad ist für das anschließende Fest fertig vorbereitet, die Frauen haben vorher fleißig Kuchen gebacken.

Nach dem Kaffeetrinken kommt die Jugendband zum Einsatz. Sie spielen Songs junger Christen, und wer die Lieder kennt, singt mit. Dann kommt wieder ein sehr lebendiges Grußwort von unserem tansanischen Gastpastor. Zum Abschluss des Nachmittags hält Joachim eine kleine Ansprache, die davon handelt, dass christlicher Glaube mehr ist als die Mitgliedschaft in der Kirche. „Genauso, wie ein Reisepass nur dann einen Gewinn bringt, wenn darin auch ein Visum gestempelt ist, mit dem man dann tatsächlich auch ins Ausland reisen kann, so ist es auch mit der Taufe und der Mitgliedschaft in der Kirche: Was nützt sie mir, wenn ich sie nicht dazu gebrauche, um meinen Glauben lebendig zu leben und ihn mit anderen Christen zu teilen …“, na, und so weiter.

Am Ende des Abends sind wir etwas erschöpft von der ganzen Woche, aber glücklich und zufrieden. Was wir auch schön finden: So ganz nebenbei haben Einwohner von Breitungen und Menschen aus der Umgebung auch einmal Kirche live erleben können. Die Folgen, die das haben wird, ahnen wir in dem Moment noch nicht.

Ein Schelm ist, wer Böses dabei denkt

Major Hackfleisch verbringt gerade mit seiner Familie seinen wohlverdienten Jahresurlaub in einem Stasi-Hotel oberhalb von Gernrode im Nordharz. Von dort hat man einen wunderbaren Blick über die bewaldeten Berge dieses Erholungsgebietes und über das Städtchen mit der schönen romanischen Kirche, wobei ihm Letzteres herzlich egal ist. Plattenbauten sind allemal besser als solch ein 1000-jäh-

riges Gemäuer aus feudalistischen Zeiten. Die Hauptsache für ihn besteht darin, mal wieder reine, saubere Luft zu atmen ohne den unvermeidlichen Gestank der im Winter rauchenden Schornsteine und der Abgase von Zweitakter-Motoren auf den Straßen Sangerhausens.

„Du musst dich jetzt auch erholen von deinem andauernden Stress, mein Schatz!" Seiner Frau ist dies noch wichtiger als die gute Luft. „Ja, Stress, vor allem mit den Breithaupts", murmelt er hörbar vor sich hin. Er weiß, dass er mit seinem Freund Willi jetzt eine gute Vertretung in Sangerhausen hat; die beiden kennen sich noch aus Kindertagen. Er wird ihm dann von allen Vorkommnissen berichten, wobei – was soll sich schon groß in den drei Wochen ereignen? Die erste Woche ist ja schon herum.

„Also wieder mal in Sangerhausen." Major Wandewitz verschafft sich einen Überblick. Er ist froh, für eine kurze Zeit Halle mit all den Problemen dort hinter sich lassen zu können. Hier kann er endlich wieder einmal eine ruhigere Kugel schieben. Wandewitz ist so ziemlich das Gegenteil von seinem Freund: Ruhig, klar, aber aalglatt und ziemlich kalt im Geschäft. Genossin Wernher kommt nicht so gut mit ihm klar. Er lässt sich nicht so leicht manipulieren, findet sie. Das gelingt ihr mit Hackfleisch immer mal ganz gut. Umgekehrt denkt Wandewitz von ihr: „Eine kleine Schlange. Man weiß nicht immer, woran man bei ihr ist, man sollte ihr nicht allzu sehr trauen."

Dann aber am Montag, es ist der 14. August, erscheint sie gegen Mittag in seinem Büro, begleitet vom IM Igor. „Genosse Major, Genosse Igor hat sich mit einer Beschwerde an mich gewandt." „Ich erzähle das selber", unterbricht Igor, der mit Klarnamen Heiner heißt, wichtigtuerisch. Die Kreisbeauftragte für Kirchenfragen hält von dem IM nicht viel, aber sie lässt ihn reden. Dieser fängt umständlich an: „Wissen Sie, Genosse Major, ich hab' da so einen Bungalow, ein Stück oberhalb von Breitungen. Von da oben hat man einen wunderbaren Blick, und da kann ich mich am Wochenende so gut erholen, das brauche ich wirklich, und ..." „Fassen Sie sich kurz, nur das Wesentliche", fährt Wandewitz dazwischen und nippt an seiner Kaffeetasse. „Das ist es schon, Genosse Major, das konnte ich nämlich gestern überhaupt nicht. Da unten im Bad waren Lautsprecher aufgestellt, da wurden laut Kirchenlieder gesungen und der Pfarrer von Dittichenrode hat gesprochen. Das ganze Bad konnte zuhören." Ruckartig richtet sich Wandewitz in seinem bequemen Stuhl auf. Eine öffentliche kirchliche Veranstaltung? „Lag eine Genehmigung vor, Genossin Wernher?" Sie verneint dies, und Igor legt erneut los: „Und wissen Sie, was der Pfarrer gesagt hat?" Er legt bewusst eine Kunstpause ein, um die Spannung zu erhöhen. „Reden Sie schon." Wandewitz geht dieses Getue auf den Geist, neugierig ist er aber doch. „Der Pfarrer hat von Visa geredet, wir sollen alle einen Ausreiseantrag stellen." Der Major schaut ihn ungläubig an, wechselt dann den Blick zur Wernher hinüber, die hilflos die Schultern hebt und wieder sinken lässt. „Es scheint sich so verhalten zu haben, Genosse Major, andere haben das bestätigt, ich habe ja meine Leute da sitzen." „... Die sich aber reichlich spät eingeschaltet haben, wie mir scheint", bemerkt er spitz. „Das war keine elegante Arbeit, Genossin. Ich werde selber Erkundigungen einziehen und Genosse Hackfleisch einen Bericht schreiben. Er soll sich dann um alles Weitere kümmern." Und mit einem verächtlichen Blick auf den quasseligen IM, der neugierig seine Ohren spitzt: „Sie können gehen, Igor." Die Wernher ärgert sich über die Kritik, sie fühlt sich vor dem Spitzel blamiert und will sich rechtfertigen. „Und Sie ebenfalls, Genossin Wernher", sagt er kühl. „Wir sprechen uns noch."

Eine Verwarnung und lästige Gerüchte

Joachim bekommt Besuch von unserem Superintendenten. Er ist sehr verärgert. „Sagen Sie mal, Bruder Breithaupt, hätten Sie mich nicht vorher darüber informieren können, was Sie in Breitungen vorhaben? Ich bemühe mich um ein einigermaßen gutes Verhältnis zum Rat des Kreises, mit Frau Wernher, und nun das hier!" Mit diesen Worten zeigt er Joachim eine Vorladung zum Gespräch vom Rat des Kreises.

Am nächsten Vormittag fahren die beiden zusammen nach Sangerhausen zum bestellten Termin. Oberleutnant Bäuer ist anwesend – und Frau Wernher.

„Wie war es?" Ich kann gar nicht abwarten, was Joachim erzählt, als er nach Hause kommt. Er wiegelt ab: „Naja, die können ja nachträglich nicht viel machen. Frau Wernher und der Oberleutnant Bäuer waren ziemlich sauer. Sie haben ihren Ärger rausgelassen, dass das so ja gar nicht geht. Der Sup ist beschwichtigend aufgetreten: Er werde sich darum kümmern, dass sowas nicht nochmal vorkommt, oder so ähnlich. Alles ist gut. Er ist ja auf unserer Seite, aber er musste so reagieren."

Nachträglich tut uns der Bürgermeister leid, uns ist nun auch klar, dass er sicherlich Ärger bekommen wird.

Der arme Hackfleisch, man könnte fast Mitleid mit ihm haben, wie er da sitzt nach seinem Urlaub und den ausführlichen Bericht seines Freundes Willi liest. Eine Übergabe hat nicht stattgefunden, Wandewitz war schon weg, das ärgert ihn. Aber so kennt er ihn ja, alles ist bei ihm immer knapp auf Kante genäht, es sei denn, sie haben mal einen Saufabend zusammen, an dem sie von alten Zeiten schwärmen, mit Fettbemmen, Bier und Schnaps, wählerisch sind sie da nicht. Das kommt aber so oft nicht vor, was an dessen Frau liegt. Die hat Haare auf den Zähnen, sie erinnert ihn an die Margot vom Honecker. Die Gisela vom Willi ist außerdem ein ziemlich hohes Tier beim Rat des Bezirkes in Halle, und zu Hause diktiert sie, wo es lang geht. Während Hackfleisch so darüber nachsinnt, denkt er fast zärtlich an seine eigene ihn stets umsorgende Ehefrau. Zu Hause hat er die Hosen an. Mit Willi will er nicht tauschen.

Mühsam lösen sich seine Gedanken von diesen privaten Themen, sie wandern zurück zu dem Bericht.[53] *An einer Stelle stockt ihm dann förmlich der Atem:* „... denn wer ein Visa hat, der ist mit Gott.“ *Das hat der Breithaupt wirklich gesagt? Das traut der sich? Ist der denn ganz und gar verrückt geworden? Er spürt, wie in ihm die Adern anschwellen, tastet hektisch in seiner Aktentasche nach den Herztropfen, die seine Frau ihm jetzt immer vorsorglich einpackt.*

Der Willi hat auch gleich die entsprechenden Maßnahmen eingeleitet, ist ja klar:

– Führung eines disziplinierenden Gespräches mit dem Pfarrer Breithaupt, im Beisein des Sup., durch die Abt. Innere Angelegenheiten des Rates des Kreises,

– Auswertung des Vorkommnisses mit dem Bürgermeister und im Rahmen der Bürgermeisterberatung, um zukünftig derartige Handlungen der Kirche zu unterbinden.

Noch am gleichen Tag beruft Major Hackfleisch seine Mitarbeiter ein, um sich zu erkundigen, was davon inzwischen schon geschehen ist. Frau Wernher berichtet ausführlich von dem Gespräch mit Breithaupt und dem Sup, das zu ihrer Zufriedenheit gelaufen ist. Besonders zufrieden macht sie, dass sie zwischen den Breithaupt und den Sup eine Art Keil schieben konnte. Jedenfalls ist sie von sich selbst überzeugt, dass ihr das gelungen ist. Alles, was den B. mehr isoliert, ist gut. Irgendwann steht er mit dem Rücken an der Wand. Das kann uns dann nützlich sein.

Als sie fertig ist, will Hackfleisch wissen: „Und wo war Genosse Wandewitz? Was hat er gesagt?“ „Der wollte, dass wir das Gespräch ohne ihn führen. Ich glaube, er hatte keine Lust, sich tiefer als nötig in diese Angelegenheit reinzuknien.“ „Das passt zu ihm“, grummelt Hackfleisch. „Und hat das Gespräch mit dem Bürgermeister auch schon stattgefunden?" „Mit Genosse Meyer aus Breitungen?" „Mit wem sonst", der Major wirkt zunehmend erregt. Frau Wernher nennt ihm den noch ausstehenden Gesprächstermin. Da bleibt also noch etwas für ihn zu tun übrig. „Na, der kriegt von mir was zu hören!"

Mit diesen Worten will Hackfleisch die Zusammenkunft beenden, aber der Wernher fällt noch etwas ein: „Ach ja, das hätte ich jetzt fast vergessen zu erwähnen: Wir haben den Breithaupt auch nochmal angesprochen auf die Gerüchte vom Frühjahr. Die Reinigungskraft beim Rat der Gemeinde Breitungen, Marquard heißt sie, hat behauptet, auch die Kirche zu putzen, obwohl sie mit der Kirche ansonsten nichts zu tun hat. Und sie hat im März dem Genossen Rudolph berichtet, dass der Breithaupt ihr von seinen Ausreiseabsichten erzählt habe.[54] Der Breithaupt hat dies jetzt allerdings vehement bestritten. Vielleicht, weil der Sup dabei war? Aber es könnte auch sein, dass die geschwätzige M. sich nur wichtig tun wollte und ein Gerücht in die Welt gesetzt hat. Auf jeden Fall sollte dieser Sachverhalt weiter im Auge behalten werden. Denn irgendwie passt das wiederum zu dem, was der B. in dem Freibad verkündet hat."

Hackfleisch ist dankbar für diese Information. Vielleicht setzt sich dieses undurchsichtige Puzzle um die Breithaupts ja doch noch irgendwie zusammen. Er hätte nichts dagegen, wenn die B.'s für immer von seiner Bildfläche verschwinden würden. „Ich will dann alles über das Gespräch schriftlich vor mir liegen haben." „Selbstverständlich, Genosse Major", sichert ihm seine verlässlichste Mitarbeiterin zu, „ich kümmere mich." Danach ist Hackfleisch wieder allein und grübelt weiter über diese Predigt von dem B. im Zusammenhang mit den Ausreisegerüchten.

Inzwischen ist es Herbst geworden. Gerne blicken wir auf die erfolgreiche Verkündigungswoche in Breitungen zurück. Eine Reihe von Menschen in unseren Dörfern sind von den abendlichen Vorträgen und den Glaubenszeugnissen der jungen Leute aus Erfurt angerührt worden und kommen jetzt häufiger in die

Gottesdienste und zu Gemeindeveranstaltungen. In Breitungen ist ein Hauskreis entstanden, der sich wöchentlich trifft.

Eines Tages gelangen Gerüchte an unsere Ohren, nachdem sie offenbar schon eine längere Runde gezogen haben. Gerüchte, wir wollten als Familie in die BRD übersiedeln. Immer wieder werden wir daraufhin angesprochen. Selbst gute Freunde von uns lassen sich davon verunsichern. Joachim ist verärgert: „Das hatten wir doch schon mal. Wo kommt das denn jetzt bloß wieder her? Wer hat das in die Welt gesetzt? Warum vertrauen uns die Menschen nicht, nachdem wir so viel Gutes gemeinsam erlebt haben?" Wir sind beide enttäuscht. Wir beschließen, einen Gemeindebrief außerhalb der Reihe herauszugeben, in dem Joachim in aller Ausführlichkeit schreibt, dass wir wirklich nicht vorhaben, in die Bundesrepublik überzusiedeln.

Einige Zeit danach meldet sich Frau Wernher zu einem Besuch bei uns an. Offenbar hat sie von diesem Gerücht auch erfahren. Auch ihr erklärt Joachim es nochmal und nochmal: „Mit der Übersiedlung meiner Frau in die DDR war doch klar, dass wir für immer hier leben wollen. Sonst hätte ich doch damals schon einen Antrag auf Familienzusammenführung gestellt. Und nie haben wir seitdem überlegt, diese Entscheidung rückgängig zu machen. Wir wollen nicht ausreisen und auch in Zukunft haben wir das nicht vor!"[55]

Diese beständige Angst der DDR, man könnte diesen Staat verlassen wollen, treibt so manche lächerlichen Blüten. Ich erinnere mich an unseren Sommerurlaub im selben Jahr an der Ostsee. Stephan hat während seines ersten Lebensjahres immer wieder Bronchitis, die soll durch die Meeresluft vertrieben werden, was dann auch gelingt. Unser Freund Olaf, der mit seiner Frau nun in München lebt, hat seinem Patenkind Martin ein großes, rotes Schlauchboot geschenkt. Wir befestigen es auf dem Dach unseres Trabis und fahren in unser Feriendomizil auf der Insel Rügen, ein kirchliches Erholungsheim. Dort haben wir glücklicherweise durch ein ärztliches Attest für Stephan einen der begehrten Plätze bekommen. Kurz vor dem Ziel müssen wir wieder einmal tanken, solch ein Tank fasst nur zwanzig Liter, weswegen man immer zusätzlich einen Kanister mit fünf Litern Benzingemisch im Kofferraum hat. Aber wir finden rechtzeitig eine Tankstelle.

Es ist früher Nachmittag, der Himmel über uns ist strahlend blau. Das hindert die Tankstellenwartin, eine kleine untersetzte Frau mit dunklen Locken, nicht daran, uns zu fragen: „Wo wollen Sie denn hin bei Nacht und Nebel?" Joachim ist amüsiert über die Frage und guckt in den Himmel: „Nacht?" Er guckt um sich: „Nebel? Wo?" Diese Frau glaubt doch nicht im Ernst, dass wir mit drei kleinen Kindern in einem auffällig roten Gummiboot über die Ostsee abhauen.

Aber diese Fluchtassoziationen stecken tief in den Menschen drin.

XII. Eine Eingabe hat schlimme Folgen

Martin und Hannah im Kindergarten

Seit kurzem ist nun auch unsere dreijährige Hannah im Kindergarten. Dieser Kindergarten am Rand unseres Nachbardorfes Wickerode in einer hübschen Villa mit großem Garten gefällt uns, weil er klein und übersichtlich ist. Er hat nur eine Erzieherin und eine fröhliche Köchin, deren Hefeklöße mit eingekochtem Obst unsere Kinder besonders lieben. Es gefällt uns auch, dass man uns eines Tages über Folgendes informiert: „Morgen ist Tag der Volksarmee. Da müssen wir den Kindern militärische Propagandafilmchen zeigen. Lassen Sie Ihre Kinder mal zuhause."

Major Hackfleisch lässt sich die neuen Berichte über die Kindergärten im Kreis Sangerhausen vorlegen. Dass es in Kelbra, also in seinem Einflussbereich, einen evangelischen Kindergarten gibt, wurmt ihn sehr. Dagegen kann er nichts machen. Er kann lediglich die Geschehnisse an den staatlichen Kindergärten überprüfen. Heute will er sich mit der Personalpolitik dieser Erziehungseinrichtungen befassen. Wer ist wo als Erzieherin eingesetzt? Wer sind die Leiterinnen, welche politische Gesinnung pflegen sie jeweils?

Dabei fällt ihm ein Personalwechsel in Wickerode auf, der schon einige Zeit zurückliegt, wie er dem Datum entnehmen kann. Wer ist diese Frau Edelberger? Sie leitet jetzt diese kleine Einrichtung. Neben ihr ist keine weitere Kindergärtnerin tätig. Also ein „Ein-Frau-Betrieb", abgesehen von der Köchin. Wer kontrolliert sie? Da muss eine absolut zuverlässige, linientreue Person sitzen. Er lässt sich die Kaderakte von Frau Edelberger reichen, liest – und stutzt. Martina Edelberger ist Mitglied in der Kirchengemeinde Bennungen. Und nicht nur einfach Mitglied, nein, sie scheint dort recht engagiert zu sein. Wenn das stimmt, was hier steht, unterrichtet sie sogar die Kinder in der Christenlehre in dem Ort. Bis vor ihrem Wechsel nach Wickerode war sie Teil des Kindergartenkollektivs in Bennungen. Die Leiterin dort hat ein Auge auf alle, die dort arbeiten. Auffällig ist Frau Edelberger bisher zwar nicht in Erscheinung getreten, aber wie wird sie ihre Stellung ausnutzen, wenn sie in Wickerode ohne Aufsicht arbeitet? Wird sie den Kindern ihre kirchlichen Interessen weitervermitteln?

Genossin Wernher ist wie immer die rechte Ansprechpartnerin für ihn in allem, was mit Kirche zu tun hat. Gemeinsam kommen sie zu der Überzeugung: Die muss da wieder weg, so schnell wie möglich. Ersatz ist bald gefunden, eine alt bewährte, treue Genossin, die schon länger für eine leitende Stelle vorgesehen ist. Die kennt auch die Einrichtung in Wickerode von ihren ersten Berufsjahren her. Frau Edelberger muss zurück in den Bennungener Kindergarten, wo sie davor schon tätig gewesen ist.

Was uns allerdings nicht gefällt, ist, dass die Erzieherin nun schon zum dritten Mal innerhalb von zwei Jahren ausgetauscht werden soll. Für Martin, der schon beim ersten Wechsel sehr unglücklich war und Mühe gehabt hat, sich auf jemanden Neues umzustellen, ist das nun besonders schwer. Gerade hat er sich an Frau Edelberger gewöhnt, da soll sie schon wieder gehen? Nimmt man denn keine Rücksicht auf die Kinder? Und kann man das den Verantwortlichen nicht deutlich machen? Müssen wir uns das gefallen lassen?

Wir kennen die eingeplante Erzieherin nicht, sie soll schon etwas älter sein. Wir bekommen mit, wie die Mütter alle aufstöhnen: „Nicht die! Unter ihr haben wir schon gelitten, als wir selber noch in den Kindergarten gingen. Sie ist so furchtbar streng."

Das ermutigt uns, mit den Eltern zu reden. Mit einer Mutter, mit deren kleiner Tochter Hannah gern noch nach dem Kindergarten zusammen spielt, habe ich mich angefreundet. Ich freue mich darüber, auch Beziehungen zu Menschen im nichtkirchlichen Rahmen zu haben. Wir bedenken die rechtliche Möglichkeit, eine Sammeleingabe zu machen, um sie dem Rat des Kreises in Sangerhausen vorzulegen mit der Bitte, diesen Wechsel noch einmal zu überprüfen. Alle Eltern finden das gut. Joachim und ich verfassen sie also schriftlich, begründen sie aus pädagogischer Sicht. Ich bringe die Eingabe nach Wickerode zu der Freundin zur Unterschrift. Sie wird den Brief dann an alle Mütter weitergeben; jede will ihn unterschreiben.

Was dann passiert, löst große Wut und Entsetzen in mir aus.

„Das kann doch wohl nicht wahr sein!" Major Hackfleisch muss trainieren, seine Wut im Zaum zu halten; nur seiner Frau zuliebe und auf ihre schon flehentliche Bitte hin hat er es versprochen. Aber es gelingt ihm kaum. Aufgebracht greift er nach dem Telefonhörer, spricht mit erstickter Stimme: „Verbinden Sie mich mit der Bürgermeisterin von Wickerode!" Eine kurze Zeit später ist die Genossin Schiller unterwegs in sein Büro. Nach dem Telefonat befürchtet sie das Schlimmste, kennt sie ihn doch nur zu gut: „Nur vor denen über ihm buckelt er und wird kleinlaut", grummelt sie im Auto vor sich hin, „an denen unter ihm lässt er es dann aus. Manchmal selbst an seiner Frau. Die hat sich ja schon einmal bei mir ausgeheult." Schiller

überlegt, aber sie hat sich wirklich nichts zuschulden kommen lassen. „Was will er bloß von mir? Ich führe mein Dorf ordnungsgemäß, nie gibt es unangenehme Vorkommnisse.“

Nun steht sie vor ihm. „Genossin Schiller, ich habe von einer Frau Selm, die ein Kind im Kindergarten in Ihrem Bereich hat, erfahren, dass die Breithaupts aus Dittichenrode eine Sammeleingabe gegen die neue Kindergartenleiterin vorbereiten. Erklären Sie mir, wie es dazu kommen konnte.“ Die Bürgermeisterin zuckt zusammen. Davon hat sie gar nichts mitbekommen. Es fällt ihr schwer, das zuzugeben, denn das wird der Major ihr als „schwache Führung“ auslegen. So nimmt sie ihren ganzen Mut zusammen und versucht, möglichst streng zu klingen: „Frau Selm ist mit ihrer Beschwerde nicht zu mir gekommen. Aber ich kümmere mich sofort darum, Genosse Major. Vielleicht sollten wir die SED-Kreisleitung von diesem Fall unterrichten? Eingaben, und erst recht Sammeleingaben, hat es im Kreis Sangerhausen bisher noch nie gegeben.“ Hackfleisch gelingt es, sich einigermaßen zusammenzureißen, obwohl ihm diese Belehrung der Genossin absolut gegen den Strich geht: „Sie müssen mir nicht sagen, was ich zu tun habe. Sorgen Sie lieber dafür, dass diese Aktion unverzüglich gestoppt wird. Und dann berichten Sie mir.“

„Was habe ich bloß getan?“

Kaum habe ich das Grundstück der Freundin betreten, da kommt mir schon die Bürgermeisterin von Wickerode wutschnaubend entgegen. „Geben Sie mir sofort den Brief her. Ich muss ihn zum Rat des Kreises bringen.“ Mir wird klar: Aha, da hat also eine Mutter gepetzt. Hätten wir uns das nicht denken können? Wie gutgläubig, naiv sind wir eigentlich? Aber wir wollen von unserem Recht Gebrauch machen und dieses DDR-Gesetz ernst nehmen, das es uns erlaubt, Eingaben zu machen. Ich sage ganz ruhig zu ihr: „Das hatten wir ohnehin vor, ihn beim Rat des Kreises abzugeben. Bitteschön."

Ich betrete das Haus und finde ein weinendes Häuflein Elend vor. Ich versuche zu trösten: „Wir haben nichts Unrechtes getan." Sie lässt sich nicht beruhigen. Stattdessen kommt ihr Mann und erteilt mir für immer Hausverbot. Das macht mich sehr traurig. Eine solch zarte Freundschaft mit ihr soll nun zu Ende sein? Und unsere beiden miteinander befreundeten kleinen Mädchen nicht mehr zusammen spielen dürfen?

Der Ehemann hat anscheinend gehörig Druck in seinem Betrieb bekommen. Er ist dort aktiv in den „Kampfgruppen der Arbeiterklasse", wo sie immer mal militärische Übungen auf dem Betriebsgelände machen. Das hilft, wenn man Karriere machen will. So jemand hat also etwas zu verlieren.

Wie leicht ist es dagegen für uns, die wir uns unter dem doch einigermaßen schützenden Dach der Kirche befinden. Und das weiß die Stasi auch. Also übernehmen Joachim und ich jetzt auch die ganze Verantwortung und wollen versuchen, die Eltern aus der Sache herauszuhalten.

Erst etwa sieben Jahre später, die DDR ist inzwischen Geschichte, treffe ich diese Mutter zufällig wieder. Da bin ich gerade mit Hannah bei einer Reitstunde in einem der dortigen Dörfer, an der sie mit ihrer Tochter auch teilnimmt. Was mich froh macht: Sie ist bei unserer Begegnung ganz aufgeräumt fröhlich, als hätte nie etwas zwischen uns gestanden. Aber jetzt wohnen wir ja schon nicht mehr in Dittichenrode. Da gibt es jetzt nichts mehr zum Anknüpfen. Schade.

Fatales Schmalspurdenken der Stasi

„Das ist keine einfache Eingabe. Das ist ein ganz fieses Spiel: Die B.'s benutzen die Mütter in Wickerode, um persönliche Interessen durchzusetzen. Sie wollen diese kirchlich gesinnte Kindergärtnerin behalten, um Einfluss zu nehmen. Zu diesem Zweck haben sie die Eltern bewusst getäuscht. Lesen Sie sich mal diese Eingabe durch. Fadenscheinige Ausreden. Alles gelogen. Hinterhältig."[56]

Hackfleisch sinkt in seinem Stuhl zurück. Wieder einmal hat er in der Sache „Breithaupt" seine engsten Mitarbeiter versammelt. Sie teilen seine Meinung, selbstverständlich. Lediglich Genossin Wernher wiegt ihren Kopf hin und her, etwas unentschlossen: „Irgendwie passt das nicht in mein Bild, das ich bisher von den Breithaupts habe. Dann müssten sie sich ja schon immer sehr verstellt haben. Das wäre dann allerdings tatsächlich hinterhältig." Nach kurzer Überlegung fährt sie fort: „Bisher hat der B. immer sehr direkt seine Meinung gesagt. Aber andererseits ..., andererseits wüsste ich auch keine bessere Erklärung für dieses Verhalten der beiden."

Hackfleisch scheint ihren Einwand nicht wirklich gehört zu haben. Er redet sich weiter in Rage: „So wie die zu agieren, einfach Menschen zu benutzen, das ist Sache unserer Behörde und niemandes sonst.

Ich wusste schon immer, dass die beiden eine staatsfeindliche Gesinnung haben. Ich hätte sie schon längst abserviert, wenn ich das entscheiden könnte. Sie kennen mich, Genossen. Da muss man konsequent handeln." Etwas resigniert fügt er dann hinzu: „Stattdessen soll ich mit Augenmaß vorgehen" – dabei verdreht er genau diese Augen –, „mit Augenmaß, sagen Sie mir da oben immer wieder. Die BRD-Beziehungen sind mir doch so was von egal. Können die für diese B.'s nicht einen anderen Idioten einsetzen? Warum ich?"

Abends hat seine Frau – wie so oft – Mühe, ihn wieder zu beruhigen: „Du machst das alles sehr gut, Liebling. Und ein Idiot bist du nicht." Dann holt sie seine Notfalltropfen aus der Küchenschublade.

In der Höhle des Löwen

Joachim und ich überlegen, was wir jetzt tun sollten. Abwarten, bis wir irgendwo zu erscheinen haben? Etwa, um uns gar noch zu rechtfertigen? Das kommt nicht in Frage. Schließlich haben wir allen Grund, uns jetzt über diesen Eingriff der Bürgermeisterin in unsere Rechte zu beschweren. Man hat uns unser Recht genommen, eine Eingabe zu machen, bei der nun mal auch viele Unterschriften zulässig sind. Die Eltern wollten es doch alle so.

Wir entscheiden uns, bei der SED-Kreisleitung vorzusprechen. Sie ist dem Rat des Kreises übergeordnet. Von dort kommen die Befehle. Da sind wir an der richtigen Stelle, dort lassen wir uns einen Gesprächstermin geben. Wir müssen denen jetzt zuvorkommen.

Das klappt schon am übernächsten Tag. Wir betreten das Gebäude und werden in einen Raum geführt, in dem wir von einer Genossin schon erwartet werden. Wir tragen unser Anliegen vor, sagen auch, dass wir verwundert darüber sind, dass wir von unserem Recht nicht Gebrauch machen können. Sie gibt uns formal Recht. In dem Moment klingelt das Telefon auf ihrem Schreibtisch. Sie nimmt ab, dann verlässt sie den Raum und statt ihrer betritt nun ein ziemlich aufgebrachter Herr das Zimmer, ein gewisser Herr Schütze, und brüllt uns an. Ich bin verwundert über mich selbst, dass ich keinerlei Angst spüre. Ich fühle mich sicher und beschützt. Noch einmal tragen wir ganz ruhig unser Anliegen vor. Wir begründen unsere Eingabe damit, dass man kleinen Kindern, für die eine bleibende Bezugsperson außerhalb des Elternhauses sehr wichtig ist, einen ständigen Wechsel von Erzieherinnen nicht zumuten sollte. Er lässt das nicht gelten, erzählt von seinem Sohn, als der klein war, dass er Ähnliches erlebt habe und heute ein Prachtjunge sei, der keinesfalls Schaden genommen habe, im Gegenteil. Wir bestehen auf unserer Ansicht und betonen immer wieder, dass uns das Recht einer Eingabe zusteht. Je wütender er wird, desto ruhiger werden wir. Ihm bleibt schließlich nur ein Argument übrig: „Aber das ist nicht üblich!" Wir: „Es entspricht dem Gesetz." Er: „Es ist trotzdem nicht üblich!" So endet letztlich das Gespräch, und wir fahren nach Hause. Wir haben uns gefühlt wie in der Höhle des Löwen. Und es war wie in der biblischen Erzählung von „Daniel in der Löwengrube", wir haben diese Höhle heil und unversehrt verlassen können.

Wieder frage ich mich wie schon so oft: Wie ist das möglich, dass wir so ruhig bleiben konnten, ohne innere Angst? Ist es die Gewissheit, „im Recht" zu sein, ein Recht, zu dem der Staat stehen muss?

Im Neuen Testament gibt es eine Rede Jesu, die er seinen Jüngern gehalten hat. Darin hat er ihnen reinen Wein darüber eingeschenkt, was unvermeidlich kommen wird: die Verfolgung derer, die zu ihm gehören. Dies ist dann damals auch bis ins vierte Jahrhundert hinein geschehen. Und auch heute noch werden Christen in vielen Ländern verfolgt.

So schlimm ist es in der DDR natürlich nicht. Christlicher Glaube ist hier unerwünscht. In den 50er-Jahren war der Staat der Überzeugung, dass im Sozialismus der Glaube an Gott mit „den Alten" aussterben werde. Deshalb wurden damals die „Jungen Gemeinden", also die christliche Jugend, sehr hart bekämpft und verfolgt. Nach und nach und zuletzt mit dem Staatskirchenvertrag[57] im Jahr 1978 hat sich das geändert. Dennoch bleiben Christen benachteiligt: Oft dürfen sie kein Abitur machen oder studieren und im Staat keine Karriere machen. Die Totalverweigerung, den Dienst an der Waffe zu leisten, wird mit Gefängnis bestraft. Sehr häufig, wenn auch nicht nur, sind es Christen, die das fünfte Gebot ernst nehmen wollen.

Ein Satz aus dieser Rede Jesu an seine Jünger ist mir zu einer Kraftquelle geworden, aus der ich „in der Höhle des Löwen", ohne es mir klar zu machen, geschöpft haben muss:

„Wenn sie euch nun überantworten werden, so sorgt nicht, wie oder was ihr reden sollt; denn es soll euch zu der Stunde gegeben werden, was ihr reden sollt" (Matthäus 10,19). Ja, so ist es wohl gewesen. Es ist uns gegeben worden. Das erfüllt mich mit großer Dankbarkeit.

Dann allerdings kommt es so, wie es kommen muss. Natürlich sitzt der Staat am längeren Hebel. Schließlich geht es in einer Diktatur nicht um das Recht oder um Überzeugungskraft und schon gar nicht um die Mitbeteiligung ihrer Bürger.

Die neue Erzieherin wird eingestellt. Aber siehe da: Sie ist sehr umgänglich und freundlich, nett mit den Kindern. Als alle Kinder einmal ihr Lieblingsbilderbuch mitbringen dürfen, ist das unserer Kinder eins „aus dem Westen". Es ist wirklich zurzeit ihr Lieblingsbuch, und ich kann es mir nicht verkneifen, die neue Erzieherin damit zu testen. Sie hat nichts dagegen, es wird vorgelesen.

Ich bin darüber etwas irritiert: Haben die Eltern mit ihrer Sorge übertrieben? Andererseits bin ich doch sehr erleichtert. Ich rätsele: Hat sie von all dem erfahren? Will sie deshalb uns Eltern für sich gewinnen? Ist dann dieses Aufbegehren doch nicht ganz umsonst gewesen? Wir werden es nie erfahren.

Alles in allem nimmt die Kindergartengeschichte für uns kein schönes Ende. Die Eltern meiden uns in den Elternversammlungen und auch sonst. Da ist etwas zerbrochen. Das haben wir nicht gewollt. Wir sind um eine Erfahrung reicher geworden. Aber um welchen Preis!

XIII. Eine Hoffnung wird wach

Glasnost und Perestroika in der Klinik

Über diesem einschneidenden Ereignis mit dem Kindergarten, das mich noch lange beschäftigt, wandern meine Gedanken zu der Hoffnung zurück, die vor etwa eineinhalb Jahren begann:

Das war im März 1987. Ich bin mit meinem dritten Kind schwanger und liege wegen vorzeitiger Wehen für ein paar Wochen im Krankenhaus in Sangerhausen. Das ist nicht schön, aber wenigstens habe ich endlich mal Zeit, in Ruhe zu lesen. Der dicke Wälzer *Der Name der Rose* von Umberto Eco interessiert mich. Dazu bin ich immer noch nicht gekommen. Aber jetzt!

Immer mal wieder flutscht durch unsere Besucher das eine oder andere Buch zu uns durch. Und Zeitschriften. Das *Time Magazine* aus den USA bekomme ich regelmäßig von meinem Vater. Mit dem Englischen hat der Zoll nach wie vor kein Problem. Christel hat uns kürzlich mal wieder den *Spiegel* 'reingeschmuggelt. Im Verstecken ist sie inzwischen zu einer Weltmeisterin geworden. Beide Zeitschriften liegen jetzt hier auf meinem Nachttisch.

Auf dem Titelblatt des *Time Magazine* und auch des *Spiegel* prangt jeweils ein großes Porträt von Michail Sergejewitsch Gorbatschow. Der wurde vor zwei Jahren zum Generalsekretär des ZK der KPDSU ernannt. Nach dem Tod von Breschnew folgte zunächst der dreijährige „Abreißkalender der UdSSR“, wie wir hier spaßeshalber sagen: Andropow: Nein! Tschernenko: Nein! Beide waren kranke Greise und nur kurz an der Macht. Gorbatschow: Ja! Der soll es jetzt sein. Hat der Himmel dabei seine Hand im Spiel? Gorbatschow, für viele in der DDR ein Hoffnungsträger, will Reformen anregen, spricht von Glasnost, Offenheit, und vom Umbau, Perestroika. Diese russischen Schlagworte treiben uns um: Meint er es ernst? Damit kommt er doch in seinem Zentralkomitee nie durch.

Kurz vor 22 Uhr geht auf einmal die Tür zu meinem Krankenzimmer auf: Der Nachtdienst habende Arzt, ein noch ganz junger, kommt herein, um in gedämpftem Ton zu fragen, ob alles in Ordnung sei und ob ich noch etwas brauche. Sehr freundlich, finde ich. Die anderen Patientinnen schlafen schon. Dann fällt sein Blick auf meinen Nachttisch, er sieht die Zeitschriften dort liegen. „Können Sie das lesen?“, fragt er bewundernd und deutet auf das *Time Magazine*. Halb darunter liegend entdeckt er den *Spiegel*. Seine großen Augen werden noch größer, er schaut mich fragend an: „Könnte ich mir den mal für diese Nacht ausborgen? Sie kriegen ihn auch bestimmt morgen früh zurück.“ Ich glaube, ich habe ihn sehr glücklich gemacht. Ich selber vertiefe mich, von einer kleinen Nachtlampe beleuchtet, um die anderen Frauen nicht zu stören, in das, was die Amerikaner zu Gorbatschow sagen. Wenn alles still ist, liest es sich konzentrierter. Schlafen kann ich sowieso noch nicht.

Am frühen Morgen bringt er mir den *Spiegel* zurück und ich habe fast ein bisschen den Eindruck, dass seine Augen glänzen.

Eine persönliche Lebensrettung

Im Oktober desselben Jahres, diesmal ist Joachim dran, zum Geburtstag meines Vaters zu reisen, passiert etwas Schlimmes. Ich bin im Haus mit unserem inzwischen vierzehn Monate alten Stephan, habe mich mittags etwas hingelegt und denke, Martin und Hannah spielen im Garten. Der ist zum Spielen nun wirklich groß genug, trotzdem kommt Martin auf die Idee, mit seiner Schwester durchs Dorf hin zum Teich zu gehen. Am Rand ist es modrig grün, Hannah denkt, sie tritt auf etwas Festes und fällt hinein. Nun haben glücklicherweise Jungen fast immer einen Stock bei sich, Martin hält seinen Hannah hin: „Halt' dich fest, halt' dich fest", ruft er seiner Schwester angstvoll zu. Er hätte sie nicht retten können, obwohl er später fest davon überzeugt ist. Es ist zwanzig nach eins. In der Nähe des Teiches ist nur der Konsum. Der ist immer zwischen eins und zwei geschlossen. Niemand hört die Schreie der Kinder.

Gleichzeitig merkt unsere liebe Frau Trüschel, die oberhalb des Dorfes in Friedhofsnähe wohnt, dass sie kein Brot mehr hat. „Vielleicht hat der Konsum ja zufällig noch auf", überlegt sie und macht sich auf den Weg den Berg hinunter. Als sie sich dem Konsum nähert, hört sie Hannah schreien: „Mutti, Mutti!" Mit ihren über 80 Jahren rennt sie, so gut sie noch kann, zum Teich, kniet sich hin und schafft es, mit zitternden Armen das Kind herauszuziehen. Der Anorak ist schwer, vollgesogen mit Wasser. Immer noch zitternd vor Aufregung, schimpft sie mit den Kindern, die laufen schnell nach Hause.

Da steht Hannah vor mir, bis über den Kopf mit Algengrün bedeckt. Schnell in die heiße Wanne, nur kommt so viel heißes Wasser gerade nicht mehr aus der Leitung, der Badeofen muss erst wieder angeheizt werden. Schnell ins warme Bett, dick eingemummelt. Das Ganze spricht sich in Windeseile im Dorf herum und alle sind entsetzt über das, was hätte passieren können. Ich bin so erleichtert, so dankbar, ich kann dieses kleine, nein, große Wunder der Bewahrung unseres Kindes kaum fassen.

Eine fiebrige Erkältung kommt unvermeidlich, und ich fahre mit Hannah nach Roßla zum Kinderarzt. Wir verstehen uns gut mit ihm, er ist sehr interessiert an unserer Arbeit und will uns mit seiner Frau einmal besuchen. Jetzt verschreibt er Medikamente für Hannah und ich wundere mich anschließend, dass er keinen neuen Termin mit mir macht, denn eigentlich ist er ein sehr sorgfältiger Arzt.

Bald wissen wir, warum: Er fährt in den Urlaub nach Ungarn und kommt nicht zurück. Wir sind traurig, hatten wir uns doch auf ein näheres Kennenlernen gefreut. Verlieren wir jetzt nach und nach die Besten? Wie soll das weitergehen?

XIV. Die (N)Macht ist schon im Schwinden

Das Lied

Darf ich es mir zu eigen machen, dieses wunderbare Adventslied (im Evangelischen Gesangbuch Nr. 16) von Jochen Klepper, der sich 1942 gemeinsam mit seiner jüdischen Frau und seiner Tochter das Leben nahm, um die, die ihm die Liebsten waren, vor dem KZ zu bewahren?

Die Nacht ist vorgedrungen, der Tag ist nicht mehr fern.
So sei nun Lob gesungen dem hellen Morgenstern!
Auch wer zur Nacht geweinet, der stimme froh mit ein.
Der Morgenstern bescheinet auch deine Angst und Pein.

Die Nacht ist schon im Schwinden, macht euch zum Stalle auf.
Ihr sollt das Heil dort finden, das aller Zeiten Lauf
von Anfang an verkündet, seit eure Schuld geschah.
Nun hat sich euch verbündet, den Gott selbst ausersah.

Noch manche Nacht wird fallen auf Menschenleid und Schuld.
Doch wandert nun mit allen der Stern der Gotteshuld.
Beglänzt von seinem Lichte, hält euch kein Dunkel mehr,
von Gottes Angesichte kam euch die Rettung her.

Mit dieser Hoffnung, diesem Sehnen, diesem Glauben, ist Jochen Klepper in den Tod gegangen. Wie tröstend mag er dann empfangen worden sein, dort, wo das Licht wohnt, das die Kraft hat, alles Dunkel hell zu machen.

In den Stunden größter Finsternis konnte er dieses Lied dichten, konnte ihn loben, den Morgenstern; loben den, der aus dem Himmel herabgestiegen ist, um uns Menschen Mensch zu sein, um sich mit uns zu verbünden, um das unsägliche Leiden von uns Menschen selbst zu erleiden, mit uns mitzuleiden. Jochen Klepper weiß um die zerstörerische Kraft von Schuld. Durch sie erleiden wir Angst und Pein; durch sie fügen auch wir anderen Menschen Leid zu. Er weiß aber auch darum, dass es Rettung aus dieser Schuld gibt, dass Schuld und Angst nicht das letzte Wort haben werden. Das Lied ist ein Ruf, uns dahin aufzumachen, wo wir das Heil der Welt, das Licht, das in unser Dunkel hineinscheint, finden können.

Auf keinen Fall will ich die grausamsten Verbrechen der Nazis, die die Hölle auf Erden waren, mit den Verbrechen der DDR-Regierung und ihrer Staatssicherheit gleichsetzen. Doch auch in der DDR gibt es dieses Dunkel, das Jochen Klepper im tieferen Sinne meint. Dieses Dunkel, das es überall auf der Welt gab und gibt, in verbrecherischen Diktaturen und auch im ganz Kleinen.

In der DDR sind das Stacheldraht, Minenfelder, Selbstschussanlagen und Schießbefehl an der Grenze zum Westen, auf der Flucht erschossene Menschen, Verhöre durch die Stasi, Zwangsadoptionen von Kindern, für immer gebrochene Seelen von Menschen. Wir haben dazu Geschichten gehört oder gelesen, manchmal auch Geschichten von betroffenen Menschen erzählt bekommen. Auch von den Ängsten, was ihnen passieren könnte, haben wir gehört. Oder von Erfahrungen, was ihnen *nicht* passiert ist, weil sie einfach bewahrt worden sind. Das alles und noch viel Schlimmeres dürfen wir nicht verharmlosen, nie vergessen.

Die Hoffnung, dass dies alles irgendwann ein Ende haben wird, habe ich mit diesem Lied von Jochen Klepper verbunden. Das Lied erzählt in seiner letzten Strophe von dem großen Weltgericht am Ende der Zeiten, in dem der Richter sich endgültig als der Retter in Jesus Christus offenbart:

Gott will im Dunkel wohnen und hat es doch erhellt.
Als wollte er belohnen, so richtet er die Welt.
Der sich den Erdkreis baute, der lässt den Sünder nicht.
Wer hier dem Sohn vertraute, kommt dort aus dem Gericht.

Das, was im großen Weltgeschehen einmal sein wird, das endgültige Schwinden aller dunklen Nächte dieser Erde, passiert auch jetzt immer mal wieder im Kleinen des eigenen Lebens, in Momenten der Zeitgeschichte.

Nächte und Mächte kommen und gehen. Die Hoffnung auf das zukünftige Heil bleibt. Das Licht, das die Kraft hat, immer wieder Finsternis zu vertreiben, auch.

Wir schreiben das Jahr 1989. Die Nacht, die Macht der DDR, ist sie nun im Schwinden? Ist der helle Tag, der Fall der Mauer in Berlin, der Abbau der Grenzbefestigungen, wirklich nicht mehr fern?

Im Sommer kommt Nina zu Besuch. Sie ist gut gelaunt und strahlt Hoffnung aus: „Wie seht ihr denn das? Die Ungarn lassen es zu, dass DDR-Bürger durch eine Öffnung im Grenzzaun nach Österreich hinein gelangen können. Da wird sich doch auch in der DDR bestimmt bald was ändern. Gorbatschow lässt den Ostblock gewähren.“ Tatsächlich gibt es zurzeit einen anwachsenden Touristenstrom in Richtung Tschechoslowakei und Ungarn.

Nina hat durchaus recht: Das Glück eines Machtwechsels in der Sowjetunion kommt den Menschen hier bei den Bestrebungen nach Freiheit und Demokratie entgegen. Ohne Gorbatschow hätten wir in der DDR wohl kaum eine Chance auf Veränderung. Ich bin voller Hoffnung und gleichzeitig sehr besorgt und sage zu Joachim: „Ich habe Angst, Sowjetrussland wird das nicht zulassen, es wird ein Blutbad geben wie beim Aufstand der DDR-Bevölkerung am 17. Juni 1953. Wie in Ungarn 1956. Wie in der Tschechoslowakei 1968. Warum sollte es jetzt anders sein? Wir sehen doch, was hier jetzt los ist." Wie immer beruhigt er mich, wiegelt ab. Joachim hat einfach keine Angst. Noch nie gehabt.

Herbst 1989 und die Kraft der Gebete

Gespannt verfolgen wir die Geschehnisse im Lande – soweit das möglich ist, etwas zu erfahren. Die oppositionellen Gruppen werden immer mutiger. Es gibt Demonstrationen und immer wieder Verhaftungen in Berlin und in vielen anderen Städten. Ich bin weiterhin beunruhigt und gleichzeitig irrational hoffnungsvoll, dass sich alles zum Guten wenden könnte.

Schon immer ist die „Friedensdekade" jedes Jahr im November ein wichtiger Bestandteil kirchlichen Lebens in der DDR. Dann wird in den Kirchen oder Gemeindehäusern zehn Tage lang jeden Abend eine Andacht gehalten, in der für den Frieden gebetet wird. In der Nikolaikirche in Leipzig gibt es bereits seit 1982 solche Gebete, und zwar *ganzjährig jeden Montag*. Sie werden von Friedens-, Umwelt- und Menschenrechtsgruppen organisiert.

Und in diesem Jahr? Die Kirchen füllen sich jetzt an den Montagen mit immer mehr Menschen. Demonstrationen schließen sich an. Leipzig wird dafür zu einem ganz besonderen Ort. Es werden Kerzen angezündet und nach dem Friedensgebet in der Nikolaikirche gehen die Menschen mit den brennenden Kerzen nach draußen, Junge und Alte, Männer, Frauen, oft mit ihren

Kindern. Es sind Christen und Nichtchristen, Regimegegner und Neugierige, auch SED-Genossen und natürlich Leute von der Stasi, die jede Woche in der Andacht die Seligpreisungen der Bergpredigt Jesu hören, Worte, die den Geist der Friedfertigkeit und Gewaltlosigkeit stiften, von dem die Menschen sich ergreifen lassen. Anschließend bewegt sich ein Zug schweigender Menschen durch die Stadt, manchmal mit hoch gehaltenen Transparenten, manchmal auch mit leisen Stimmen, die sich nach und nach zu zaghaften Sprechchören entwickeln: „Keine Gewalt, keine Gewalt." Auch ist zu hören: „Wir bleiben hier!" Diese Menschen wollen für eine bessere DDR kämpfen, nicht ihr Glück im Westen suchen. Diese gibt es allerdings auch, sie rufen dann leise, aber hörbar: „Wir wollen raus!" Beide Ansichten haben ihr Recht, finde ich, beiden Gruppierungen sollte Recht widerfahren.

Die Demonstranten verhalten sich friedlich. Bewaffnete Polizeikräfte bauen sich vor der Menge auf, stoppen den Zug, zerstreuen die Menschen, räumen die Plätze und Straßen der Stadt von den „illegalen Ansammlungen". Und immer wieder viele Verhaftungen, in Berlin ist die Polizei besonders brutal. Im Laufe des September demonstrieren allein in Leipzig 5000 Menschen, und die Zahl schwillt jede Woche mehr an. Die 2000 Plätze in der Kirche reichen nicht mehr aus. Die Polizei versucht, die Stadt an den Montagabenden von außen abzuriegeln. Straßen, die zur Nikolaikirche führen, werden blockiert, Autofahrer und Fußgänger kontrolliert.

Wir sitzen in dieser aufregenden Zeit in unserem kleinen Dittichenrode. In den Dörfern und Kleinstädten ist alles wie immer. Irgendwie sitzen wir hier fest, sind weit weg vom Geschehen, so fühle ich das. Ich bewundere die Menschen, die so für Frieden und Demokratie bereit sind, friedlich zu kämpfen. Hätte ich diesen Mut? Meinen Freiheitswillen mit einem Zweijährigen auf meinen Schultern zu demonstrieren?

Ich selber bin dafür nicht in die DDR gekommen. Diese Freiheit hätte ich auf andere Weise leichter haben können. Aber für die Menschen in diesem Land ist es richtig. Ich will hier DDR-Bürgerin sein mit allem, was dazu gehört. Und merke jetzt, ich bin es doch nur halb. Was hier jetzt passiert, ist nicht meine Aufgabe. Außer, in der Fürbitte dabei zu sein. Ich spüre intuitiv, ich will jetzt vor allem eins: Meine Kinder schützen. Wir ins Gefängnis und sie in ein Heim? Das darf nicht geschehen. Aber vielleicht käme nur Joachim ins Gefängnis und ich würde mit den Kindern in den Westen abgeschoben? Wir wissen einfach nicht, was noch auf uns alle zukommen könnte. Alles ist denkbar. Ich will es nicht denken und male mir doch voller Unruhe die verschiedensten Szenarien vor Augen.

Zur selben Zeit versuchen Menschen, die DDR zu verlassen. Immer mehr fahren in Richtung Tschechoslowakei. Ich habe vor allem eine große Sorge: Dass die Grenzen rund um die DDR herum geschlossen werden, um diese Fluchtbewegungen und damit die Auflösung der DDR zu stoppen. Und was wird dann?

Dann passiert stattdessen eines der größten Wunder in der Geschichte: Es ist der 30. September 1989. Bundesaußenminister Genscher, der sich mit seiner Heimatstadt Halle immer sehr verbunden fühlte, reist nach Prag. Dort ist die bundesdeutsche Botschaft schon seit geraumer Zeit mit Menschen überfüllt, die verlangen, ausreisen zu dürfen. Immer mehr klettern über die Zäune, das ganze Gelände ist belegt von Männern, Frauen und Kindern bis hin zum kleinen Säugling. Es sind mehrere Tausend, eine humanitäre Katastrophe droht. Die Regierungen der DDR und der Tschechoslowakei wollen lange nicht nachgeben. Letztlich ist es dann der sowjetische Außenminister Schewardnadse, der für die Kehrtwende sorgt. Das Politbüro in Berlin muss zähneknirschend zustimmen.

Joachim und ich sind sehr aufgeregt, das *müssen* wir sehen. Nun haben wir keinen Fernseher. Wir gehen deshalb in eine kleine, verrauchte Kneipe, wo jetzt immer Westfernsehen läuft. Hätte man früher in der Öffentlichkeit nie gewagt. Wir sitzen da und starren gebannt auf den Bildschirm. Doch wir scheinen die Einzigen zu sein, die das tun. Um uns herum trinken die Männer wie immer ihre Bierchen. Die Zigarette im Mund, knallen sie Karten auf die runden, rohen Holztische. Sie blicken nicht einmal hoch! Ich fasse es nicht: Da hält gerade der Bundesaußenminister eine der berühmtesten Reden in der Weltgeschichte vom Balkon der Botschaft in Prag – und keiner schaut hin.

„*... Ich bin zu Ihnen gekommen, um Ihnen mitzuteilen, dass heute Ihre Ausreise ...*“ Das Ende des Satzes geht in rauschendem Jubel unter. Jedenfalls in Prag, nicht in dieser Kneipe. Mir kommen die Tränen, weil mich das, was da geschieht, so berührt. Die Männer schauen jetzt mal kurz hoch bei dem Lärm, der aus dem Fernseher kommt, verlieren ein paar Worte darüber und beugen sich wieder über ihr Kartenspiel. Taumelig vor Erregung und Freude gehen wir nach Hause. Trotzdem frage ich mich bange, was als nächstes kommt. Denn in Berlin und nicht nur dort gehen die Gewaltszenen durch die Polizei weiter.

Am 7. Oktober wird der Tag der Republik groß gefeiert, wie jedes Jahr. Dieses Jahr sind es vierzig Jahre DDR. Feierliche Großaufmärsche säumen die Straßen von Berlin, Fähnlein schwingende FDJler, begleitet von Musikkapellen. Große politische Reden werden geschwungen, Sand dabei in die Augen gestreut, um nicht die Wahrheit der Verhältnisse erkennen zu lassen. Doch in diesem Jahr verläuft der 7. Oktober anders als alle Jahre zuvor. Gorbatschow ist eingeladen, auch er redet. Der von ihm erhoffte Rückhalt für die Regierung der DDR bleibt aus. Der sowjetische Generalsekretär spricht stattdessen eine Warnung aus, die zu einem geflügelten Wort werden wird: „Wer zu spät kommt, den bestraft das Leben.“

Und noch etwas ist erheblich anders als in den Jahren zuvor: Während Honecker mit Gorbatschow und vielen internationalen Staatsführern aus sozialistischen Ländern im Palast der Republik am Abend feierlich tafelt, strömen Demonstranten mit Sprechchören auf genau dieses Gebäude zu. Das kann den Festtagsgästen nicht entgangen sein, die nur durch die großen Scheiben nach draußen schauen müssten. Gorbatschow, der wohl die groteske Situation gespürt haben muss, verlässt nach kurzer Absprache mit seiner Frau unerwartet frühzeitig den Saal und fliegt zurück nach Moskau, wie sehr viel später bekannt werden wird.

Wir erfahren davon, wie an diesem Tag in vielen Städten auf demonstrierende Menschen, die sich nicht wehren, eingeprügelt wird, um sie dann in Lastwagen abzutransportieren. In der Zeitung erscheinen Artikel mit dem Aufruf, dass nun endlich mit der „Konterrevolution“ Schluss gemacht werden müsse, zur Not auch mit Waffengewalt. Ich bin in großer Sorge, wie das weitergehen soll.

Am 9. Oktober stehen in Leipzig mindestens 70 000 Bürger 8 000 Polizisten und Soldaten gegenüber. Die Krankenhäuser haben sich mit aufgestockten Blutkonserven und erhöhter Personalbereitschaft auf das Schlimmste vorbereitet.

„Am Montagabend nach den Feierlichkeiten in Berlin“, so erzählt uns wenig später jemand, der an dem besagten Tag in der Nikolaikirche gewesen ist, „war während der Andacht ein Geist der Ruhe und des Friedens spürbar – das hat mich überwältigt. Vor dem Segen des Bischofs hat der Gewandhauskapellmeister Kurt Masur noch einen Appell zur Gewaltlosigkeit vorgelesen. Und als wir, mehr als 2 000 Menschen, die Kirche verließen, standen da draußen bestimmt Zehntausende – alle mit Kerzen in den Händen. Für mich Lichter der Hoffnung und des Friedens. Wer eine Kerze mit beiden Händen umfasst, wird keine Steine werfen. Das war mir in dem Moment klar. Und dann geschah das Unerwartete: Die bewaffneten Kampfgruppen zogen sich zurück. Es fiel kein einziger Schuss.“

Beglänzt von seinem Lichte, hält euch kein Dunkel mehr,
von Gottes Angesichte kam euch die Rettung her.

Auch wir sind von seinen Schilderungen berührt, überwältigt. „Das ist wohl das größte Wunder unter dem Himmel der DDR“, denke ich bei mir, nicht ahnend, dass bald ein noch größeres folgen würde.

Später einmal, kurz vor seinem Tod, wird Horst Sindermann, der letzte Präsident der Volkskammer der DDR, sagen: „Wir hatten alles geplant, wir waren auf alles vorbereitet. Nur nicht auf Kerzen und Gebete.“

Ich sinne darüber nach: Warum Leipzig? Warum geschieht gerade in dieser Stadt von allen möglichen DDR-Städten dieses Wunder des friedlichen Ausgangs der Demonstration mit Kerzen und Gebeten ohne Gewaltanwendung durch den Staat?

Da fällt mir das Jahr 1968 ein: Die gotische Universitätskirche St. Pauli wurde durch das DDR-Regime gesprengt. Protestaktionen, Versuche von Widerstand gegen diese Entscheidung waren vergeblich. Die Menschen fühlten sich ohnmächtig. Viele Kunstgegenstände, vorsichtig abgetragene Epitaphen, wurden kurz vorher in einer Nacht- und Nebelaktion gerettet. Für die Leipziger Bevölkerung war das, was geschehen sollte, ein Schock. Viele von ihnen standen am Tag der Sprengung hinter den Absperrungen, machten heimlich Fotos, sahen mit Entsetzen, wie allmählich erst der Turm einstürzte, danach das Kirchenschiff zur Seite kippte und in sich zusammenfiel.

Es gab Menschen, die da gesagt haben: „Das ist der Anfang vom Ende der DDR.“ Meinten sie damit: „Das bleibt nicht ungesühnt?“ Denn zu der Zeit war solch ein Gedanke eher Wunschdenken. Der Sozialismus stand wirtschaftlich an seinem Zenit.

Der Trümmerhaufen war wie eine offene Wunde in der Seele der Stadt, die bestehen blieb. Daran konnten die so schnell wie möglich weggeräumten Trümmer nach der Sprengung damals nichts ändern. Trauernde Menschen vergessen nicht.

Und jetzt? Hat Gott die Stadt Leipzig vielleicht für dieses Wunder der Gewaltlosigkeit ausgesucht, um diese Wunde zu heilen? Um den Menschen zu sagen: „Schaut mal, jetzt seid ihr dem Regime nicht mehr ohnmächtig ausgeliefert“? Ein gewagter, aber trostreicher Gedanke.

Ich muss an die Geschichte von Josef und seinen Brüdern im ersten Buch Mose denken, die Thomas Mann großartig in seiner Roman-Tetralogie *Joseph und seine Brüder* entfaltet. In der biblischen Erzählung waren die Brüder eifersüchtig auf Josef und verkauften ihn als Sklaven nach Ägypten. Viele Jahre danach hätte Josef die Möglichkeit gehabt, sich an ihnen zu rächen. Aber stattdessen sagte er zu seinen Brüdern:

Fürchtet euch nicht! Stehe ich denn an Gottes statt? Ihr gedachtet es böse mit mir zu machen, aber Gott gedachte es gut zu machen (1. Mose 50,19/20).

Das Regime der DDR (das nicht etwa bereute, wie die Brüder Josefs es taten), gedachte es mit der Sprengung einer Kirche in Leipzig böse zu machen. Aber Gott gedachte es in Leipzig wieder gut zu machen. Heute, jetzt, 21 Jahre danach, 1989.

Unsere beiden älteren Kinder bekommen schon sehr intensiv mit, was los ist. Der sechsjährige Martin fragt immer öfter: „Warum können wir Großmama und Großpapa nicht besuchen?“ „Wann machen sie die Grenze auf?“ „Wie lange dauert das noch?“ Sein Papa ist überzeugt davon, dass die DDR nicht mehr lange Bestand haben *kann!* Aber wann und vor allem *wie* das Ende sein wird, bleibt noch im Nebel der Geschichte. „Bald", sagt er dann seinem kleinen Sohn, „bald ist es so weit." Wie sehr glaubt er das wirklich? Ich bin eher pessimistischer Natur und, entsprechend skeptisch, halte ich solche Prognosen für verfrüht.

Noch einmal eine Westreise und wieder nervöses Warten der Polizei

Am 21. Oktober feiert mein Vater seinen 75. Geburtstag. Diesmal bin ich dran zu fahren und stelle den üblichen Antrag bei der Polizei, der wieder genehmigt wird. Es ist die vierte Reise in meinen DDR-Jahren, das erste Mal ohne ein Kind. Jeden Abend sitzen wir vor dem Fernseher und verfolgen voller Spannung die Nachrichten. Vor dem Geburtstag fahre ich für ein paar Tage zu einer Freundin nach Bonn. Ulrike studiert dort Mathematik, nimmt mich eines Abends mit in die evangelische Studentengemeinde, die ziemlich politisch ausgerichtet ist. Ich werde gelöchert, verständlicherweise, und wir diskutieren bis in den späten Abend hinein. Viele Fragen kann ich gar nicht beantworten. Ich weiß einfach nicht, wie es weitergeht. Bei den Montagsgebeten und Demonstrationen bin ich nicht dabei.

Aber dann, am 18. Oktober, hoch aktuell: „Egon Krenz ist Nachfolger von Honecker geworden, was denkst du dazu? Wird es jetzt Reformen geben? Eine andere DDR?" „Krenz?" Diese Neuigkeit enttäuscht mich jetzt, nach den Hoffnungsschimmern in den Nachrichten der letzten Tage. „Nein", sage ich, „bestimmt nicht mit dem. Der repräsentiert die alte DDR. Er war schon lange als „Thronfolger" ausersehen worden, wenn der Greis Honecker mal abtritt. Ein Reformer ist er auf keinen Fall. Er ist jetzt halt nur ein bisschen früher an die Spitze der Republik gesetzt worden. Das Politbüro will mit aller Macht an der DDR, wie sie jetzt ist, festhalten. Die Demonstranten werden sich damit nicht zufrieden geben. Es könnte noch schlimmer kommen. Oder aber Krenz wird bald – schön wär's ja – durch einen Reformfreudigeren abgelöst, wenn der Druck von der Straße zu groß wird und die Russen sich weiter heraushalten. Ich kann es einfach nicht sagen." So rede ich. „Trotzdem", wirft jemand von den Studenten ein: „Honecker tritt zurück! Das könnte doch ein erstes Zeichen dafür sein, dass die Macht am Bröseln ist."

Ja, vielleicht. Vielleicht *ist* sie jetzt im Schwinden begriffen, die Macht, die Nacht der DDR.

Bald nach dem Geburtstag sitze ich wieder im Zug und ab Duderstadt im Bus hinein in die DDR. Wieder habe ich Lust, noch ein, zwei Tage in Leinefelde bei Wolfgang und Elke zu verbringen, bevor ich von dort mit dem Zug weiterfahre. Zu Hause angekommen, nehme ich als erstes meine Familie in den Arm und erzähle, wie es war. Dann fällt mir ein, ach ja, ich muss ja noch zur Polizei. „Die sind gestern schon hier gewesen, sie waren ganz aufgelöst", erzählt mir Joachim. Komisch, wie unwichtig das inzwischen geworden ist, ich wundere mich selber über meine Gelassenheit.

Am nächsten Morgen melde ich mich dann – endlich – zurück auf dem Polizeiamt in Roßla. Anders als damals, ja, anders als noch vor kurzem, als ich meinen Pass mit Visum abgeholt habe, spüre ich in diesem Raum eine völlig veränderte Stimmung. Dabei bin ich doch bloß knapp zwei Wochen weg gewesen. Ich lege dem Polizisten meinen Reisepass auf den Schreibtisch. Der scheint erleichtert darüber zu sein, dass ich wieder da bin. Er versucht, nur ein bisschen zu schimpfen, was ihm kaum gelingt. Er wirkt leicht nervös, verunsichert, währenddessen ich mich schon wie eine heimliche Siegerin fühle. Da ist wirklich etwas gekippt. „So weit ist es nun doch noch nicht, Frau Breithaupt, dass Sie sich nicht an die Auflagen halten müssen, wenn Sie schon ein Visum von uns bekommen." Mit diesen Worten erhalte ich meinen Ausweis zurück.

„Noch nicht", hat er gesagt. *Noch nicht!*

XV. Ein Wunder des Himmels

Das Glück einer Mutter

Und plötzlich geht alles ganz schnell.

Am Abend des 9. November holt Joachim mit dem Auto eine Jugendliche aus Breitungen ab, die er regelmäßig zum Hauskreis in Questenberg mitnimmt. Auf der Fahrt dorthin erzählt sie ihm: „Ich habe in den Nachrichten gehört, dass in Berlin die Grenzen offen sind." „Das kann nicht sein, Andrea, da musst du was falsch verstanden haben, das machen die doch nicht." Wir bekommen nicht mit, was in Berlin tatsächlich gerade geschieht. Müde wie immer sinken wir am späten Abend in unsere Betten.

Am frühen Morgen wird uns ein Telefonanruf durchgestellt. Es ist meine Mutter: „Gerlinde, habt ihr gestern Abend die Bilder gesehen?" „Was für Bilder? Mama, wir wollen doch keinen Fernseher, das weißt du doch." „Ja, wisst ihr das etwa noch nicht? In Berlin sitzen die Menschen auf der Mauer. Trabis fahren laut hupend 'rüber nach Westberlin, Westberliner klopfen zur Begrüßung auf die Autos, die Menschen liegen sich weinend in den Armen, Sektflaschen werden entkorkt, dass es nur so spritzt, es ist der helle Wahnsinn. Das müsst ihr sehen!" Es sprudelt nur so aus ihr heraus. „Und schafft euch mal endlich einen Fernseher an!" Ich bin wie betäubt. Ich fühle förmlich, wie ihr die Freudentränen übers Gesicht fließen. Auch ich kann sie nicht länger zurückhalten, so sehr überwältigt mich, was sie da gerade erzählt.

Nach und nach erfahren wir alles, was geschehen ist: Auf einer Pressekonferenz wird der SED-Funktionär Günter Schabowski von einem italienischen Journalisten nach dem neuen Reisegesetz der DDR gefragt, das in Arbeit ist. Das scheint deshalb nötig zu sein, weil der Aderlass in Richtung Tschechoslowakei und Ungarn ungebrochen weitergeht. Schabowski, wie es jeder in den DDR-Abendnachrichten sehen kann, bekommt daraufhin einen Zettel zugeschoben. Er schaut darauf und erklärt, dass das Gesetz eine Regelung dafür schaffen will, dass in Zukunft DDR-Bürger auch über Grenzübergänge der DDR ohne Visum direkt in die BRD reisen können. „Ab wann gilt diese Regelung?“, wird nachgebohrt. Schabowski, der sichtlich überfordert ist, zögert, guckt wieder auf den Zettel, selber ungläubig, was da steht, fährt er fort: „Das tritt nach meiner Kenntnis … ab sofort, unverzüglich.“

Da ist der Damm gebrochen, die Ostberliner wollen das gleich ausprobieren. Die Mauer wird erstürmt. Massen von Ostberlinern drängen an die Tore, bis diese von überraschten Grenzwächtern weit aufgemacht werden. Auf der anderen Seite warten schon ganz gespannt viele Westberliner: Ob sie wirklich kommen? Sie kommen! Ein Blitzlichtgewitter von den Kameras der vielen Journalisten erhellt die ganze nicht enden wollende berauschende Nacht, welche die (N)Macht der DDR nun zum Schwinden bringt. Der nächtliche Himmel über Berlin ist *einer*, nun für alle, die das wollen, erfahrbar.

Wir wären so gern nach Berlin gefahren, sofort, unverzüglich, wie es uns DDR-Bürgern von Regierungsseite eröffnet worden ist. Aber mit drei kleinen Kindern im Trabant die stundenlange Fahrt unternehmen? Ich sage belustigt: „Wie stellen die sich das eigentlich vor? Wir sind gerade zu erschöpft für solch ein Abenteuer. Sofort und unverzüglich kriegen wir das nicht hin."

Nach einigen Tagen entscheiden wir, dass Joachim, obwohl er viel zu tun hat, mit Martin nach Berlin fährt. Es wird eine ganz besondere Vater-Sohn-Aktion, eine unvergessliche, die ich den beiden von Herzen gönne. Ich bleibe mit den zwei Kleinen hier, das scheint uns das Vernünftigste zu sein. Leider, denn zu gern wäre ich mitgefahren.

Kurze Zeit später machen sich die beiden früh am Morgen auf den Weg. Am Abend sind sie zurück und Martin zeigt mir stolz die großen bunt bemalten Steinbrocken, die er eigenhändig aus der Berliner Mauer herausgehämmert, herausgebrochen hat. Sogar ein Echtheitszertifikat hat er dafür ausgestellt bekommen, gegen eine Mark.

Bunte Bruchstücke aus der Berliner Mauer (1989).

Ich bin schon sehr gespannt:

„Erzähl mal, Martin, wie hast du den Tag erlebt?"

Er berichtet mir begeistert von einem großen Loch in der Mauer, durch das sie hindurch gelangen konnten: „Wir sind einfach durchgeklettert: Da waren wir im Westen. Dann sind wir zurückgeklettert und waren wieder im Osten. Immer wieder haben wir das gemacht: Jetzt sind wir im Osten, jetzt sind wir im Westen. Das war so lustig. Irgendwann kam ein Polizist und wollte uns das verbieten. Da ist Vati richtig ausgerastet."

Das Fähnlein dreht sich nach Westen

Nicht nur die Fernsehantennen sind, wie schon immer, gen Westen ausgerichtet, nein, jetzt blickt das gesamte Land in diese Richtung.

Bisher habe ich die Menschen hier in unseren Dörfern so erlebt, dass sie zwar murren, wenn es etwas nicht zu kaufen gibt, es sich aber in der DDR ganz gut eingerichtet haben. Sie besitzen ihr eigenes Haus, das sie ausbauen und verschönern, ein Stück Land, ein wenig Vieh für den Eigenbedarf und um zusätzliches Geld zu verdienen. Das genügt ihnen. Reisefreiheit bedeutete ihnen nicht viel, denn „wir haben doch hier, was wir brauchen, was sollen wir da drüben? Wir nehmen uns Urlaub, um unsere Bäume abzuernten, die Kirschen und Äpfel zu verkaufen. Oder wenn das Schwein im Hof geschlachtet und gleich zu Wurst verarbeitet werden muss. Darin helfen wir uns im Dorf gegenseitig. Da ist einer für den anderen da. Zeit zum Verreisen bleibt da sowieso nicht übrig."

Jetzt nehme ich wahr, wie diese selben Menschen alle unbedingt mal „'rüber" fahren wollen, um zu gucken, nur mal um zu gucken, und um irgendwo Verwandte zu überraschen, wenn es sie gibt. Aber ihr gewohntes Leben würden sie nie aufgeben wollen. Ihre Heimat ist hier, wo schon die Eltern und Großeltern gelebt haben.

Wir staunen darüber, was sich seit der „Reisefreiheit für alle" besonders an jedem Freitagnachmittag und dann wieder am Sonntagabend vor unseren Augen abspielt: Schlangen von Trabis, Wartburgs und Co. quälen sich langsam die F 80 entlang. Von uns aus haben sie noch 70 Kilometer zu bewältigen! Da fahre ich von Dittichenrode den Berg hinunter, um in Roßla beim Bäcker Brot zu kaufen – aber ich gelange verflixt noch mal nicht auf die Fernverkehrsstraße. Es gönnt mir keiner, mich für einen kurzen Kilometer dazwischen zu schieben. Ich will doch gar nicht zur Grenze. Es dauert immer eine ganze Weile, bis mich endlich ein freundlicher Autofahrer durchlässt.

Nun muss ich zugeben, ist das für uns nicht allzu spannend, sind wir doch schon immer privilegiert gewesen, was das Reisen betrifft. Deshalb warten wir erst einmal ab. Dann, an einem Tag Anfang Dezember, kriegen wir auch spontan große Lust, nach Göttingen zu fahren. Wir wählen einen unmenschlich frühen Montagmorgen und stellen fest, je mehr wir uns dem Grenzübergang Worbis-Duderstadt nähern, desto voller werden die Straßen. Es kann Stunden dauern, bis wir die Grenze überquert haben. Inzwischen werden an immer mehr Stellen Zäune abgebaut, notdürftig Wege geebnet, wo noch keine Straßen sind, um den Verkehr zu entlasten. Es hat keinen Sinn, merken wir, in der Warteschlange zu bleiben. Wir probieren mehrere Stellen aus und finden schließlich einen offenen Zaun, durch den wohl noch keiner vor uns gefahren ist. Joachim liebt ja solche pionierhaften Abenteuer. Der Trabant ist ein recht stabiles Auto, wir holpern und ruckeln über einen umgepflügten Acker in der Hoffnung, irgendwo auf eine befahrbare Straße im Westen zu stoßen. Die Kinder sind begeistert. Nach mehreren Stunden Fahrt von Dittichenrode, so gegen zehn oder elf Uhr, kommen wir dann tatsächlich in Göttingen an. Telefonieren geht ja nach wie vor nicht so einfach, und so überraschen wir eine befreundete Studentin, die in einer WG in einem Hochhaus wohnt. Hoffentlich ist sie auch zu Hause, ein anderes Ziel in Göttingen hätten wir nicht. Wir fahren mit dem Fahrstuhl hoch und klingeln, Aya öffnet uns die Tür. „Da seid ihr ja endlich“, ruft sie begeistert aus, „wir haben uns schon gefragt, wann ihr denn endlich mal kommt.“ Auch die anderen Studenten begrüßen uns mit einem Hallo, einer macht sich gleich zum Bäcker auf, holt frische Brötchen und für die Kinder etwas Süßes. Der Frühstückstisch in der Studentenküche wird gedeckt, der heiße Kaffee tut jetzt gut. Es wird ein wunderschöner Tag!

Zum 16. Dezember, es ist der 69. Geburtstag der Großmama, fahren wir zum ersten Mal als ganze Familie zu meinen Eltern. Ach, wie sind sie glücklich, uns zu empfangen! Alle ihre Sorgen um uns haben nun endlich ein Ende.

Papa, Martin, Mama, Hannah, Joachim, Gerlinde und Stephan in Brelingen (16. Dezember 1989).

Eines anderen schönen Tages besuche ich meine Freundin Nina in Hermannsburg mit dem Zug und nehme Hannah mit. Nina bringt uns in ihrem Auto zurück. Hier gibt es auch hinten Anschnallgurte, im Trabi nicht. Das Anschnallen gefällt meiner Tochter gar nicht. Diese Art der „Freiheitsberaubung" ist sie nicht gewohnt. „Wann sind wir endlich an der Grenze?", fragt sie uns immer mal wieder auf der langen Fahrt. Im Osten gibt es hinten keine Anschnallpflicht, wieso auch? Als wir dann die Grenze passieren, schnallt sie sich sofort ab. Tja, was ist Freiheit, und wo gilt welche?

Das Fähnlein dreht sich nach Westen, und ich? Wohin drehe ich mich jetzt? Ich meine, innerlich. Äußerlich bleiben wir ja im Osten wohnen. Aber der Osten ist nicht mehr die DDR. Nicht die, für die ich mich einmal in einem schweren Prozess entschieden habe. Nun ist plötzlich alles so leicht. Meine Entscheidung von damals kommt mir jetzt so belanglos vor. Meine Freude über das Ende der DDR ist unendlich groß, keine Frage. Und trotzdem mischt sich diesem Gefühl auch ein ganz seltsamer, fader Beigeschmack bei. Was war das jetzt eigentlich gewesen, dieser Einsatz fürs Leben, diese große Entscheidung, dieser Mut, auf den ich auch immer ein bisschen stolz war? Noch nicht einmal neun Jahre sind es gewesen.

Seltsam, diese Gedanken. Und dennoch: Was hier geschehen ist, friedlich, ist ein Wunder des Himmels! Dafür bin ich unendlich dankbar. Ich bin vor allem froh für meine Kinder.

Freiheit, Ringen um Veränderungen und ein kleines bisschen Anarchie

So manches ändert sich ziemlich schnell durch den „Druck von der Straße“, zum Beispiel die Stundenpläne der Schüler. Eigentlich haben die Kinder hier auch am Samstag Unterricht. Freitagnachmittag hat aber fast die ganze arbeitende Bevölkerung der DDR ein freies Wochenende vor sich. Das nutzen die Familien, um „rüber“ zu fahren. Bald sind die Klassen an den Samstagen nur noch zur Hälfte gefüllt. Die Schulen kapitulieren, der Unterricht am Samstag wird für immer abgeschafft.

Welche Gesetze und Verordnungen gelten nicht mehr, welche noch nicht? Die nächsten Wochen und Monate gestalten sich fast anarchisch. Man hat das Gefühl, fast alles ist jetzt erlaubt. Die Polizei selbst ist verunsichert.

Die Staatssicherheit allerdings ist immer noch bis an die Zähne bewaffnet. Sie wird vom letzten Vorsitzenden des Ministerrates der DDR, Hans Modrow, in das „Amt für nationale Sicherheit“ umgewandelt, um sie am Leben zu erhalten. Jetzt versucht sie, so schnell es geht, so viele Akten wie möglich zu vernichten. Da wird geschreddert und verbrannt, was das Zeug hält. Zum Glück wird dies sehr bald durch wütende Aktivisten gestoppt, die Stasi-Gebäude werden dafür regelrecht gestürmt. In Erfurt sind es die Frauen vom neu gegründeten Erfurter Frauenforum „Frauen für Veränderung“, die die Besetzung organisieren. Mit ihren Fahrzeugen blockieren sie die Ausgänge, unter ihnen ist die Frau des Erfurter Propstes, Almuth Falcke. Diese Aktion, der sich immer mehr Menschen anschließen, ist beileibe nicht ungefährlich, aber dringend notwendig.

Davon erfahre ich erst eine ganze Zeitlang später. Wie würde ich mich verhalten haben, lebte ich nicht in diesem kleinen Ditichenrode? Aus dem Schornstein unseres Nachbarhauses allerdings tritt eines Tages ein übel riechender dunkler Qualm heraus, wie von brennenden Autoreifen. Was wird da nur verbrannt? Vielleicht Filmaufnahmen? Aber vielleicht ist das auch nur meine Fantasie.

Alles, was jetzt passiert, ist ungeheuer spannend für mich. Wann kann man schon mal so hautnah eine Kehrtwende der Weltgeschichte miterleben? Ich empfinde diese anarchistischen Wochen, in denen engagierte Menschen, darunter viele Christen, intensiv an einer „neuen DDR“ arbeiten, als eine herrliche Zeit der Freiheit, in der alles, alles offen ist. Natürlich wird sich das wieder ändern, und das ist auch gut so. Es wird wieder Regeln geben und neue Gesetze. Bessere.

Die Stimmung unter den Menschen ist sehr vielfältig: Diejenigen, die schon immer kritisch gedacht und gelitten haben, sind jetzt glücklich über die Ereignisse. Sie ergreifen Initiativen, haben den Mut, sich selbstständig zu machen, Neues aufzubauen, oder gehen gar voller Ideale in die Politik.

Doch da gibt es auch die Staatstreuen, die nie irgendetwas in Frage gestellt haben. Eine Bekannte erzählt mir von jemandem, der, als im Dezember die Regierung der DDR zurückgetreten ist, völlig entsetzt gesagt habe: „Aber das könnt ihr doch nicht machen. Ihr könnt uns doch jetzt nicht alleine lassen. Wie soll es jetzt bloß weitergehen?“ Ich vermute, sehr viele Menschen in der DDR denken so. Es gibt Verunsicherungen und Angst vor der Zukunft. Selber denken müssen, selber Entscheidungen treffen – wenn man das nie gelernt hat, ist das schwer.

Da ist oft auch viel Wut auf die Kirche dabei, denn die ist nun schuld an allem. „Alle Pfaffen an die Wand stellen und erschießen“ – solche und ähnliche Schmierereien kann man an Mauern zu lesen finden. Diese Feindseligkeit erschrickt mich.

Gleichzeitig stellt die Aussicht auf die D-Mark eine große Verlockung dar. Den gleichen Wohlstand zu erlangen wie im Westen, das ist natürlich attraktiv. Ich nehme bei vielen Menschen einen großen inneren Zwiespalt wahr. Das eine behalten wollen und das andere dazubekommen, das funktioniert halt nicht.

Erschrocken bin ich auch über den Hass, der sich bei nicht wenigen Menschen mit einem Mal über die scheidende Regierung der DDR ergießt. Zum ersten Mal finden nun auch in Sangerhausen Demonstrationen statt. Nun kostet das keinen Mut mehr. Einmal schaue ich zu. Ein langer Zug von Menschen wälzt sich durch die Straßen der Stadt, die Menge ist aufgebracht, es gibt wütende Sprechchöre. Was sie in den Händen tragen, sind keine Kerzen mehr. Stattdessen halten einige auf langen Stäben oben angebrachte große Fotos von Honecker und anderen Hassfiguren hoch, die in Sträflingskleidung abgebildet sind. Irgendwie erinnert mich das an die Französische Revolution: Da hat man auf Bajonetten aufgespießte Köpfe von Ermordeten vor sich hergetragen. Ich weiß, dass man das nicht vergleichen kann. Trotzdem kommen mir solche Bilder in den Kopf, denn symbolisch passiert das Gleiche. Ich verstehe die Wut vieler. Aber mit diesem Hass will ich mich nicht solidarisieren, ich fahre wieder nach Hause. Joachim empfindet es wie ich.

Wie in allen Kreis- und Bezirksstädten entsteht jetzt auch in Sangerhausen ein sogenannter Runder Tisch, an dem sich demokratisch bewegte Menschen überlegen, wie es weitergehen kann. Ich bin durch die Kinder ziemlich angebunden, aber Joachim ist dabei. Unser neuer Superintendent, Gottfried Appel, leitet ihn, moderieren ist seine Stärke.

Einige Pfarrer wechseln in die Politik, zumindest vorübergehend. Kleinere und größere politische Foren und Parteien entstehen, manche verschwinden bald wieder. Wer ist Freund, wer ist Feind? Wem kann man trauen? Wer versucht nur, seine Haut zu retten, und meint es gar nicht ernst mit der Demokratie, hängt sein Mäntelchen in den neuen Wind? Die Ost-CDU, immer ein unbedeutender Vasall der SED gewesen, wird von vielen zunächst skeptisch gesehen. Eine echte Alternative zu den westdeutschen Parteien ist das neu gegründete „Bündnis 90“. Besonders viele der Bürgerrechtler, die der DDR eine ganz neue Chance als eigenständigem Staat geben wollen, gehören dazu.

Pünktlich zum 1. Juli 1990 ist die Währungsumstellung. Über Nacht verschwinden die Ostwaren aus den Läden. Die Regale füllen sich mit Produkten aus dem Westen. Wir sind von jetzt auf gleich im Kapitalismus angekommen. Der Kommerz greift zu. Neue Absatzmärkte für den Westen! Bald wird klar, dass das die Industrie der DDR massiv schädigen wird.

Und wie geht es jetzt mit der Kirche weiter? In den Monaten vor dem Ende der DDR haben viele Menschen ihre Hoffnung auf sie gesetzt, ihre Gebäude dankbar als Versammlungsorte genutzt. Das betraf vor allem die, die Veränderung wollten, ob sie nun einer Kirche angehören oder nicht. Manche Menschen suchten damals und auch jetzt Antworten, Orientierung und Halt… Das löst nun große Hoffnungen innerhalb der Kirche aus: Die Zahl der Christen wird wieder zunehmen, jetzt, da die Repressalien Vergangenheit sind! Umso größer ist nun die Enttäuschung: Nach der friedlichen Revolution (der Begriff „Wende“ ist eine Erfindung von Egon Krenz und verharmlost den gewaltfreien Kampf für Frieden und Freiheit) ist fast alles wieder so wie früher.

Es beginnen intensive Verhandlungen zwischen der Ost- und der West-Kirche auf höchster Ebene. Hat unsere Kirche hier überhaupt eine Chance, mit der D-Mark auf finanziell eigenständigen Füßen zu stehen? Wird hier jetzt auch das Kirchensteuersystem eingeführt? Sehr viele in der Kirche sind dagegen, sie wollen eine Freiwilligkeitskirche beibehalten. Als es dann nach 1990 dennoch so entschieden wird, passiert in der Bevölkerung ein Massenaustritt wie nie zuvor. Dieser wird noch angeheizt durch Falschmeldungen in der Presse. Da lesen wir doch eines Tages in unserer Tageszeitung: Die Kirchensteuer beträgt neun Prozent des Lohnes. Einige Tage später muss sie das mit einer kleinen Notiz korrigieren, es sind neun Prozent der an den Staat zu zahlenden Steuern. Aber wer liest schon das Kleingedruckte? Jetzt jedenfalls zeigt sich, wer es mit dem christlichen Glauben ernst meint. Wer der Kirche nie einen Pfennig gegeben hat, will es jetzt auch nicht tun. Manche von denen, die irgendwann getauft worden sind, wachen nun auf: „Was? Ich bin in der Kirche? Wo steht das denn?“

Doch es gibt auch eine kleine Bewegung in die andere Richtung. Besonders unter einigen wenigen Lehrern und Lehrerinnen, die froh sind, nicht mehr unter dem staatlichen Druck zu stehen. Sie treten wieder in die Kirche ein, lassen ihre Kinder taufen und zum Konfirmandenunterricht gehen. Das dürfen wir dann in Allstedt erleben, wo Joachim im September 1990 eine neue Pfarrstelle übernimmt.

Mittelpunkt Mensch

Menschenverachtend ist es gewesen, das „System DDR“. Die Veränderungen im Verstehen dessen, was so falsch war, gehen nur langsam voran. Das wird mir deutlich, als ich im August 1990 in die Uniklinik nach Halle muss. Ich bin im fünften Monat schwanger und es stellt sich heraus, dass das Kind in mir gestorben ist. Die Geburt muss gewaltsam herbeigeführt werden. Wehenspritze direkt durch die Bauchdecke, alles andere ist nicht zielführend gewesen. Ich fühle mich elend. Zwischendurch, als ich gerade in irgendeinem Zwischenflur liege, kommt ein älterer Arzt vorbei. „Was wollen Sie denn? Sie haben doch schon drei Kinder. Reicht das nicht?“ Wo andere Menschen eine Seele haben, hat dieser ein Reibeisen, fährt es mir durch den Kopf. Als ob es um eine Zahl ginge, die man will oder nicht will. Einen Tag später wird der kleine Junge geboren, ein Häuflein Kind. Ich liege im großen Kreißsaal, um mich herum höre ich immer mal wieder den ersten Schrei eines Neugeborenen, meins schreit nicht. Der junge Arzt sagt tatsächlich wohlmeinend zu mir: „Herzlichen Glückwunsch, Sie haben es geschafft.“ Ich fühle mich wie tot. Wäre es nicht angemessener, denke ich traurig, mir ein herzliches Beileid auszusprechen?

Die Besucherregelungen sind immer noch so streng wie zu DDR-Zeiten. Dreimal die Woche jeweils eine Stunde. Das erinnert mich an meine schwersten Stunden im Januar 1987: Bei unserer Hannah hat man eine bis dahin nicht erkannte schwere Hüftluxation festgestellt. Wir mussten sie für drei Wochen im Krankenhaus abgeben, in einem Alter, da man einem Kind noch nicht erklären kann, was mit ihm geschieht. An nur drei Stunden innerhalb einer ganzen Woche durfte sie mich sehen. Die Abschiede waren jedes Mal fürchterlich für uns beide. Dann kam sie von den Hüften abwärts eingegipst wieder nach Hause.

Effizienz und medizinischer Erfolg sind wichtig. Der Mensch, der in dem kranken Körper steckt, nicht. Der hat sich zu fügen. Der Patient wird entmündigt. Selbstverantwortung darf es nicht geben. So ist das Gesundheitswesen der DDR – hoffentlich jetzt für immer vorbei.

Am Tag meiner Entlassung nehme ich bei der Visite meinen ganzen geschwächten Mut zusammen und sage zu der Oberärztin: „Das dürfen Sie einer Mutter nicht noch einmal zumuten, dass sie ihr totes Kind im großen Kreißsaal zur Welt bringen muss.“ Sie hört sich alles an, was ich vorzubringen habe, während sich die anderen anwesenden Ärzte nach und nach aus dem Zimmer verdrücken, als wollten sie es nicht wissen. Nach verschiedenen Rechtfertigungsversuchen sagt die Ärztin schließlich: „Naja, wir leben jetzt ja in einer anderen Zeit. Da wird der

Mensch mehr im Mittelpunkt stehen." *Der Mensch mehr im Mittelpunkt stehen!* Sie wissen also alle, dass das in der DDR nicht so war, denke ich dumpf. Dabei erinnere ich mich an Egon Krenz im letzten Herbst, der sich bei der Bevölkerung beliebt machen wollte, indem er von einem „Sozialismus mit menschlichem Antlitz" faselte. Er hat also ganz genau gewusst, dass der Sozialismus der DDR unmenschlich war. Mit dem, was er dann wollte, kam er zu spät.

Wiedervereinigen ist nicht einfach

Im Sommer 1990, wir sind gerade umgezogen, wird Martin eingeschult. Wir sind so froh, dass wir der Schule nicht mehr sagen müssen, dass er *nicht* zu den Jungen Pionieren geht. Es gibt sie schlichtweg nicht mehr, diese politische Organisation, sie bleibt unseren Kindern erspart. Gleichzeitig wird uns langsam klar, dass neue Schulbücher in einem neuen System die Menschen nicht verändern. Die Lehrer und Lehrerinnen sind dieselben geblieben, nur manche Schulleiter werden ausgetauscht. Ich sitze als Elternvertreterin in einer Kommission, die im Kreis Sangerhausen über die Zukunft aller Schulleitungen entscheiden soll. Das Kriterium sind entweder Beschwerden von Eltern über Benachteiligungen ihrer Kinder oder die Parteikarriere des Schulleiters oder der Schulleiterin. Die meisten Lehrer, jedenfalls erlebe ich es so in Allstedt, sind überhaupt nicht begeistert von all den Veränderungen, denn in der Institution Schule ist die Loyalität zur DDR besonders groß gewesen. Die Disziplin in den Klassen nimmt zudem rapide ab. Besonders in den höheren Klassen nehmen viele der Schüler die Lehrer nicht mehr ernst. Auch hier spüren wir eine gewisse Kirchenfeindlichkeit. Unsere Kinder auch.

Ein bisschen naiv sind wir wahrscheinlich, als wir für das Martinsfest am 10. November 1990 im Nachmittagshort der Grundschule fröhlich Einladungen verteilen, beim Laternenumzug mitzumachen. Darüber sind die meisten Eltern und Lehrerinnen der Grundschule ziemlich verärgert: „Früher mussten wir zu den Fackelumzügen – regiert denn jetzt die Kirche?“ Diese Reaktion erschreckt uns. Wir sind doch jetzt frei, keiner ist mehr gezwungen, irgendetwas zu tun oder nicht zu tun. Ist denn genau das nicht anders als früher?

In den Schulen soll laut der Kultusministerien wieder das Fach Religion unterrichtet werden. Jeder Schüler muss jetzt zwischen Ethik und Religion wählen. Aber wo sollen so schnell die Religionslehrer herkommen? Die Kirche entscheidet, die Pfarrer und Pfarrerinnen zu verpflichten und sie dazu in Schnellkursen auszubilden.

Joachim trifft es auch. Er wird in der Allstedter Sekundarschule eingesetzt. Für ihn ist es ein Spießrutenlaufen. „Der Pasta, der Pasta kommt“, wird ihm schon auf dem Schulhof entgegengerufen und dann gejohlt: „Na, heute schon gebetet?“ Wenn er das Lehrerzimmer betritt, spürt er eine frostige Atmosphäre. Dieses Eis beginnt erst zu schmelzen, als er an einer pädagogischen Weiterbildung mit seinen Kollegen dieser Schule teilnimmt, und sie ihn in Rollenspielen persönlich, als ganz normalen Menschen eben, kennenlernen.

Normalität stellt sich ein, die Willkommensfreude der Westdeutschen ist bald gänzlich verpufft. Wenn ich mal nach Göttingen fahre, hupen die LKW-Fahrer mir nach dem Grenzübertritt inzwischen nicht mehr fröhlich zu. Wenn der Auspuff von meinem Trabant mal besonders viele Abgase in die Luft verströmt, schaue ich in ärgerliche, überhebliche Gesichter. Einen gebrauchten VW können wir uns erst nach ein paar Jahren leisten.

„Die im Osten, die kriegen jetzt alles, auf unsere Kosten, und sind dabei auch noch undankbar", bekomme ich manchmal zu hören. Auf der anderen Seite des vereinigten Landes ärgern sich die Menschen über westdeutsche Arroganz. Viele kommen, um den Menschen hier im Osten überflüssige Versicherungen aufzuschwatzen oder um sich als zwielichtige Partner für ostdeutsche Kleinunternehmen zu empfehlen. Dazu beginnt die schlimme Zeit der Betriebsschließungen und hohen Arbeitslosigkeit. Das Gefühl, nicht mehr gebraucht zu werden, ist schrecklich. Menschen, die sich immer über ihre Arbeit definiert haben, wissen nun nicht, was sie mit sich anfangen sollen. Die Zahl der Ehescheidungen, vor allem in den Neubaugebieten, steigt rapide an.

Von all dem höre ich die Menschen erzählen und teile ihre Erschütterung. Den Mut, sich „drüben", also in der Fremde, Arbeit zu suchen, haben viele nicht. Und sie hängen an ihrer Heimat, an allem, was vertraut ist. Die Heimat – schon die ist jetzt neu genug.

Ich erlebe mich zunehmend als Vermittlerin. Den Menschen im Osten „erkläre" ich den Westen. Den Menschen im Westen „erkläre" ich den Osten. Ich werbe für Verständnis auf beiden Seiten, weise auf die kulturell bedingten unterschiedlichen Denk- und Verhaltensweisen hin. Ich kläre immer wieder Missverständnisse auf: „Die hat das so und so gemeint." Ich kann immer beide Seiten verstehen. Allmählich entwickele ich mich in allen Fragen der Verschiedenheit zur Spezialistin. Oft auch zur Versöhnerin, wenn zum Beispiel ostdeutsche Verwandte mit ihren westdeutschen Verwandten oder umgekehrt nichts mehr zu tun haben wollen und Verletzungen entstanden sind. Auch gibt es manchmal Situationen, in denen ich als „Wessi" angegriffen werde. Dann bin ich froh, sagen zu können, dass ich hier im Osten schon neun Jahre lebe. Damit kann ich mein Gegenüber wieder wohlwollend und verständnisvoll stimmen; ich bin ja doch irgendwie eine von ihnen. Und als solche fühle ich mich tatsächlich, nach wie vor.

Das alles ist überhaupt nicht einfach für mich. Aber ich bin froh, dass ich diese Rolle ausfüllen kann.

Am 3. Oktober 1990 feiern wir mit der Familie von Joachims Schwester Inge unsere ganz private deutsch-deutsche Wiedervereinigung an der kalten Bode, einem Grenzflüsschen mitten im Harz. Der Zaun ist an einer Stelle aufgeschnitten und weit geöffnet. Während unsere Kinder kleine Flöße aus Holz basteln und sie schwimmen lassen, fliegt der gelöste Sektkorken von hier nach dort, ohne dass ein Zaun das verhindern könnte.

Diethard und Joachim am Grenzzaun mit den Kindern (von links) Fabian, Martin, Johannes, Hannah, dahinter Stephan.

Diethard, Inge, Gerlinde, eine Freundin Andrea an der kalten Bode mit Sekt aus Plastikbechern.

Vor-bereitet, vor-gelebt haben wir sie ja schon lange, die Wiedervereinigung unter dem einen Himmel: *Am 23. August 1981, als ich für immer in den Osten kam.*

XVI. Die Akte „Bund"

Ideologisch verblendet

Da haben nun Menschen ein ganzes Leben damit zugebracht, andere Menschen auszuspionieren, ihnen Böses zu unterstellen, Menschen zu erpressen, zu drangsalieren, seelisch zu brechen und manchmal auch in den Selbstmord zu treiben. Was ist das nur für eine Lebensbilanz? Wie selbstzerstörerisch … Dabei haben wir nur dieses eine kostbare Leben, dem wir gerne einen Sinn geben wollen.

Und dann ist für diese Menschen auf einmal alles zu Ende. Das ganze Gebäude voller Lügen und Hass fällt von einem Tag auf den anderen wie ein Kartenhaus zusammen. Alles umsonst. Jetzt gilt es nur noch, möglichst alles vom eigenen „Lebenswerk" zu vernichten, auszulöschen, um Spuren zu verwischen und einmal sagen zu können: „Das habe ich nie getan!"

Der Gedanke lässt mich nicht los: Das also macht Ideologie aus einem Menschen. Das meint wohl die Philosophin Hannah Arendt, wenn sie sagt: „Das Böse ist banal." Dadurch ist es keineswegs weniger böse. Irgendwie spüre ich auch Mitleid mit diesen Leuten, die ihr Leben so verwirkt haben. Aber mein Entsetzen darüber, wie Menschen zerstört worden sind, ist größer. Und vor dem, was Menschen durch das SED-Regime erleiden mussten, habe ich großen Respekt.

Wir können nur dankbar sein ...

... denn wir haben es noch „gut“ gehabt. Der IM Conrad aus unserem Dorf, der heute nicht mehr lebt, ist als solcher leicht zu durchschauen gewesen, weil er es ziemlich plump angestellt hat, uns auszuhorchen. In der Regel haben wir gewusst, mit wem wir es zu tun haben. Mitarbeiter der Sangerhäuser Stasi haben sich Joachim selber als solche vorgestellt. Wir haben beim Erfahren der „Klarnamen“ nicht die bittere Erfahrung machen müssen, dass gute Freunde auf uns angesetzt worden sind. Wir haben beim Lesen der Akte eher oft herzlich gelacht, weil vieles so lächerlich war. So habe ich unsere Erfahrungen mit der Stasi auch mit viel Schmunzeln und mit noch mehr Ironie aufschreiben können. Unser Leben ist keineswegs zerstört worden, im Gegenteil: Wir sind vor dem Schlimmsten bewahrt worden. Zudem haben wir oft spüren können, welche Kraft innere Freiheit hat.

Wir haben es auch deshalb „gut“ gehabt, weil das „Dach der Kirche“ einen gewissen Schutz gab, den der Staat bis zu einem bestimmten Grad respektiert hat. Zwar sind auch Pfarrer im Gefängnis gewesen, dennoch haben wir mehr wagen können als andere Menschen. Wohl auch, weil ich „diese Frau aus der BRD“ war, die man augenscheinlich immer mit Samthandschuhen angefasst hat, was ich bis heute nicht ganz verstehe.

Letztlich bleibt alles, alles, irgendwie ein Wunder des Himmels. Bis heute teilen wir diesen Himmel miteinander.

XVII. Nach-Gedanken

Heimat

Im Osten leben wir nach wie vor, inzwischen im Ruhestand in Halle an der Saale. 1997 bin ich mit einer eigenen Pfarrstelle wieder in den Beruf gegangen – natürlich in der Kirche der ehemaligen DDR, hierher gehöre ich.

Der Osten und auch seine Kirche sind mir über die Jahre lieb geworden, zur Heimat geworden. Wenn ich einmal in Hannover oder in Hildesheim bin, Städte, die sich sehr verändert haben, schöner und attraktiver geworden sind, schaue ich mich verwundert um: „Und das ist also mal dein Zuhause gewesen", sage ich mir dann. Es fühlt sich seltsam an, fremd und vertraut zugleich. Die verschiedenen Orte meiner Kindheit und Studienzeit, auch die im Ausland – sie sind Vergangenheit und bleiben gleichzeitig in mir lebendig. Ich bewege mich in ihnen mit großer Selbstverständlichkeit. Was ist Heimat? Letztlich bleibe ich wohl ein Wanderer durch die Zeiten, mit meinen Augen und meinem Herzen stets ausgerichtet auf die Heimat, die man Himmel nennt.

Und unsere Kinder?

Sie leben heute in Berlin-Neukölln und in Halle an der Saale.

Unsere Kinder sind nicht nur Pfarrerskinder, wodurch sie in der DDR in einer Außenseiterrolle waren. Sie tragen außerdem von klein auf schicksalsmäßig die zwei unterschiedlichen Gesellschaftssysteme ihrer Eltern in sich. Sie sind davon in ihrer Kindheit geprägt worden. Mit den dazugehörigen Wertesystemen, Herausforderungen, Lernprozessen, Lebenserfahrungen und Sichtweisen auf das Leben. Mit den Fragen danach, was Freiheit ist. Was wichtig und was weniger wichtig ist. Besonders unser Ältester, Martin, hat gefühlt, dass er irgendwie anders ist als seine Mitschüler und deren Elternhäuser. Er konnte sich nicht erklären, warum.

Er hat sehr gelitten unter dem Umzug, diesem Neuanfang, verbunden mit dem Schuleintritt. Er sagt heute: „Dittichenrode war für mich Heimat und Geborgenheit. Dieses warme Gefühl bleibt bis heute in mir zurück. In Allstedt war das vorbei. Ich fühlte mich ungeborgen, heimatlos, in kirchenfeindlicher Umgebung. So, wie wenn man eine Blume mitten in der Blüte in irgendeinen Garten verpflanzt, wo sie dann blühen soll, aber wie? Es war ein Gefühl von großer Hilflosigkeit. Ich habe das als Kind nicht verstanden, aber gespürt. Auch als ich etwas älter wurde, dachte ich, ich will nur noch weg: Hierher gehöre ich nicht!"

Bei unserem Jüngsten, Stephan, war das anders: Er war 1990 zu jung, um die Ost-West-Unterschiede zu spüren. Er sagt heute: „Die Fragen hatte ich nicht, auch nicht, als ich älter war. Ich hatte vielleicht auch das Glück, ein begeisterter Fußballer zu sein, der für Allstedt bei fast jedem Spiel die Tore reinholte. Das brachte mir Anerkennung in der Schule ein."

Unsere Tochter Hannah wiederum erzählt, dass sie grundsätzlich eine schöne Grundschulzeit hatte: „Wir alle liebten unsere Lehrerin, die frisch vom Studium kam und bald darauf auch

Religion unterrichtete. Ich war eigentlich in der Klasse beliebt und fühlte mich nicht ausgegrenzt."

Als Jugendliche waren vor allem unsere beiden Ältesten auf der Suche nach ihrer Zugehörigkeit, nach ihrer Identität zwischen Ost und West. Sie haben uns in dem Alter – zu Recht, finde ich – hart angefragt, warum wir uns damals für die DDR entschieden hatten und ob uns denn nicht klar gewesen war, was das für ihr Leben bedeutet hätte.

Stephans Konfirmation in Allstedt 2001 mit seinen Eltern, Geschwistern und Paten (hinten, von links) Ulli Katz, Ulrike und Fritz.

Wie froh ich war, dass die DDR nun Vergangenheit war, kann sich jeder vorstellen.

Eine Zeitlang wollten die beiden nach dem Abitur unbedingt im Westen studieren und leben. Um nachzuholen, was sie als Kinder nicht leben konnten? Denn sind sie nicht auch von dort?

Als es dann so weit war, kippte der Wunsch ins Gegenteil, sie wählten bewusst den Osten und besonders Martin suchte hier seine Identifikation. Hannah hätte gern in Leipzig studiert wie ihre Freundinnen. Das Studienfach, das sie gewählt hatte, wurde allerdings nur an West-Unis angeboten. Sie entschied sich für die Freie Universität in Berlin (West). Sie sagte noch lange, dass sie froh darüber sei, dass in Berlin die Frage nach Ost oder West kaum noch eine Rolle spielt. Anders als in den neuen Bundesländern. Heute fühlt sie sich vor allem als Europäerin und ist dankbar dafür, in einem freien Land leben zu können.

Bis die Unterschiede zwischen Ost und West einmal ganz überwunden sein werden, ist noch ein weiter Weg zu gehen. Unsere vier Hallenser Enkelkinder werden es in dem Punkt leichter haben. Ihre Herausforderungen werden einmal ganz andere sein. Denn den einen Himmel teilen wir mit der ganzen Menschheit auf dieser inzwischen bedrohten Erde.

Wir feiern den Himmel

1989

der himmel ist einer
zerstörtes ist heilbar
getrenntes vereinbar
geeint schauen wir
den himmel

gebete und kerzen
umsäumen die straßen
erfassen die herzen
erreichen ihn, endlich,
den himmel

tränen der freude
überströmen das lachen
benetzen die mauern
und lassen ihn jubeln
den himmel

1990

die einheit des landes
beglückend – und dann
verwirrt, ernüchtert
enttäuschung verklagt
den himmel

von der d-mark umnebelt
träume (v)erkauft
enteignet, vermarktet
doch kauft man ihn nicht
den himmel

neue mauern entstehen
in herzen und sinnen
zerstören das schöne
hoffnung bleibt und findet
den himmel

2023

liebende menschen
es gibt sie noch immer
verstehen, verbinden
und immer noch feiern
den himmel

Danksagungen

Ich bin dankbar für die Begleitung meines Mannes Joachim, der mir die Zeiträume zum Schreiben immer wieder ermöglicht hat und mir mit seinen Erinnerungen und kritischen Korrekturen geholfen hat, so nahe wie möglich an der damaligen Realität zu sein.

Mein besonderer Dank gilt auch meinen Kindern Martin, Hannah und Stephan, die das mitgetragen und teilweise auch erlitten haben, was sie damals nicht entscheiden konnten, weil sie noch nicht geboren waren. Sie haben mich ermutigt, am Schreiben dranzubleiben, auch, weil es ihnen hilft, ihre eigene Geschichte bewusster zu verstehen.

Martin und meine Schwiegertochter Nicole haben mich beim Durchsehen und Korrigieren gewissenhaft unterstützt.

Danken möchte ich auch all denen, die mir erlaubt haben, von Ereignissen aus ihrer persönlichen Geschichte zu erzählen. Ohne diese hätte Wichtiges gefehlt.

Ich danke Stefan Drößler dafür, dass er mir einen Brief, den er als Jugendlicher geschrieben hatte und den er in seiner Stasi-Akte wiederfand, zur Veröffentlichung zur Verfügung gestellt hat.

Ebenso danke ich Olaf Huber dafür, dass er für dieses Buch seine Erinnerungen schriftlich verfasst hat, die ich so übernehmen durfte.

Ich danke auch meiner Freundin Gesa Schubert, die das Entstehen dieses Buches mit Mut machenden Worten begleitet hat und mich außerdem bei der Korrektur unterstützt hat. Ebenso hat mir Heike Palte mit ihren kritischen Beobachtungen sehr geholfen, manches noch einmal zu überdenken und zu ändern.

Ohne sie alle und ohne die gespannten Erwartungen vieler Menschen, die mein Leben gut kennen und in diesem Buch vorkommen, hätte ich vielleicht nicht bis zum Ende durchgehalten.

Anmerkungen

1 Dies kann man nachlesen in dem später geschriebenen Roman *Gefährlicher Frühling* von Margot Benary-Isbert.

2 Zwei Monate später würde ich in Michigan zu einem Gemeindepraktikum sein und nochmal die Augen aufreißen: Auch dort Schneemassen, aber umgekehrt verteilt: Die Schneeberge türmen sich dort auf den Gehwegen, die Straßen sind frei. Jeder fährt Auto. Welch anderer Lebensstil!

3 Zum „kleinen Grenzverkehr" gehörten die an die Westgrenze der DDR angrenzenden politischen Kreise. So gehörte zum Beispiel der Kreis Sangerhausen, noch östlich vom Kreis Nordhausen gelegen, gerade noch zum kleinen Grenzverkehr dazu. Ein Besucher aus dem Westen, der jemanden in diesen grenznahen Gebieten in der DDR besuchen wollte, konnte das spontan ohne ein vorher beantragtes Einreisevisum tun; allerdings nur für 24 Stunden.

4 In der Stasi-Akte können wir später die Grenzkontroll-Protokolle wörtlich nachlesen: Da heißt es: *„Die Person hinterließ in der Grenzpassage reservierten Eindruck, große schlanke Gestalt."* Ein anderes Mal: *„In ihrem Verhalten war die Reisende zurückhaltend. Den Kontrollorganen gegenüber war sie sehr sachlich und höflich, ihr Äußeres ist als sauber und modern (jeans* [sic!]*) einzuschätzen."*

Sätze zum Schmunzeln.

5 Entlang der Grenze zur Bundesrepublik gab es auf DDR-Boden einen fünf Kilometer breiten Streifen, der von DDR-Bürgern, die in dem Gebiet nicht wohnten, nicht betreten werden durfte. Man brauchte eine Sondergenehmigung, wenn man dort Verwandte oder Freunde besuchen wollte, die in den Dörfern in dieser Sperr-

zone lebten. Aber so einfach bekam man die nicht, bestand doch immer die – aus Sicht der Stasi – Gefahr eines Fluchtversuchs. Das wollte man, soweit es ging, erschweren.

6 Witzig ist, wie irreführend das bei späteren Grenzübergängen 1980 und 1981 sein würde. Ich zitiere aus drei verschiedenen Protokollen:

„Am linken Ringfinger trug sie einen goldenen Ring. Aus dem Reisepass gingen ca. 12 Einreisen in die DDR hervor, wobei sie sich u. a. in Erfurt, Rostock, Stralsund und Magdeburg aufgehalten hat …“

„Während der passmäßigen Abfertigung wurde bekannt, dass es sich bei dem genannten Reiseziel ebenfalls um einen Theologiestudenten handelt … Sie ist in der BRD verlobt. Die Verbindung zum genannten Reiseziel besteht schon mehrere Jahre“. „… und sie standen in dieser Zeit im regen Briefverkehr …“

Es wird wohl Zeit für einen neuen Reisepass! Und so lese ich in einem Grenzprotokoll vom 24.4.1981: *„Aus dem Reisepass gingen keine weiteren Reisen hervor … fahndungsmäßige Überprüfung ohne Erfolg. Zollkontrolle ohne Beanstandungen.“*

Auch ein absoluter Überwachungsstaat ist zum Glück nicht perfekt. Denn an anderer Stelle weiß man durchaus Bescheid: Ein Dokument vom 10.12.1980 informiert über die *„Übergabe von operativem Material von Joachim Breithaupt an Gerlinde Schnübbe. Inhalt: Liebesverbindung. Die Dokumentation wurde von der BV* (Bezirksverwaltung) *Dresden überstellt.“*

7 Ab 1984 wurde der Aufenthalt im kleinen Grenzverkehr auf 48 Stunden verlängert, sodass vor allem meine Eltern immer für zwei Tage bleiben konnten, ohne sich jedes Mal polizeilich an- und abmelden zu müssen.

8 Wie schlimm es in diesem Lager für die westdeutschen Einbürgerungswilligen zuging, kann man sich in Wanderausstellungen von DDR-Gedenkstätten heute anschauen. Ich habe mir eine solche in Marienborn bei Helmstedt angesehen: Die Antragsteller durften während ihres ganzen Aufenthaltes nicht ein Wort über die eigene Situation miteinander wechseln. Man war isoliert und dem Personal ausgeliefert. Man wurde die ganze Zeit im Ungewissen darüber belassen, ob und wann man entweder zurück in die Bundesrepublik beordert oder in die DDR entlassen würde. Die Entscheidung fiel dann ohne Vorwarnung von einem Moment auf den anderen.

Dann durfte man sich von den anderen Westdeutschen noch nicht einmal verabschieden.

Ich bin heilfroh, dass ich die psychischen Strapazen dort nicht erleben musste.

9 Die Bundesrepublik Deutschland hat im Gegensatz zu den anderen westeuropäischen Staaten die DDR in der Hoffnung auf den Tag X der Wiedervereinigung völkerrechtlich nicht anerkannt.

10 Die Bundesrepublik kaufte zwischen 1964 und 1989 33 755 politische Häftlinge für mehr als 3,4 Milliarden D-Mark aus der DDR frei, die dann in den Westen ausreisen durften. Um diese Transaktionen, die im Westen als „Menschenhandel" bezeichnet worden waren, nicht zu gefährden, war die westliche Presse dazu angehalten worden, möglichst nicht darüber zu berichten.

Dieser „Verkauf von Menschen" war eine lukrative Einnahmequelle für die DDR, die aufgrund von immer wieder akuten Finanznöten ab den 1970er-Jahren dringend auf Devisen und Warenlieferungen aus dem Westen angewiesen war.

11 Wolfgang Vogel „verteidigte" politische Häftlinge, organisierte für viele von ihnen ihre Freikäufe und vermittelte als Unterhändler beim Austausch von Agenten mit westlichen Staaten. Er wirkte bei der Ausreise von 215 019 DDR-Bürgern im Wege der Familienzusammenführung mit. Er gab später zu, als Inoffizieller Mitarbeiter der Staatssicherheit tätig gewesen zu sein.

12 Vogel verdiente jährlich bis zu einer Million Mark, Bonn zahlte ihm davon allein eine Jahrespauschale von 320 000 Mark „für humanitäre Aktivitäten".

13 Sozialistische Einheitspartei Deutschlands, Landwirtschaftliche Produktionsgenossenschaft, Bäuerliche Handelsgenossenschaft, Polytechnische Oberschule (Klasse 1–10), Erweiterte Oberschule (Klasse 11–12, oder bei gleichzeitiger Berufsausbildung 11–13), Deutsch-Sowjetische Freundschaft, Freie Deutsche Jugend, Gesellschaft für Sport und Technik (zum Beispiel wurden in sogenannten GST-Lagern Jugendliche vormilitärisch ausgebildet), Nationale Volksarmee, Volkspolizei (Vopo sagte man übrigens nicht), Ministerium für Staatssicherheit, Marxismus-Leninismus, Abschnittsbevollmächtigter (in der DDR der Bereichspolizist).

14 Ob sich wohl die Ostfriesen nach 1990 auch noch so nennen, frage ich mich heute …

15 Auch in den kirchlichen Archiven konnte ich nichts über diese Vorgänge finden.

16 *„Mit Schreiben vom 24.03.1981 wandte sich die BRD-Bürgerin Gerlinde Schnübbe, … Göttingen, … an die Ständige Vertretung der DDR in der BRD mit der Mitteilung, dass sie die Absicht habe, einen Bürger der DDR zu heiraten und ihre Ehe in der DDR zu führen. … Von der Ständigen Vertretung der DDR in der BRD wurde dieses Schreiben am 1.4. dem Ministerium des Inneren zugeleitet und ging hier am 09.04.89 ein.“*

In demselben Bericht eine halbe Seite später lese ich allerdings ungläubig die Behauptung eines Genossen Hauptmann vom Volkspolizeikreisamt Sangerhausen, dass Gerlinde B. nach ihrer endgültigen Einreise am 23. August mit normalem Besuchsvisum *„am 25.08.81 jedoch wieder mit unbekanntem Ziel abgereist ist. Bei ihrer polizeilichen An- und Abmeldung hat sie keinerlei Übersiedlungsabsichten geäußert. …“* Die Volkspolizei muss wohl etwas durcheinander gewesen sein.

17 *„Werter Herr Breithaupt!*

Von Ministerium für Auswärtige Angelegenheiten der Deutschen Demokratischen Republik erhielten wir die Mitteilung, daß Ihre Verlobte, Fräulein Gerlinde Schnübbe, beabsichtigt, zwecks Eheschließung in die DDR überzusiedeln. Wir bitten Sie, Ihrer Verlobten mitzuteilen, dass sie jederzeit … (ein)reisen und bei den Mitarbeitern unserer staatlichen Organe ihre Absicht … vortragen kann. Eine besondere Aufenthaltsgenehmigung benötigt sie dazu nicht.

Zur Entscheidung der Aufnahme … wird Ihre Verlobte vorübergehend in einem hierfür vorgeschriebenen Heim Aufnahme finden. …

Hochachtungsvoll

B.“

18 Vom 14. bis 16.8.1981 wird die Tagung des Exekutivkomitees des Ökumenischen Rates der Kirchen (ÖKR) in Dresden mit 30 internationalen kirchlichen Amtsträgern durchgeführt.

Es wird über die Lage aus den weltweiten Kirchen als Vorbereitung für die anschließende große Konferenz des Zentralausschusses des ÖKR vom 17. bis 26.8. beraten. Diese Vorbereitung auf die Konferenz geschieht unter Ausschluss der Öffentlichkeit.

Dennoch: Die Stasi hat ihre Beobachter vor Ort und schreibt mit: *„Dem MfS liegen einige Erkenntnisse über den Verlauf der Tagungen vor, die im Folgenden im Wesentlichen wiedergegeben werden."* Besonders wichtig war ihr, zu erfahren, dass *„der Bericht des Generalsekretärs sowie die anderen Materialien keine Angriffe gegen die DDR und andere sozialistische Staaten enthielten."*

Auf der Konferenz vom 17. bis 26.8. sind dann Vertreter von mehr als 300 Mitgliedskirchen des ÖRK aus über 100 Ländern versammelt. Sehr viele Journalisten aus der DDR und dem westlichen und östlichen Ausland sind zugegen.

Am 20.8. findet eine Plenarveranstaltung unter dem Thema „Die Kirchen in der DDR" statt.

19 Dazu habe ich aus dem viele Seiten umfassenden Bericht der Staatssicherheit über die Konferenz folgende Sätze hervorgehoben:

„Das Verhältnis Staat – Kirche in der DDR wird realistisch wiedergegeben. Dabei wird die gute Unterstützung durch den Staat als auch der Kirchen in der DDR für die Tagung hervorgehoben."…

„Die von negativen Kräften der ev. Kirchen in der DDR geplanten Aktivitäten, das sog. Soziale Friedensdienstpapier in die Sozialausschusstagung einzubringen… konnte durch rechtzeitiges Reagieren und durch staatlicherseits gesteuerte innerkirchliche Einflussnahme vorbeugend verhindert und für die Zentralausschusstagung sowie Randveranstaltungen gegenstandslos gemacht werden."… „Die DDR wurde international gewürdigt für ihr Eintreten für Frieden und Abrüstung"…

„Den über 500 Teilnehmern der Tagung wurde die erfolgreiche Entwicklung der DDR, die soziale Sicherheit und der Wohlstand ihrer Bürger, die Entwicklung vertrauensvoller Beziehungen zwischen Staat und Kirche sowie die Freiheit der Religionsausübung in der Tat nahegebracht… Kirchliche Amtsträger in mittleren Funktionen sowie Bischöfe der DDR bekannten sich in ihren Äußerungen öffentlich zu einem geregelten Verhältnis von Staat und Kirche in der DDR."…

„Politisch-negative Kräfte in Dresden gingen von Journalisten aus kapitalistischen Ländern, besonders von der BRD, aus. Sie versuch-

ten … das sich gut entwickelnde Verhältnis zwischen Staat und Kirche in der DDR … zu belasten."

(Quelle: ddr-im-blick.de, Das Bundesarchiv, Tagung des Exekutivkomitees des Ökumenischen Rates der Kirchen (ÖKR) in Dresden, Info Nr. 447/81).

20 „*Pfarrer Breithaupt wurde zu einer Aussprache geladen. … Dem B. wurde mitgeteilt, daß nicht der ganze Umfang der Einreisen realisiert werden kann, sondern nur seine zukünftigen Verwandten …*"

21 Heute steht hier ein beeindruckendes, perfekt renoviertes und viel genutztes Dorfkirchlein: Die Wand hinter dem Altarraum, die zu unserer Zeit aus einer notdürftig hochgezogenen Mauer aus Hohlblocksteinen bestand, um die Kirche vor dem Einsturz zu bewahren, wurde abgetragen und eine wunderschöne Apsis angebaut, wie es sie früher einmal gegeben hatte. In den Jahren nach der Wende gab es großherzige Spenden aus Westdeutschland; die Dorfbewohner, durch die vielen Neuzuzügler neu durchmischt, gründeten einen Kirchbauverein und legten Hand an.

22 Die von der DDR-Regierung 1956 gegründete Geschenkdienst- und Kleinexporte GmbH (abgekürzt Genex) gehörte zu ihren wichtigen Devisenbeschaffungsquellen.

Da die Dorfpfarrer ein Auto benötigten, um die vielen Orte in ihrem Pfarrbereich zu erreichen, war es möglich, sofort über Genex einen Trabant zu bekommen. Der Neid in der Bevölkerung war entsprechend groß. Bezahlt wurden die Autos von der westdeutschen Kirche. Damit die Dienst-Trabanten lange lebten, wurde die private Nutzung auf 300 Kilometer pro Monat beschränkt. Einmal Erfurt hin und zurück waren schon etwa 160 Kilometer. Nach Sangerhausen 26.

23 „*Am 31.08. erhielt das MdI* [Ministerium des Inneren] *vom Leiter im VPKA* [Volkspolizeikreisamt] *Sangerhausen die Mitteilung, daß die Bürgerin Schnübbe am 29.08.81 die schriftliche Begründung zur Aufnahme in der DDR gestellt hat und bereit ist, die Staatsbürgerschaft der DDR anzunehmen.*"

24 Davon berichtet auch eine Inoffizielle Stasimitarbeiterin (IM):

„*Tonbandabschrift, Halle den 27. Januar 1982*

In diesem Schreiben der Vikarin Breithaupt, die vor einiger Zeit aus der BRD in die DDR übergesiedelt ist, geht es um die Einführung von 33 Büchern, die beschlagnahmt wurde [sic!] *durch Zollorgane … Sie richtete dieses Schreiben an das Binnenzollamt und verweist auf den Einziehungsbescheid A 008521 vom 15.12.1981. Eine Durchschrift erging an unsere Kirchenleitung, wie bereits auch in dieser Eingabe vermerkt.*"

Drei Dinge beschäftigten mich, als ich dieses Schriftstück der Stasi las:

1. Die Daten irritierten mich. Die Sache war doch schon im Herbst 1981 abgeschlossen, außerdem hieß ich da noch Schnübbe.

2. Als ich „*unsere Kirchenleitung*" las, wollte ich natürlich wissen, wer diese IM war, die offensichtlich in unserem Kirchenkreis arbeitete. Der Klarname konnte aber nicht ermittelt werden.

3. Was sie mitteilte, ist eigentlich banal, denn sie wiederholte nur bekannte Fakten. Kann sein, dass sie in ihrer Stasitätigkeit niemandem schaden wollte mit dem, was sie schrieb. Das gab es ja häufig. Nur: Warum hat sie sich in diese Tätigkeit als Spitzel verwickeln lassen?

25 Die DDR hatte einen „Staatssekretär für Kirchenfragen". Er war die Kontaktperson zwischen dem Staat und der Kirche in der DDR. Von 1979 bis 1988 war das Klaus Gysi, der Vater von Gregor Gysi.

Auch jeder Kreis hatte einen solchen Beauftragten für Kirchenfragen.

26 Monika Marons erster Roman *Flugasche* (1981) prangert die Umweltzerstörung in der DDR an. Die Stadt B. ist Bitterfeld, die in ihren Augen „schmutzigste Stadt Europas". In Bitterfeld stand ein Braunkohlekraftwerk, mitten im Zentrum, umgeben von Wohnblocks. Es sprach sich in der Bevölkerung herum, dass in dieser Stadt die Außenfensterbretter, die man am Abend sauber gewischt hatte, im Laufe des nächsten Tages wieder schwarz wurden. Es war sinnlos, draußen die Wäsche zu trocknen. Kinder litten massiv unter Bronchitis. Darüber einen Roman zu schreiben, hatte natürlich zur Folge, dass das Buch in der DDR nicht verlegt werden durfte, und so wurde es in einem westdeutschen Verlag veröffentlicht. Monika Maron bekam generelles Publikationsverbot. 1988 konnte sie mit ihrer Familie in den Westen emigrieren.

27 Das wird sich nach der Wiedervereinigung schlagartig ändern: Das Kirchenmodell der Bundesrepublik muss notwendigerweise aus finanziellen Gründen übernommen werden.

28 Von der Stasi ist dazu später einmal bemerkt worden, dass Pfarrer Bernhard Ritters *„Hilfsbereitschaft … ausgenutzt wird, indem über die B. Einreisen von BRD-Personen … beantragt werden.“* Kann sich denn die Stasi nicht vorstellen, was Freunde auch im Extremfall in aller Freiheit füreinander tun?

29 Im *„Bericht über durchgeführtes Kontaktgespräch“* vom 12.2.1982 heißt es dazu: *„Im Zusammenhang mit seiner bevorstehenden Hochzeit habe er eine Vielzahl von Bürgern der BRD eingeladen. Unter diesen Bürgern sind eine Reihe Bekannte, die nicht antragsberechtigt sind. Wir hätten sein Anliegen wohlwollend geprüft und auf Grund seiner positiven Haltung zum sozialistischen Staat, der DDR, positiv entschieden. Breithaupt bedankte sich dafür und brachte zum Ausdruck, dass er am 10.02.1982 in den Vormittagsstunden per Post die genehmigten Anträge bereits erhalten habe.“*

30 Im Bericht der Stasi liest sich das Gespräch etwas anders, nämlich so:

„Auf eine entsprechenden Frage, ob er seinen Vorgesetzten von diesem Gespräch informiert, sagte der B.: ‚Ja.‘ Unterzeichneter würde wahrscheinlich auch seinen Vorgesetzten davon informieren. Ansonsten würde er sich nicht frei fühlen. Gegen diese Haltung wurde nicht gesprochen, ihm wurde lediglich zu bedenken gegeben, daß der ‚Super‘ gewöhnlich sauer reagiert, wenn einer seiner Mitarbeiter ohne seine Genehmigung mit staatlichen Stellen spricht. Breithaupt lächelte dabei.

Im Laufe des Gespräches stellte Breithaupt die Frage, daß Unterzeichneter doch nicht von der VP sei, sondern von der Staatssicherheit. Dem wurde nicht widersprochen. Am Schluss des Gespräches bedankte sich Unterzeichneter nochmals und teilte ihm mit, daß, wenn er Probleme habe, sich vertrauensvoll an uns wenden könnte. Auch wenn wir Probleme haben, würden auch wir uns an ihn wenden. Breithaupt sagte dazu: „Ja, aber erwarten Sie von mir nicht, daß ich Namen nenne.“

Gesamteinschätzung: Breithaupt ist ein intelligenter Mann, der Probleme offen anspricht; keine feindliche Haltung zur DDR erken-

nen läßt; ein angenehmer Gesprächspartner ist; hinsichtlich des Marxismus-Leninismus einige Kenntnisse besitzt; jedoch auch bestimmte Erscheinungen durch die Brille seiner Philosophie betrachtet; kirchlich pazifistische Positionen vertritt. …

Was ihm zur Zeit in der DDR nicht gefallen würde, sei der bei uns hier betriebene ‚Militarismus', beginnend mit dem Wehrunterricht in der Schule. … Aus seinen Worten waren Tendenzen des Pazifismus, wie sie gegenwärtig von der Kirche praktiziert werden, zu erkennen. Ob es seine Überzeugung oder ‚Pflichtmeinung' war, war nicht zu erkennen. … In diesem Zusammenhang brachte er zum Ausdruck, daß seine gesamte Verwandtschaft und Bekanntschaft in der BRD sehr stark in der Friedensbewegung arrangiert sei [gemeint ist wohl: engagiert] *und daß in der BRD hinsichtlich der Erhaltung des Friedens größere Aktivitäten als in der DDR zu verzeichnen wären. …*"

31 Die Stasi notiert:

„*Die Trauung findet in der Kirche in Roßla statt und wird von Bischof Krusche selbst durchgeführt. Anschließend würde man die Feierlichkeit im Hotel Tourist Kelbra fortsetzen. Ob Krusche bleibt, ist noch nicht ganz klar. Einige der Gäste werden im Hotel Kelbra schlafen. Außerdem übernachten einige beim Pfarrer in Kelbra und in Roßla.*"

32 Ich kann diese Aktion deshalb so detailliert beschreiben, weil wir in unseren Stasi-Unterlagen auch einen beschlagnahmten Rundbrief aus diesem Jahr von Joachim vorfanden.

33 Wir fanden in unserer Stasi-Akte einige nie angekommenen Briefe von damals wieder.

34 Die abgehörten Telefongespräche werden aufgeschrieben, gleichzeitig etwas merkwürdig wiedergegeben und enthalten so banale Dinge wie:

„*Bei Breithaupt meldet sich eine ‚Christa', die sich für den anderen Tag bei B.'s ankündigte.*

Breithaupt war damit einverstanden und man würde sich schon freuen.

Zum Schluss fragte die ‚Christa', ob sie noch etwas besonderes mitbringen soll, da es doch bei ihnen nicht's gibt.

(Könnte sich hier um eine BRD-Person handeln?)"

Oder:

„Am 19.05.86 meldet sich ein gewisser Olaf aus der BRD. Er erklärt, dass sie ein kleines Mädchen bekommen haben. Ferner haben sie jetzt privat auch Telefon und ein neue Wohnung. Leider haben sie noch keine Möbel außer… Der Breithaupt bringt seine Freude zum Ausdruck, daß sie ein Mädchen haben und erkundigt sich nach dem Namen…“

35 Selbst das wird schriftlich festgehalten: *„Breithaupt meldet ein Gespräch nach der BRD an.*

Hermansburg (hier folgt die Telefonnummer)

dringend.

Dieses Gespräch bekommt er nicht.“

36 Dass der Sozialismus dem Kapitalismus überlegen ist, war wesentlicher Bestandteil der DDR-Propaganda.

Wir haben jedenfalls herzlich gelacht bei der Vorstellung, dass die Stasi offensichtlich Ironie nicht versteht:

„Am 01.06.86 meldet sich ein Wolfgang aus der BRD bei Breithaupt. Er wird mit ein [sic!] *Hallo von Breithaupt begrüßt. Der Wolfgang erklärt, dass er sich bei Breithaupt einmal einladen möchte… Nun sei noch, dass er zwei Tage nach Dresden wolle zu ein* [sic!] *Kollegen. … Seine Bitte nun, (der Breithaupt) solle doch einmal Verbindung aufnehmen. … Wenn er benötigt, dann gebe er auch noch die Vorwahl. Breithaupt wirft ein, soweit sei die Post noch nicht in der DDR, daß er mit dieser Vorwahl etwas anfangen könne. … Doch politisch, da sei die DDR weiter als die BRD. Jede Stadt habe hier eine andere Vorwahl für jeden Ort.“*

„Der Wolfgang meint, er beabsichtige mit der Christel, seiner Frau für 6 Tage in der DDR zu verweilen. Zwei Tage wolle er davon nach Dresden. …“

Und nur nebenbei: Christel ist nicht seine Frau, sondern die beiden kennen sich gut.

37 *„Die Reisende machte während der Ausgabe der Reisedokumente einen sehr nervösen Eindruck. Aufgrund der fehlenden Angaben zum Reiseziel brachte sie zum Ausdruck, dass sie den Vornamen nicht kennen würde, da sie zum ersten Mal dorthin fahren würde.*

Sie unterrichtet die Fächer Religion und Deutsch. Die Adresse des DDR-Bürgers hat sie nach ihren Angaben von einer Bekannten er-

halten. Das Reiseziel ist der Pfarrer des Ortes. ZK o. B." (Soll heißen: „Zollkontrolle ohne Beanstandung", sprich: keine versteckte Literatur gefunden.)

(Grenzübergang Worbis am 7.7.1984)

38 „*Im Reisepaß der Dürr befanden sich mehrere Visa von Äthiopien. Dazu gab die D. an, daß sie als Lehrerin in einer Missionsschule in Äthiopien tätig ist, bzw. war. Ob sie noch einmal dort zum Einsatz kommt ist ihr zur Zeit noch nicht bekannt.*

Der Kontakt zum Reiseziel besteht aus der Zeit als die Breithaupt, Gerlinde, noch in der BRD lebte. In dieser Zeit entwickelte sich eine Freundschaft und auch eine glaubensmäßige Übereinstimmung. Die Reisende war gesprächig und machte einen gepflegten Eindruck. ZK o.B."

(Grenzübergang Worbis am 3.4.1987)

39 Er behauptete, „*nur zum Kaffeetrinken* [zu] *bleiben. … Der Reisende war normal gekleidet. Sein Äußeres war gepflegt. Er war, was seine Person betrifft, gesprächig, versuchte aber alles, was direkt aufs Reiseziel zusteuerte, im Gespräch zu umgehen. Weiterer Sachverhalt siehe K-Beleg des GZA.*"

(Grenzübergang Worbis am 31.1.1988)

40 Mitschrift zu Joachims Ordination am 20.2.1983 in Questenberg: „*60 bis 65 Personen nehmen teil, es wurden Pfarrer aus der Umgebung von Roßla erkannt. Inhalt des Gottesdienstes nicht bekannt.*"

Ja, hättet ihr uns einfach gefragt, wir hätten euch verraten, um was für eine Veranstaltung es sich handelt.

Für die Stasi interessant sind immer die Namen. Alle erkannten Personen werden in solchen Berichten namentlich, mit Adresse und auch Arbeitsplatz aufgeführt und was man sonst noch von ihnen (ziemlich fehlerhaft, wie ich feststellen kann) zu wissen meint.

So auch zum Beispiel bei einem Gemeindeabend in Dittichenrode zum Thema „Abtreibung", zu dem wir einen Arzt, der Christ ist, eingeladen hatten. Er hielt einen Vortrag mit Folien, die er auf unseren Polylux (im Westen Overheadprojektor genannt, aber in der DDR wählte man anscheinend doch lieber eine lateinische als ein englische Bezeichnung) legte, um das Thema anschließend mit uns zu diskutieren. (Abtreibung war in der DDR ohne Einschränkungen erlaubt.)

„Um welche Art der Veranstaltung es sich handelte, konnte nicht in Erfahrung gebracht werden“, heißt es im Bericht vom 18.2.1987. *„… Von weiteren zwei PKW konnten die Nummern, auf Grund von Verschmutzung, nicht festgestellt werden.“*

41 In ihrem Bericht vom 31.7.1985 gibt sie Joachims Auffassung wieder und schreibt weiter:

„… Durch mich wurde daraufhin dargelegt, daß solche Treffen doch eine sehr große Bedeutung für die Unterstützung des Kampfes der unterdrückten Völker hätten. Der B. ließ sich in seiner Meinung jedoch nicht beeinflussen.“

42 So notiert Frau W.: *„… Von uns aus wurde das Gespräch auf die religiöse Weltkonferenz in Moskau gebracht. Aus ihren Worten war zu entnehmen, daß sie über diese Zusammenkunft in ihrem Umgangskreis nicht gesprochen haben. Im weiteren Verlauf wurde über die Erhaltung des Friedens gesprochen. Dazu äußerte sie, dass sie nichts sehnlicher wünscht als die Erhaltung des Friedens, da sie nur im Frieden die Worte Christus verkünden kann. Der Glaube an Gott ist für sie unantastbar. Ihrer Meinung nach kann ein Christ niemals eine Waffe in die Hand nehmen, denn das 5. Gebot besagt, Töten ist eines Christen unwürdig.“* Na ja, genau meine Worte sind das wohl nicht wirklich.

„Wie sie sich im Verteidigungsfall verhalten würde, sicher verteidigen waren ihre Worte …“

43 Mit Letzterem ist die niederträchtige Zielstellung verbunden, Joachim konkret anzusetzen auf seine Kollegen im Kirchenkreis. So lesen wir in einem Bericht vom 10.8.1985: *„Innerhalb des Gespräches werden insgesamt Ansatzpunkte deutlich, die die weitere Realisierung der OPK in Richtung einer Kontaktierung des B. mit der Perspektive IM-Werbung möglich machen.“*

Voraussetzung dafür ist allerdings, *„daß die Führung von Kontaktgesprächen und deren Inhalte gegenüber dritten Personen, insbesondere dem Sup. und anderen kirchl. Amtsträgern, einschließlich der Ehefrau geheim gehalten wird.“* (19.9.1985)

44 In unserer Akte hagelt es immer mal Kritik an den IMs. Aber manchmal kommt ein Schulterklopfen. So heißt es zum Beispiel

über einen Bericht vom 25.6.1985: *„Genosse B., das ist eine gute Arbeit."*

45 Die Verärgerung des Majors kann man in einem Kontrollbericht nachlesen: *„Der IM Einsatz muss unbedingt aktiviert werden. ... Der weitere Einsatz des IMS ‚K.' muss geprüft werden. ... Der vorliegende Maßnahmeplan wurde am 16.8.85 erarbeitet und entspricht in keiner Weise der operativen Situation. ... Die Aktenführung weist erhebliche Schwächen auf, einerseits erfolgt keine chronologische Ablage der Informationen und andererseits sind eine Vielzahl von Informationen und Vermerke zwei- zum Teil dreifach enthalten ... (W., Major)"*

Ich muss diesem Major recht geben. Die Berichte sind oft schlecht, so manches hat sich da jemand aus den Fingern gesogen (vielleicht, weil er mit dem prahlen wollte, was er so alles weiß), die Realität scheint manchmal recht beliebig zu sein oder sie ist tatsächlich undurchschaubar. Und dann die Rechtschreibfehler in den Berichten – ich lasse sie stehen.

46 Wir lesen in unserer Akte in einem Schriftstück vom 19.9.1985: *„Hinweise, daß durch die B. Jugendarbeit oder andere Formen der kirchlichen Gruppenarbeit durchgeführt wird, sind bisher nicht bekannt geworden."*

47 *„Aus dem Inhalt der CC Nr. 26 geht hervor, daß es sich um eine missionarische Vereinigung handeln muss, die ihren Wirkungsbereich in Südafrika und Brasilien sieht."* (16.10.1984)

48 Es konnten lediglich *„allgemeine Aussagen zu sogenannten Communitäten erarbeitet werden, ... Bruderschaften, die sich Aufgaben in der Missionsarbeit und im sozialen Bereich, insbesondere in unterentwickelten Ländern stellen. ... Generell wurde eingeschätzt, dass von derartigen Bruderschaften auch bei Mitgliedschaft von DDR-Bürgern keine negativen Aktivitäten ausgehen. ... Seit der Sicherstellung von oben aufgeführter Materialien ist feststellbar, dass die Verbindung nicht mehr über den Postweg aufrecht erhalten wird. Demgegenüber nahmen die Einreisen von Mitgliedern der Vereinigung aus der BRD zu, ... handelt es sich um die Personen Dr. Breuer, Christa, Müller, Christel, Peter, Burkhard. Die Orte Hermannsburg und Bückeburg stellen die Zentren der Tätigkeit der kirchlichen Vereinigung dar.*

Schlussfolgerungen: (u. a.) *Weiter Aufklärung des Persönlichkeitsbildes erfaßter Personen, insbesondere durch den Einsatz von IM ...*
Mitarbeiter B., Oberleutnant"

49 *„Neben missionarischen Zielstellungen verfolgt die kirchliche Vereinigung der BRD auch andere, politische Zielstellungen und die Auswahl des Ehepaares B. erfolgte mit der Zielstellung, die sogenannten ‚deutsch-deutsch-Beziehungen' zu aktivieren und dabei das Ehepaar B. als Stützpunkt zu nutzen."* (17.1.1985)

50 *„Maßnahmenplan zur OPK ‚Bund'*
(1) Aufklärung des Persönlichkeitsbildes des Ehepaares B., (2) Aufklärung des Charakters der BRD-Verbindungen der B. (3) Einschätzung des Charakters und der Zielstellung des C-C-Bundes, (4) Prüfung der Möglichkeiten zur Kontaktierung des B."

51 Stefan hat später seine Stasi-Akte erhalten. Eine Kopie des Briefes an Karen findet er in der Akte wieder. Offen ist, ob Karen den Brief damals bekommen hat.

Dazu schreibt die Stasi in Suhl an die Stasi in Erfurt am 15.7.1987 folgendes:

„Einzelinformation zu einer Person in Ihrem Verantwortungsbereich, bei der Aktivitäten im Sinne politischer Untergrundtätigkeit nicht auszuschließen sind. ..."

Das Schreiben endete nach der Inhaltsbeschreibung des Briefes so:

„Der Kontakt zur B. entstand offenbar im Zusammenhang mit einer ‚Rüstzeit' in 4711 Dittichenrode, an der beide teilnahmen. Während des Aufenthaltes in Scheibe-Alsbach führten Stefan D. u. a. Lagerteilnehmer einen Gottesdienst vor einer Schutzhütte am Rennsteig durch.

In der Anlage übersende ich eine Kopie der Briefsendung zur Kenntnisnahme und operativen Veranlassung, sowie das Original der Briefsendung für eine etwaige Weiterleitung."

52 Die Stasi erhält am 7. Januar 1986 folgendes Schreiben vom Volkspolizeiamt in Roßla:

„Information
Genossin der VP, W., Abt. Paß- und Meldewesen, informiert:

Frau Gerlinde Breithaupt war in der Zeit vom 07.12. bis 17.12.85 in der BRD zum 65. Geburtstag ihrer Mutter.

Am 18.12.1985 sollte sie sich von ihrer DVA Reise bei der Abt. PM zurückmelden. Dieser Aufforderung kam sie nicht nach.

Nach erneuter Aufforderung meldete sie sich am 19.12.1985 bei der Abt. PM zurück.

Sie gab an, sie habe sich noch bei Verwandten im Kreis Nordhausen aufgehalten.

Sie wurde von der Genossin W. darauf hingewiesen, daß sie in Zukunft den Auflagen der Volkspolizei zu folgen habe. Darauf reagierte sie sehr herausfordernd. Sie fände es schlimm, demütigend, daß man überhaupt seinen PA abgeben muß. Das sei in keinem anderen Land so. Es sei doch natürlich, daß man die Eltern mal besuchen möchte, warum man da erst beantragen muß.

Sie gebrauchte mehrmals das Wort ‚demütigend'.

1. Sekr. SED-KL

G., Oberstltn. d. VP"

53 „*Kirchliche Aktivitäten im Zusammenhang der Verkündigungswoche vom 09.–13. August 1988 in Breitungen*

Durch den Gemeindekirchenrat Breitungen wurde im genannten Zeitraum eine Verkündigungswoche in der St. Arnolds-Kirche in Breitungen organisiert und durchgeführt. Beteiligt waren die Kirchengemeinden Breitungen, Dittichenrode, Questenberg und Wickerode.

Im Wesentlichen wurde das Programm in der Kirche durch den Diakon Eberhard Laue und 25 Jugendliche aus Erfurt gestaltet. Die organisatorische Seite übernahm Pfarrer Breithaupt aus Dittichenrode.

Am Samstag, d. 14.08.88 war durch den Pfarrer Breithaupt ein Kaffeetrinken für 60 Personen in der Gaststätte ‚Grüner Zweig' in Breitungen geplant. Da Pf. Breithaupt nicht im Besitz einer Veranstaltungsgenehmigung war, lehnte der Wirt der Gaststätte die Durchführung der Veranstaltung ab.

Durch Informationen wurden unserem Organ bekannt, dass die Veranstaltung im Bad in Breitungen stattgefunden hat. Die Überprüfungen haben ergeben, dass der Bürgermeister die Genehmigung hierfür erteilt hatte, ohne sich zuvor mit dem Fachorgan des Rates des Kreises in Verbindung zu setzen.

Auf der überdachten Terrasse des Bades war die Kaffeetafel gedeckt und es nahmen ca. 60 Personen Platz. Nach dem Kaffeetrinken wurden durch die Jugendlichen kirchliche Lieder gesungen. Pfarrer Breithaupt wandte sich dann über Lautsprecher (kircheneigen) an die Anwesenden.

In seiner Rede nahm er aktuellen Bezug auf Reisen in die BRD. Sinngemäß äußerte er, daß sich jeder um ein Visa bemühen sollte, ‚denn wer ein Visa hat, der ist mit Gott'.“

(Als wir das in der Akte lasen, haben wir herzlich gelacht.)

„Befragte Personen hätten den Eindruck, daß der Pfarrer Breithaupt direkt animiert hat, zur VP zu gehen, um ein Visa zu beantragen. Zum Zeitpunkt dieser Rede, ca. 15.00 Uhr, war das Bad voll besetzt. Durch die Beschallung war die Rede des Pfarrers nicht nur im Bad, sondern auch durch die Bungalowbewohner in der näheren Umgebung zu hören, so daß viele Urlauber ihr Unverständnis über eine derartige Veranstaltung der Kirche in der Öffentlichkeit zum Ausdruck brachten.

Mit dem gezeigten Programm wurde der Rahmen des nur Kaffeetrinkens gesprengt und es liegt ein Verstoß gegen die Veranstaltungsordnung vor.

Pfarrer Breithaupt ist zu den neg.-feindl. klerikalen Kräften des Kreises zu rechnen. Bei Gesprächen mit Vertretern staatlicher Einrichtungen nimmt er eine kontroverse Haltung ein. Da diese Einstellung den Bürgermeistern der betreffenden Gemeinden bekannt sein müßte, ist die Genehmigung dieser Veranstaltung in der Öffentlichkeit durch den Bürgermeister um so unverständlicher. Wir empfehlen:

– Führung eines disziplinierenden Gespräches mit dem Pfarrer Breithaupt, im Beisein des Sup., durch die Abt. Innere Angelegenheiten des Rates des Kreises,

– Auswertung des Vorkommnisses mit dem Bürgermeister und im Rahmen der Bürgermeisterberatung, um zukünftig derartige Handlungen der Kirche zu unterbinden.

Leiter der Kreisdienststelle … i.V. W., Major“

54 *„18.3.88, Aktenvermerk:*

… Dem Genossen R. wurde durch die Reinigungskraft beim Rat der Gemeinde … mitgeteilt, dass ihr gegenüber der Pfarrer Breithaupt geäußert habe, in die BRD übersiedeln zu wollen. Diese Absicht könne

er jedoch erst verwirklichen, wenn er sich mit seiner zuständigen Landeskirchenleitung konsultiert hat und von dort Unterstützung erhält. ... Die M. reinigt auch die Kirche und bei einer solchen Tätigkeit hat der Pfarrer B. den Sachverhalt erzählt... Der Sachverhalt ist durch Genosse... weiter zu klären.“

55 *„... Dabei erklärte ich, daß es Gerüchte gäbe, daß er die Absicht hat, in die BRD überzusiedeln. Pf. Breithaupt erwiderte, daß er von einem Gemeindeglied dies schon gehört hat. Darauf habe er einen Gemeindebrief verfaßt“*, ... und darin geschrieben, *„daß er sich noch nie mit einem solchen Gedanken getragen hat und es auch zukünftig keine derartigen Überlegungen geben wird. Mit der Übersiedlung seiner jetzigen Ehefrau aus der BRD in die DDR war klar, dass der ständige Wohnsitz in der DDR genommen wird. ...“*

So der Bericht der vom Rat des Kreises „Beauftragten für Kirchenfragen“, Frau W., von einem ihrer Besuche bei uns zu Hause.

56 Erst durch unsere Akte erfuhren wir den eigentlichen Grund des damaligen Erzieherwechsels. Das zu lesen, schmerzt mich noch nachträglich. Was müssen die Eltern damals von uns gedacht haben?

„Der tatsächliche Hintergrund der Eingabe war jedoch, dass die derzeitige Kindergärtnerin kirchlich eingestellt ist und im Ort Bennungen die Christenlehre durchführt. Bei der Unterschriftensammlung wurden die Eltern getäuscht, indem dieser Sachverhalt vorenthalten wurde. Nachträglich distanzierten sich einige Eltern von dieser Vorgehensweise.“

Die Erzieherin war tatsächlich ein engagiertes Gemeindemitglied in Bennungen. Christenlehre hat sie allerdings nicht erteilt, das muss eine Verwechslung sein.

Aber lächerlich waren diese Stasi-Ängste, denn sie hätte doch nie daran gedacht, den Kindern im Kindergarten ihre Glaubensgesinnung zu vermitteln. Schwierigkeiten hatte sie als Christin ohnehin schon genug.

Erschüttert hat mich vor allen Dingen, wie die Staatssicherheit eine bestimmte Art, Böses zu denken und Böses zu tun, wie z. B. das Instrumentalisieren von Menschen um eines bestimmten Zieles willen, auf uns in der Weise übertragen hat, als dächten und handelten wir selbstverständlich in der gleichen Weise. Dass Menschen völlig anders sein können, sich in ihrem Denken und Handeln von ganz anderen, einfach ehrlichen Kriterien leiten lassen, das kann sich jemand, der in diesen engen ideologischen, klassenkämpferischen Bahnen denkt, wohl tatsächlich nicht vorstellen.

57 Am 6. März 1978 trafen sich Erich Honecker und Repräsentanten der Evangelischen Kirche zu einem Spitzengespräch. Auf Betreiben des Staatsratsvorsitzenden wird das Ende des Kirchenkampfes eingeläutet, ein Staatskirchenvertrag wird ausgehandelt. Das ist ein Wendepunkt in der Beziehung zwischen Staat und Kirche in der DDR-Geschichte.

Das Interesse seitens der SED bestand darin, mehr politischen Einfluss auf die Kirche zu nehmen, sie klar dem Sozialismus unterzuordnen, sie stärker in die Entwicklung der sozialistischen Gesellschaft einzubinden, bis der Glaube einmal endgültig ausgemerzt sein würde.

Die Kirchenleitungen sahen dagegen viele Vorteile: Mehr Öffentlichkeitsarbeit, Möglichkeiten der Seelsorge in staatlichen Altersheimen, Krankenhäusern, Gefängnissen, außerdem der Bau von Gemeindezentren in Neubaugebieten vieler DDR-Städte, kirchliche Sendungen im DDR-Fernsehen, mehr aushandeln können in kritischen Situationen usw.

Die Zugeständnisse des Staates hatten allerdings wiederum zur Folge, dass die Staatssicherheit ihre Kontrollfunktion noch schärfer ausübte, vor allem die oppositionellen Gruppen unter dem Dach der Kirche noch mehr ins Visier nahm und versuchte, innerhalb der kirchlichen Positionen Streit zu schüren und deren Einheit zu zersetzen.

(Quelle: Deutschlandfunk Archiv: Kirche im Sozialismus/Das „Spitzengespräch 1978 zwischen SED und Protestanten.)

Der Begriff „Kirche im Sozialismus“ ist der Kirche allerdings nicht aufgenötigt worden, wie es diese Quelle widergibt. Er wurde eingeführt durch die Kirchenleitungen, vor allem durch Bischof Krusche (Magdeburg) und Propst Falke (Erfurt). Sie wollten damit zum Ausdruck bringen, dass die Kirche der DDR weder *gegen* noch *für*, sondern Kirche *im* Sozialismus ist. Sie meinten damit: Wir gehen in Verantwortung vor Gott unseren ganz eigenen Weg, passen uns weder an, noch gehen wir in die Opposition. Dies stieß allerdings bei vielen Christen, bei vielen kirchlichen Mitarbeitern und Mitarbeiterinnen in der DDR auf enorme Kritik. Später ging der Widerstand gegen den Staat ja tatsächlich von der Kirche, von Christen aus, die sich unter dem Dach der Kirche trafen.

Und was geschah dann?

Mit der Wende wurde mit einem Schlag vieles anders, doch mein Berufungsweg ging weiter, nun unter anderem Vorzeichen. Hier bleiben, wohin ich mich gesendet wusste; nun Menschen in ihren schwierigen Erfahrungen des wirtschaftlichen Niedergangs, aber auch des hoffnungsvollen Neuaufbruchs, verstehend zu begleiten.

Und wie ging es mit der Jugendarbeit weiter? Vier der jungen Leute – Frieder und Grit Weigmann, Hanna Müller, Stefan Drößler – setzen ihre Gemeinschafts-Erfahrungen mit Studenten fort. In Halle fanden sie ein Abbruch-Haus, das sie „instand-besetzten", von Grund auf renovierten und bezogen: das „Christliche Studierendenhaus Röderberg e. V.".

1997 nahm ich eine halbe Pfarrstelle an. In unserer Nähe befand sich ein sowjetischer Militärstandort, und so boten wir in unserer Allstedter Kirche Gottesdienste mit Übersetzung ins Russische an. Die große Barockkirche war bis zum letzten Platz gefüllt – bis das Militär im Mai 1991 abgezogen wurde.

In der Geschwisterschaft Koinonia leitete ich Einkehrfreizeiten. Zunehmend wurde Seelsorge mein Schwerpunkt, ich genoss Weiterbildungen in der kirchlichen „Klinischen Seelsorge-Ausbildung", in „Kommunikationspsychologie" (Schulz von Thun) und schließlich in „Exerzitienbegleitung und Geistlicher Begleitung" der GCL (Jesuiten). In den letzten Berufsjahren nach 2015 konnte ich mich ganz der Arbeit mit geflüchteten Menschen widmen.

Der Ruhestand ab 2018, nun in Halle an der Saale, lässt mir neben der Beschäftigung mit meinen Enkelkindern Zeit, viele dieser Dinge weiterhin ehrenamtlich zu tun.

Infotafel als Teil der Ausstellung „Wechselseitig" im ehemaligen Aufnahmelager in Berlin Marienfelde (November 2016).

Leider ist es Autorin und Verlag nicht gelungen, die Urheber der Fotografien auf dieser Seite ausfindig zu machen.

Mehr aus dem Neufeld Verlag

Marcus Bastek, *Der Angst entkommen.*
ISBN 978-3-86256-179-7, 2022

Markus Baum, *Jochen Klepper*. Biografie.
ISBN 978-3-86256-014-1, 3. Auflage 2021

Sabine Dittrich, *Erben des Schweigens.* Roman.
ISBN 978-3-86256-042-4, 2. Auflage 2015

Adam Hamilton, *Gegen die Angst – 31 Lektionen der Hoffnung für unsichere Zeiten.* ISBN 978-3-86256-163-6, 3. Auflage 2021

Peter Mommsen, *Radikal barmherzig: Das Leben von Johann Heinrich Arnold – eine Geschichte von Glauben und Vergebung, Hingabe und Gemeinschaft.* ISBN 978-3-86256-078-3, 2017

Henri J. M. Nouwen, *Jesus nachfolgen – Nach Hause finden in einem Zeitalter der Angst.* ISBN 978-3-86256-162-9, 2. Auflage 2021

Henri J. M. Nouwen und Carolyn Whitney-Brown, *Loslassen und fliegen – Henri Nouwens ungewöhnliche Freundschaft mit Zirkus-Artisten.* ISBN 978-3-86256-180-3, 2023

Bernhard Ott, *Tänzer und Stolperer – Wenn die Bergpredigt unseren Charakter formt.* ISBN 978-3-86256-156-8, 2. Auflage 2021

Bernhard Ott, *Wegbegleiter in Krisenzeiten – Impulse von Martin Buber.* ISBN 978-3-86256-165-0, 2020

Hanna Schott, *Von Liebe und Widerstand – Magda & André Trocmé: Der Mut dieses Paares rettete Tausende.*
ISBN 978-3-86256-017-2, 5. Auflage 2021

David W. Shenk, *Christen begegnen Muslimen – Wege zu echter Freundschaft.* ISBN 978-3-86256-069-1, 3. Auflage 2016

Sabine Zinkernagel, *Wer nur auf die Löcher starrt, verpasst den Käse – Aus dem Leben mit zwei besonderen Kindern.*
ISBN 978-3-86256-027-1, 2. Auflage 2013

Dieses Buch wurde **in Deutschland** hergestellt.

Das **Papier**, das dafür verwendet wurde, ist FSC®-zertifiziert. Als unabhängige, gemeinnützige, nichtstaatliche Organisation hat sich der Forest Stewardship Council® (FSC®) die Förderung des verantwortungsvollen und nachhaltigen Umgangs mit den Wäldern der Welt zum Ziel gesetzt.

FSC www.fsc.org MIX Papier aus verantwortungsvollen Quellen FSC® C083411

Außerdem unterstützen wir ein **Waldschutzprojekt** in Brasilien, wo Landwirte in nachhaltiger Land- und Waldwirtschaft geschult werden.

Druckprodukt mit finanziellem Klimabeitrag ClimatePartner.com/15105-2404-1001

Dieses Buch wurde bewusst **nicht in Folie eingeschweißt**; unser Versandpartner verwendet zudem Papier und nicht Plastik als Füllmaterial.